普通高等教育经管类专业系列教材

电子商务
客户关系管理

(第四版)

汪 楠 王 妍 主编

孟 骉 副主编

清华大学出版社

北 京

内 容 简 介

本书系统阐述了电子商务客户关系管理的基本概念和基本理论，从核心内容角度分析了电子商务客户信息管理、电子商务客户满意度管理、电子商务客户忠诚度管理、电子商务客户服务管理的内容和实施方法；从实践角度分析了电子商务客户关系管理系统的构建和电子商务客户呼叫中心的建设；从企业应用角度分析了 CRM、ERP、SCM 三者的集成技术。本书内容翔实、结构合理，注重理论与实践相结合，并配有生动的案例，有助于读者对知识的理解。

本书适合作为高等学校电子商务、市场营销、企业管理等相关专业的教材，也可作为从事电子商务相关研究人员的参考用书。

本书配套的电子课件和习题参考答案可以到 http://www.tupwk.com.cn/downpage 网站下载，也可以扫描前言中的二维码下载。

本书封面贴有清华大学出版社防伪标签，无标签者不得销售。
版权所有，侵权必究。举报：010-62782989，beiqinquan@tup.tsinghua.edu.cn。

图书在版编目(CIP)数据

电子商务客户关系管理 / 汪楠，王妍主编. —4 版. —北京：清华大学出版社，2021.4（2024.7重印）
普通高等教育经管类专业系列教材
ISBN 978-7-302-57756-0

Ⅰ．①电… Ⅱ．①汪… ②王… Ⅲ．①电子商务—供销管理—高等学校—教材 Ⅳ．①F713.365

中国版本图书馆 CIP 数据核字(2021)第 050872 号

责任编辑：胡辰浩
封面设计：周晓亮
版式设计：孔祥峰
责任校对：马遥遥
责任印制：刘海龙

出版发行：清华大学出版社
网　　址：https://www.tup.com.cn，https://www.wqxuetang.com
地　　址：北京清华大学学研大厦 A 座　　　邮　　编：100084
社 总 机：010-83470000　　　　　　　　　邮　　购：010-62786544
投稿与读者服务：010-62776969，c-service@tup.tsinghua.edu.cn
质 量 反 馈：010-62772015，zhiliang@tup.tsinghua.edu.cn
印 装 者：三河市君旺印务有限公司
经　　销：全国新华书店
开　　本：185mm×260mm　　　印　　张：16.75　　　字　　数：429 千字
版　　次：2011 年 12 月第 1 版　　2021 年 6 月第 4 版　　印　　次：2024 年 7 月第 3 次印刷
定　　价：76.00 元

产品编号：087900-01

前　言

互联网的快速发展将世界经济带入了一个从未有过的高速增长期，电子商务在网络技术的催生下逐渐深入人心，电子商务大潮也在急速改变传统的商业模式。电子商务系统是一种商家与客户进行交流的新方式，但电子商务带来的冲击是革命性的，对传统企业提出了严峻的挑战：要求企业管理者以全新的思维来看待未来的客户、未来的竞争对手、未来的技术工具。

电子商务的迅速发展给企业的客户关系管理带来了无限的发展空间。电子商务客户关系管理不同于传统客户关系管理，主要是指企业在网络环境下获取信息和进行交流，对客户信息进行收集和整理；充分利用数据仓库和数据挖掘等先进的智能化信息处理技术，把大量客户资料加工成信息和知识，用以提高客户满意度和忠诚度；运用客户关系管理系统和客户管理理念为客户提供优质服务；采用企业应用集成技术(EAI)，使客户关系管理(CRM)与企业资源计划(ERP)、供应链管理(SCM)进行有效整合，实现企业利润最大化。

随着电子商务的逐渐成熟发展，客户关系管理实践不断拓展，然而，纵观电子商务客户关系相关的书籍，还缺乏统一规范的理论体系。本书紧紧围绕电子商务环境，系统地讨论了电子商务环境下客户关系管理的基本理论、核心内容、关键技术、系统构建方法和实际应用；系统介绍了电子商务客户关系管理系统的中心组件及其构建，以及电子商务客户呼叫中心技术。本书的最大特色就是建立了较为完善的客户关系管理知识体系框架，重新对相关概念进行再思考与梳理，并且融合了CRM最新研究与发展成果，使CRM的内容更加丰富和完善，体系更加完整。

本书每章的"学习目标"分解为"知识目标"和"技能目标"，引导学生在掌握理论知识的同时还要在技能方面得到锻炼；章后的"小结"和"关键术语"有助于学生把握知识要点；"典型案例"引导学生了解企业实际应用案例，并利用理论进行分析；每章配有习题，不仅可以帮助学生更好地理解每个知识点，达到对"知识目标"的掌握，还可以通过"分析题"和"课程实训"题，帮助学生提高实践和应用能力，达到对"技能目标"的掌握。

本书的编写团队有丰富的电子商务和客户关系管理经验，所编写的《电子商务客户关系管理》于2011年12月出版第一版，至今已经印刷8次。由于电子商务的发展给客户关系带来不小的变化，为了适应形势的发展，我们参考了近期的国内外相关文献，丰富了第三版中的章节阅读案例，更新了相关知识，完善了"课程实训"题，完成了《电子商务客户关系管理》(第四版)的编写工作。

本书由沈阳大学的汪楠、王妍任主编，由沈阳工程学院的孟骋任副主编。具体编写分工如下：汪楠负责全书的整体策划，并编写了第2章、第4章和第8章；王妍负责全书的案例整编，并编写了第5章、第6章和第7章；孟骋负责全书的统稿，并编写了第1章和第3章，同时完成本书电子课件的制作。

  除上述编者外,还有众多对本书的编写工作给予过指导和帮助的学者、老师,以及参考书籍和资料的作者,在此表示衷心的感谢!

  由于编者水平有限,书中难免有不足之处,恳请专家和广大读者批评指正。在编写本书的过程中参考了相关文献,在此向这些文献的作者深表感谢。我们的电话是 010-62796045,邮箱是 992116@qq.com。

  本书配套的电子课件和习题参考答案可以到 http://www.tupwk.com.cn/downpage 网站下载,也可以扫描下方的二维码下载。

编　者

2021 年 1 月

目 录

第1章 电子商务客户关系管理概述 ………1
1.1 客户关系管理的基础 ………………2
1.1.1 客户与客户关系 …………… 2
1.1.2 客户关系管理的定义与作用 … 5
1.1.3 客户价值 …………………… 7
1.1.4 客户服务 …………………… 9
1.1.5 客户保持 ………………… 10
1.2 电子商务环境客户特征 ………… 12
1.2.1 电子商务环境特点 ……… 12
1.2.2 电子商务环境下的客户心理特征 ………………… 17
1.3 电子商务客户关系管理 ………… 18
1.3.1 电子商务客户关系管理的特点 ………………………… 18
1.3.2 电子商务客户关系管理的内容 ………………………… 21
1.3.3 电子商务客户关系管理新趋势——微商时代的CRM … 25
1.4 典型案例 …………………………… 27
小结 ……………………………………… 28
习题 ……………………………………… 29

第2章 电子商务客户信息管理 …………… 31
2.1 客户信息管理的基本概念 ……… 32
2.1.1 客户信息 …………………… 32
2.1.2 客户信息管理的内容 …… 34
2.2 电子商务客户信息的收集 ……… 34
2.2.1 电子商务客户信息收集的途径 ……………………… 34
2.2.2 电子商务客户信息收集的方法 ……………………… 37
2.3 客户资料库的创建 ……………… 40
2.3.1 运用客户数据库管理客户信息 ……………………… 40
2.3.2 建立客户资料库 ………… 42
2.4 电子商务客户信息的整理 ……… 45
2.4.1 电子商务客户信息整理的必要性 …………………… 45
2.4.2 电子商务客户信息整理的步骤 ……………………… 45
2.5 电子商务客户信息的分析 ……… 47
2.5.1 电子商务客户信息分析的意义 ……………………… 47
2.5.2 电子商务客户信息分析的内容及方法 ……………… 48
2.6 电子商务客户信息安全管理 …… 53
2.6.1 电子商务客户信息安全风险 … 53
2.6.2 电子商务客户信息安全措施 … 57
2.7 典型案例 ………………………… 60
小结 ……………………………………… 61
习题 ……………………………………… 61

第3章 电子商务客户满意度管理 ………… 65
3.1 客户满意 ………………………… 66
3.1.1 客户满意的定义 ………… 66
3.1.2 客户满意的重要性 ……… 67
3.1.3 客户满意的分类 ………… 68

3.1.4 电子商务客户满意的影响
　　　　　因素 ·························· 69
3.2 电子商务客户满意度的衡量 ······ 72
　　3.2.1 客户满意度衡量的意义 ····· 72
　　3.2.2 电子商务客户满意度衡量的指标
　　　　　体系 ·························· 72
　　3.2.3 电子商务客户满意度衡量的
　　　　　方法 ·························· 77
3.3 提升电子商务客户满意度的
　　方法 ································ 80
　　3.3.1 把握客户期望 ··············· 81
　　3.3.2 提高客户感知价值 ·········· 82
3.4 典型案例 ··························· 89
小结 ······································ 91
习题 ······································ 92

第4章 电子商务客户忠诚度管理 ······· 95
4.1 电子商务客户忠诚 ················ 96
　　4.1.1 客户忠诚的含义 ············· 96
　　4.1.2 客户忠诚的重要性 ·········· 97
　　4.1.3 电子商务客户忠诚的分类 ··· 98
　　4.1.4 电子商务客户满意与客户
　　　　　忠诚 ························ 101
4.2 电子商务客户忠诚的衡量 ····· 104
　　4.2.1 电子商务客户忠诚的影响
　　　　　因素 ························ 104
　　4.2.2 电子商务客户忠诚度评价
　　　　　指标 ························ 107
4.3 建立和提高电子商务客户
　　忠诚 ······························ 108
　　4.3.1 建立电子商务客户忠诚 ··· 108
　　4.3.2 提高电子商务客户忠诚的
　　　　　策略 ························ 110
　　4.3.3 客户忠诚计划 ············· 117
4.4 典型案例 ························· 120
小结 ···································· 122
习题 ···································· 122

第5章 电子商务客户服务管理 ········· 125
5.1 电子商务客户服务管理规划 ····· 126

　　5.1.1 电子商务客户服务 ········ 126
　　5.1.2 电子商务客户服务环境分析 ··· 129
　　5.1.3 电子商务客户服务的流程 ··· 132
5.2 电子商务客户服务管理的
　　内容 ······························ 135
　　5.2.1 售前客户服务策略 ········ 135
　　5.2.2 售中客户服务策略 ········ 135
　　5.2.3 售后客户服务策略 ········ 136
　　5.2.4 客户投诉处理策略 ········ 137
5.3 客户服务人员管理 ·············· 139
　　5.3.1 客户服务团队的组织设计 ··· 139
　　5.3.2 客户服务人员的素质要求 ··· 142
　　5.3.3 发挥客户服务人员的潜力 ··· 144
5.4 大客户管理 ······················ 145
　　5.4.1 客户的分级 ················ 146
　　5.4.2 大客户管理的意义 ········ 147
　　5.4.3 大客户服务管理 ··········· 149
5.5 网络客户服务的方法与技巧 ··· 153
　　5.5.1 网络客户服务礼仪 ········ 153
　　5.5.2 网络客户服务沟通技巧 ··· 154
　　5.5.3 网络客户服务处理投诉技巧 ··· 156
5.6 跨境电商客户关系管理 ········ 157
　　5.6.1 概述 ······················· 157
　　5.6.2 跨境电商分类 ············· 157
　　5.6.3 跨境电商客户服务的特点 ··· 158
　　5.6.4 跨境电商客户分级管理 ··· 159
5.7 典型案例 ························· 160
小结 ···································· 161
习题 ···································· 162

第6章 电子商务客户关系管理系统 ··· 165
6.1 电子商务客户关系管理系统
　　体系 ······························ 166
　　6.1.1 客户关系管理系统的组成及
　　　　　分类 ························ 166
　　6.1.2 电子商务客户关系管理系统的
　　　　　体系结构 ··················· 169
　　6.1.3 电子商务客户关系管理系统的
　　　　　影响因素 ··················· 177

6.2 应用服务托管型CRM……180
  6.2.1 应用服务托管——ASP……180
  6.2.2 托管型CRM……183
6.3 客户智能……184
  6.3.1 商务智能……184
  6.3.2 客户智能理论……188
6.4 典型案例……193
小结……195
习题……195

第7章 电子商务客户呼叫中心……197
7.1 呼叫中心概述……198
  7.1.1 呼叫中心的定义……198
  7.1.2 呼叫中心的发展历程……199
  7.1.3 呼叫中心的分类……202
  7.1.4 呼叫中心的价值……204
7.2 呼叫中心的建立……206
  7.2.1 呼叫中心的实施阶段……206
  7.2.2 呼叫中心的组件……208
  7.2.3 呼叫中心的工作流程……215
7.3 呼叫中心是CRM系统的重要组件……217
  7.3.1 呼叫中心对客户关系管理的支撑……217
  7.3.2 智能化呼叫中心……219

7.4 典型案例……220
小结……222
习题……222

第8章 电子商务客户关系管理系统与企业信息化集成……225
8.1 电子商务客户关系管理与ERP……226
  8.1.1 ERP的出现与发展……227
  8.1.2 ERP的内涵……230
  8.1.3 电子商务CRM与ERP集成……233
8.2 电子商务客户关系管理与SCM……236
  8.2.1 SCM的产生与发展……236
  8.2.2 SCM管理……238
  8.2.3 电子商务CRM与ERP、SCM集成……240
8.3 EAI与电子商务客户关系管理……243
  8.3.1 EAI的基础知识……243
  8.3.2 电子商务环境EAI的应用……246
8.4 典型案例……250
小结……254
习题……254

参考文献……257

第 1 章

电子商务客户关系管理概述

◎ 知识目标:
1. 了解客户关系管理理论的产生与发展。
2. 理解客户和客户关系的定义和内容。
3. 熟悉电子商务环境下客户的特征。
4. 掌握电子商务客户关系管理的内容。

◎ 技能目标:
1. 掌握客户需求调查与分析。
2. 掌握电子商务环境下客户心理特征分析。
3. 掌握电子商务客户关系管理流程。
4. 掌握潜在客户的挖掘和管理。

电子商务有助于提升销售量

当某一客户进入企业网站时,网站后台就会及时"认出"该客户,并对其表示问候。网站后台通过搜索数据库,了解到该客户最近购买了一条蓝色牛仔裤及一些有关意大利旅游的书籍,那么网上商店就会及时给客户推荐一些类似风格的裤子或与之搭配的上衣。当旅游方面的新书出版时,网上商店也会将它们推荐给客户。

美国的网上销售鲜花的公司(1-800-Flowers.com)就是因为提供特殊服务而赢得了越来越多的客户。该公司会及时提醒客户一些特别的日子,包括生日、周年纪念日等,这个举措使鲜花销量提高不少。另外,该公司还通过网络将业务推广到国际客户群。许多在海外工作的美国人通过该网站给生活在美国的亲友送鲜花,这部分客户的消费量占到公司网上生意的15%~20%。

网上虚拟书店——亚马逊书店(Amazon.com)使购物变得主动和具有享受性,其精密的网上查找工具帮助客户在大量的图书中迅速找到自己所需要的。网站提供的书评与简介,以及低廉的价格,促使客户做出购买决定,促使许多访客成为客户。同时,亚马逊简便的购书方式与迅速的付款过程进一步锁定客户,亚马逊书店58%的订货单来自回头客。

思考:电子商务环境下如何掌握客户的心理特征?

随着互联网的迅猛发展和市场的不断成熟，世界经济进入了电子商务时代，以产品为中心、以销售为目的的市场战略目标，逐渐被以客户为中心、以服务为目的的市场战略目标所取代，产品质量已不再是决定企业能否在市场竞争中生存下去的唯一因素，客户的需求变得日益复杂和重要。生产企业、供应商及客户连成一体的价值链成为企业之间竞争的核心，以客户为中心的客户关系管理(Customer Relationship Management，CRM)成为在电子商务时代制胜的关键。

1.1 客户关系管理的基础

客户关系管理是为适应企业经营模式从"以产品为中心"到"以客户为中心"的战略转移而迅猛发展起来的新的管理理念。它把追求客户满意和客户忠诚作为最终目标。CRM 系统是在以客户为中心的销售、营销、服务的基础上，提高客户的满意度和忠诚度，从而给企业带来长久利益的一种应用和理念。

1.1.1 客户与客户关系

随着市场经济的发展，客户资源已成为企业生存与发展的前提。实施客户关系管理，就要深刻理解客户、客户分类和客户关系等概念和相关内容。

1. 客户概述

在现代企业管理中，客户是企业的利润之源，是企业的发展动力。在现代营销管理理念中，除了客户还会涉及消费者、用户、顾客的概念，这些概念既有相似性，也具有差异性。

(1) 消费者是指为满足生活需要而购买、使用商品或接受服务的个人。在描述宏观问题时，消费者一般用来表达一个群体的概念。消费者最初是经济学上的一个概念，和生产者、经营者属于同一个范畴。消费者具有以下基本特征：消费者的主体是购买、使用商品，或者接受服务的个人；消费者的消费客体包括商品和服务；消费者的消费方式包括购买、使用商品和接受服务；消费者的权利由国家特定法律保护。

(2) 用户是指某个产品或服务的具体使用者，是正在使用产品或接受服务的个人，无论其是否付费都算用户。

(3) 顾客是指接受或可能接受产品或服务的购买者或潜在购买者。顾客可能消费，也可能不消费。顾客比消费者的范围广一些。

(4) 客户是接受产品或服务的组织或个人的总称，从客户关系管理角度而言，客户不仅仅是顾客，还包括与企业有互动行为的组织或个人。客户不一定是用户，用户也不一定是客户。

在现代营销理论中，客户的意义更为广泛。客户既包括购买企业产品或服务的对象，也包括企业的内部员工、合作伙伴、供应链的上下游企业，甚至还包括企业的竞争对手。在客户关系管理中，客户的内涵已经扩大，客户的含义可以从以下几个方面来理解。

第一，客户不一定是产品或服务的最终接受者。处于供应链下游的企业或个人是上游企业的客户，如批发商、代理商及零售商，而最终接受者可能是消费产品或服务的个人或组织。

第二，客户不一定是用户。处于供应链下游的批发商、代理商及零售商，是生产商的客户，只有当他们消费这些产品或服务时，他们才是用户。

第三，客户不仅存在于企业之外，还存在于企业之内。

第四，客户是接受产品或服务的组织或个人的总称。无论个人还是组织，其都是接受企业产品或服务的对象，从最终的结果来看，客户的下游还是客户。

2. 客户的分类

根据客户的价值、需求、偏好等综合因素对客户进行分类，可以为客户提供有针对性的产品和服务，从而提高客户满意度。在实际中可按照客户的消费行为、购买方式，以及客户的规模、忠诚度等不同的分类标准把客户分成不同类型。

1) 根据客户与企业的商业关系划分

根据客户与企业的商业关系，可以把客户分为消费者客户、中间商客户、内部客户及公众客户。

(1) 消费者客户。消费者客户是购买企业最终产品或服务的客户，通常是个人或家庭，又称"终端客户"。这类客户我们一般称为顾客，其数量众多，但消费额一般不高。

(2) 中间商客户。中间商客户将购买来的产品或服务附加到自己的产品或服务上，并再次进行销售。他们不是产品或服务的直接消费者，是处于企业与消费者之间的经营者。

(3) 内部客户。内部客户是企业内部的个人或业务部门。企业内部的采购部门、生产部门和销售部门三者之间形成了客户关系。而对于销售部门来说，销售人员又成了这个部门的内部客户。

(4) 公众客户。公众客户是指向企业提供资源，然后直接或间接向企业收取一定比例税费的客户，如政府、行业协会等。

2) 根据客户对企业的价值大小划分

根据客户对企业的价值大小，可以把客户分为重要客户、普通客户及小客户。

(1) 重要客户。重要客户是指采购规模占企业销售额总量的比例高，对企业销售贡献价值大，并对企业经营业绩能产生重要影响的客户。

(2) 普通客户。普通客户单一个体消费总量不大，但是众多普通客户汇集在一起，其对企业的贡献也是相当可观的。

(3) 小客户。小客户虽然数量众多，但其给企业带来的利润并不高，这类客户会占用企业的一定资源，有时甚至可能给企业带来负利润。

3) 根据客户状态划分

根据客户状态，可以把客户分为非客户、潜在客户、现实客户及流失客户。

(1) 非客户。非客户是指那些与企业没有直接的交易关系，不购买企业的产品或服务的组织或个人。这类客户有可能对企业的产品或服务没有需求，也有可能对企业的产品或服务有抗拒态度而拒绝购买。

(2) 潜在客户。潜在客户是指那些对企业的产品或服务有需求且具备购买能力的待开发客户。这类客户与企业存在着交易机会，销售人员经过努力，潜在客户有可能转变为现实客户。

(3) 现实客户。现实客户是指接受了企业产品或者服务的客户，是企业通过开发获得的客户。潜在客户一旦成为现实客户，就有可能成为企业的长期客户，因此，现实客户是客户关系管理的重点。现实客户又分为初次购买客户、重复购买客户和忠诚客户三类。

(4) 流失客户。流失客户是指那些曾经是企业的客户，但由于各种原因现在不再购买企业产品或服务的客户。客户流失有可能是企业的原因，有可能是环境的原因，也有可能是客户的原因。客户流失会给企业带来损失，因此，客户流失管理也是客户关系管理的一个重要方面。

以上四类客户状态可以相互转化。例如，非客户由于业务转型有可能成为潜在客户，潜在客户一旦采取购买行为就会变为初次购买客户，初次购买客户如果经常购买或接受同一企业的产品或服务，就可能发展为重复购买客户，甚至成为忠诚客户；初次购买客户、重复购买客户、忠诚客户也会因其他企业的诱惑条件或对企业产生不满而成为流失客户；流失客户如果被挽回，又会成为重复购买客户或忠诚客户，如果无法挽回，就会成为企业的"非客户"。

3. 客户关系

客户关系是指企业与客户之间相互作用、相互影响、相互联系的状态。企业与客户之间既是买卖关系，也是利益关系，同时又是伙伴关系。客户关系不仅为交易提供方便、降低交易成本，而且也为企业深入了解客户需求并和客户沟通提供了机会。客户关系具有多样性、差异性、持续性、竞争性及双赢性的特征。

1) 客户关系的要素

(1) 客户关系长度。客户关系长度是指企业维持与客户关系时间的长短，通常以客户关系生命周期来表示，分为考察期、形成期、稳定期和衰退期。要延长客户关系生命周期，可通过培养客户忠诚度、挽留有价值客户、减少客户流失、去除不具有潜在价值的客户等手段来实现。

(2) 客户关系深度。客户关系深度是指客户关系的质量，即企业与客户双方关系的牢固程度。衡量客户关系深度的指标通常包括重复购买次数、为客户提供的产品或服务质量、客户口碑与推荐率等。

(3) 客户关系广度。客户关系广度是指企业拥有客户的数量，既包括获取新客户的数量，又包括保留老客户的数量，还包括重新获得的已流失客户的数量。

2) 客户关系的类型

从供应链的角度来看，客户关系可分为买卖关系、优先供应关系、合作伙伴关系及战略联盟关系四类。

(1) 买卖关系。客户只是购买企业按其自身标准所生产的产品，维护关系的成本与关系创造的价值均较低。

(2) 优先供应关系。销售人员通过向客户提供优惠政策来换取长期合作的客户关系。企业需要投入较多的资源来维护此类客户关系，包括给予的优惠政策、交付需求、双方人员交流等。

(3) 合作伙伴关系。合作伙伴关系是企业间的垂直整合的关系，客户对企业有着很高的忠诚度。合作伙伴关系使企业和客户的竞争优势均得到了充分发挥。

(4) 战略联盟关系。双方的目标和愿景高度一致，双方可能有相互的股权关系或成立合资企业。两个企业通过共同合作争取更大的市场份额与利润。

以上四种关系并无优劣之分，对大部分企业与客户之间的关系来说，优先供应关系就足够了。因为关系的建立需要资源，如果资源的付出成本比企业的所得还要多，那么企业就会得不偿失。

1.1.2 客户关系管理的定义与作用

客户关系管理的思想起源于美国,在1980年初产生的"接触管理"(Contact Management)专门收集客户与公司联系的所有信息。1990年前后其演变成电话服务中心,支持资料分析的"客户关怀",当时许多美国企业为了满足竞争日益激烈的市场需要,开发"销售能力自动化系统",随后又着力发展"客户服务系统"。1996年后,一些公司开始把上述两个系统合并起来,在此基础上增加了营销策划和现场服务,再引入计算机电话集成技术,形成集销售和服务于一体的呼叫中心,特别是Gartner Group首次提出CRM的概念,加速了CRM的产生和发展,最终形成了一套管理理论体系。

> ——小资料——
> Gartner Group:成立于1979年,它是第一家信息技术研究和分析公司,为有需要的用户提供专门的技术服务,总部设在美国康涅狄格州斯坦福。目前,Gartner Group已经成为一家独立的咨询公司,主要满足中型公司的需要,为每一位用户提供一站式信息技术的咨询服务。其业务已经覆盖到IT行业的所有领域。

企业管理理念上"以客户为中心"和"管理外视化"的两大理念促使了客户关系管理的产生。首先,随着产品同质化程度越来越高,产品差别越来越小,企业想从产品中找寻竞争优势越来越困难,使得企业必须寻找新的竞争点,卖方市场转向买方市场成为必然。客户成熟度越来越高,企业对产品和服务的期望也在不断提升,所以,企业必须从"以产品为中心"的模式转向"以客户为中心"的模式。研究客户的需求,提高对客户的服务水平,以此留住客户,使其为企业创造更多的利润。

目前,在互联网时代,客户的重要性更加凸显出来。正如Jeff Bezos(杰夫·贝索斯,亚马逊首席执行官)所说:"以前,如果我们的服务让一个客户觉得不满意,他可能告诉他的五个朋友,而现在,通过互联网,他可能会告诉五千个人。"

其次,伴随着向"以客户为中心"模式的转移,企业管理视角从着眼于企业内部资源管理的"内视型"传统管理模式,转换成以信息技术为基础的企业内外资源整合的"外视型"管理模式。随着互联网技术的飞速发展,各种先进通信技术、网络技术,尤其是近年来电子商务高速发展,使得企业进入市场的成本和风险降低,换句话说,企业面临的竞争更加严峻和复杂。在竞争中,企业必须内外兼顾,在客户市场寻找竞争优势点。另外,通信技术的高速发展使通信成本大幅降低,网络和电话相结合使得企业可以以较低的成本接触客户,对客户进行营销和维系。客户关系管理的概念在这种大环境下应运而生。具有代表性的客户关系管理的概念有以下4种描述。

1. Gartner Group下的定义

最早提出客户关系管理概念的Gartner Group将客户关系管理定义为:为企业提供全方位的客户视角,赋予企业更完善的客户交流能力和最大化的客户收益率所采取的方法。客户关系管理的目的在于建立一个系统,使企业在客户服务、市场竞争、销售及售后支持等方面形成彼此协调的全新的关系。

2. IBM下的定义

IBM认为：客户关系管理包括企业识别、挑选、获取、发展和保持客户的整个商业过程。IBM把客户关系管理分为三类：关系管理、流程管理和接入管理。

(1) 关系管理代表着真正理解客户行为、期望、需要、历史和与企业全面相关的CRM功能。关系管理的基本特点是使用数据挖掘技术、数据仓库和复杂的分析功能，它贯穿于CRM解决方案中关系管理的全过程，并具有全面的客户观念和客户忠诚度衡量标准。它代表着与销售、服务、支持和市场相关的业务流程的自动化管理。

(2) 流程管理代表着灵活性。由于商业条件或竞争压力的变化，业务流程必须要做出相应的改变。另外，商业规则也会由于组织机构的不同而对CRM流程产生不同影响。因此，结合业务规则和业务的能力是成功部署CRM的关键。

(3) 接入管理代表着自动化机制，主要用来管理客户和企业进行交互的方式，目的在于支持全功能服务、辅助自动服务及完全的自助服务等客户交互方式。

3. 卡尔松下的定义

卡尔松营销集团(Carlson Marketing Group)对客户关系管理的定义是：通过培养公司的每一个员工、经销商或客户对该公司积极的偏爱或偏好，留住他们，并以此提高公司业绩的一种营销策略。卡尔松下的定义不仅涵盖经销商和客户，还包括企业内部员工，从营销角度保证其满意度，是维系企业长期利润和长期发展的必要手段。

4. Hurwitz Group下的定义

Hurwitz Group认为客户关系管理的焦点是自动化，可改善与销售、市场营销、客户服务和支持等领域的客户关系有关的商业流程。客户关系管理既是一套原则制度，也是一套软件和技术。它的目标是缩减销售周期，降低销售成本，增加收入，寻找扩展业务所需的新市场和渠道，以及提高客户的价值、满意度、盈利性和忠诚度。

上述几种"客户关系管理"的定义就其本质而言，是在特定环境下对CRM的界定，都属于CRM的范畴，但是表述得都不尽完善。本书认为CRM是一种管理理念，是一种管理技术，是理念与技术的协调统一。

本书给出CRM的内涵：CRM利用信息技术收集、分析每一个客户的基本信息，真正了解客户最切实的需求，将客户需求传递给企业的营销、销售、服务等部门，帮助企业做出正确的决策；与此同时，CRM通过观察和分析客户的行为、企业的收益情况，找出其中的联系和规律，优化企业与客户的关系，提升客户满意度和忠诚度，提高企业核心竞争力，使双方的利润达到最大化。

客户关系管理是指将人力资源、业务流程与专业技术进行有效的整合，最终与客户建立基于学习型关系基础上的一对一营销模式。企业可以按照客户的喜好使用适当的渠道及沟通方式与之进行交流，从根本上提高员工与客户或潜在客户进行交流的有效性。客户关系管理是企业为发展与客户之间的长期合作关系、提高企业以客户为中心的运营性能而采用的一系列理论、方法、技术、能力和软件的总和。客户关系管理是理念和技术支撑下的企业战略，如图1-1所示。其理念和技术缺一不可，相辅相成，同等重要。

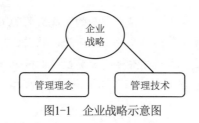

图1-1　企业战略示意图

(1) 客户关系管理是一种管理理念,其核心思想是将企业的客户(包括最终客户、分销商和合作伙伴)作为最重要的企业资源,通过完善的客户服务和深入的客户分析来满足客户的需求,保证实现客户的终生价值。

(2) 客户关系管理是一种旨在改善企业与客户之间关系的新型管理机制。它实施于企业的市场营销、销售、服务与技术支持等与客户相关的领域。

(3) 客户关系管理是一种管理技术。它将最佳的商业实践与数据挖掘、数据仓库、一对一营销、销售自动化及其他信息技术紧密结合在一起,为企业的销售、客户服务和决策支持等领域提供一个业务自动化的解决方案,从而顺利实现由传统企业模式到以电子商务为基础的现代企业模式的转化。

(4) 客户关系管理并非是单纯的信息技术或管理技术,它更是一种企业商务战略,目的是使企业根据客户分段进行重组,强化使客户满意的行为,连接客户与供应商之间的过程,从而优化企业的可盈利性,提高利润并改善客户的满意程度。

(5) 客户关系管理可以帮助企业降低维系客户的管理成本、降低企业与客户的交易成本,可以帮助企业制定市场应对策略及人员的绩效评估,帮助企业增强客户服务的准确性,提高客户满意度和忠诚度。

(6) 客户关系管理可以降低企业的经营风险,提高企业的竞争优势,实现企业利润最大化。

1.1.3　客户价值

客户关系管理的核心是客户价值管理,也就是客户终生价值(Customer Life-cycle Value,CLV)管理。客户的终生价值是从客户角度来看,客户在其一生中为了享受和使用企业提供的产品和服务而付出的回报总和;从企业对客户所带来的价值来看,是客户整个生命周期中与企业的交易行为给企业带来的净利润或亏损。通过对客户价值的量化评估,能够帮助企业找到高价值客户,将更多的关注投向高价值客户。

客户资源是企业重要的核心资源。每个客户的价值都由三部分构成:历史价值(到目前为止已经实现了的客户价值)、当前价值(如果客户当前行为模式不发生改变,将来会给公司带来的客户价值)和潜在价值(如果公司通过有效的交叉销售可以调动客户购买积极性,或促使客户向别人推荐产品和服务等,从而可能增加的客户价值)。

知识窗

客户终生价值

客户终生价值是指一个客户一生所能给企业带来的价值总和,它是以客户带来的收益减去企业为吸引客户推销产品及维系和服务该客户所产生的成本来计算的。客户带来的收益,包括客户初期购买给企业带来的收益、客户增量购买及交叉购买给企业带来的收益、由于获取与保持客户的成本降低及提高营销效率给企业带来的收益、客户向朋友或家人推荐企业的产品或服务给企业带来的收益、客户对价格的敏感性降低给企业带来的收益等。客户终生价值既包括客户直接价值，又包括客户间接价值，如图1-2所示。

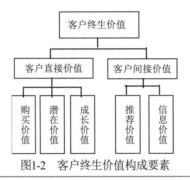

图1-2　客户终生价值构成要素

客户是企业最重要的资产，是市场竞争的焦点，客户的满意度和忠诚度对企业的利润有着极其重要的影响，客户保持率的小幅提高就能带来利润的大幅改善。Frederik F.Reicheld(美国客户忠诚度研究学者)研究表明，客户保持率每增加5%，利润将会提高25%以上。由此可见，客户保持对企业的盈利能力有着惊人的影响。企业必须确定哪些是企业应该保持的客户，对其有效地开展客户关系保持，以此增强企业盈利能力。

客户价值研究最大的贡献在于根据客户价值研究对客户进行细分。客户细分是保证企业成功实施客户保持的关键，根据客户价值细分的结果，企业必须首先确定每类客户的资源配置策略，然后在预算的资源范围内针对每类客户的不同特点，设计和实施不同的客户保持策略。只有这样，才可以牢牢留住对企业利润贡献大的客户，并把那些有潜力的当前低价值客户在未来转化为高价值客户，而对那些不论是现在还是将来都对公司没有价值的客户则采取一定策略和方式，将其努力转给竞争对手，从而最终达到以合理的代价实现公司利润最大化的目标。

根据客户对企业的价值及获取或保持客户的成本，将客户分为四部分，如图1-3所示。

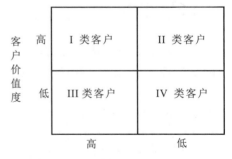

图1-3　客户矩阵划分

Ⅰ类客户：这类客户对企业具有很高的价值度，与此同时，企业为获取和保持这部分客户所花费的成本也比较高。从这部分客户的获取和保持的高成本可以看出，他们对于服务质量有很高的要求，并且十分敏感。一旦忽略或怠慢他们，他们很快便会流失。这类客户具有很大的不确定性，企业在对待这部分客户的时候要十分谨慎。这部分客户通常是在各个行业中占有重要地位的一些大型企业，大额的订单中隐藏着巨大的客户价值，是企业需要着重关注的。当然，通过企业持续不断地营销和维系，这部分大客户很有可能成为Ⅱ类客户，之后企业即可收回维系的成本。

Ⅱ类客户：这类客户的特点是他们对企业的价值度很高，但是企业只需要很低的成本就能够获取和保持这部分客户。这部分客户对于企业十分重要，他们身上有很大的利润空间，企业要十分珍惜这部分客户，进一步加强他们对企业的信任和依赖关系。企业应当不断提供高质量的产品、有价值的信息、优质的服务,甚至是个性化的销售方案,让客户持续满意。通常情况下,这部分客户产生的原因主要是企业长期的优质服务建立起来的高忠诚度。公司已经在先前的客户服务中投入大量的资金,目前正是从他们身上收取回报的黄金时期,因此,这部分客户的流失是企业的一个重大损失。

Ⅲ类客户:这类客户的特点是获取和保持成本高,企业从他们身上得到的收益低。这部分客户通常都是一些小额订单的客户,经常拖欠货款,对客户服务的要求十分苛刻。对于这部分客户,企业不必投入任何资源,当获取或保持的成本高出可以从他们身上获得的收益时,应当及时地放弃这部分客户。

Ⅳ类客户:这类客户的特点是对企业的价值度比较低,但是企业获得和保持这部分客户所需要的成本也比较低。这部分客户也具有很大的不确定性。当客户的价值大于获取或保持客户的成本时,可以适当地投入资源继续保留这部分客户,获取这些利润。当客户的价值低于获取或保持客户的成本时,就可以放弃这部分客户,这部分客户的变动对于企业盈利的影响不是很大。对于这部分客户,在采取营销和服务策略的时候要充分考虑他们的潜在价值,当确定这些客户的潜在价值之后,再实施具体的销售和服务活动。

通过客户细分,研究每类客户的特点及要求,可满足其个性化需求,提高客户忠诚度和保持率,缩短销售周期,降低销售成本,从而全面提升企业的盈利能力和竞争力。在提供市场营销全程业务管理的同时,对客户购买行为和价值取向进行深入分析,为企业挖掘新的销售机会,并对未来产品发展方向提供科学的、量化的指导依据,使企业在快速变化的市场环境中保持持续发展能力。

1.1.4 客户服务

客户服务(Customer Service)是指一种以客户为导向的价值观,它整合及管理在预先设定的最优成本——服务组合中的客户界面的所有要素。从广义上看,任何能提高客户满意度的内容都属于客户服务的范围。

> **小资料**
>
> 美国普渡大学客户驱动服务质量行业标准研究中心院长 Dr. Jon Anton(乔·安东博士)对有关客户服务做了调查,以下为调查结果。
> (1) 客户服务的调查统计资料:
> 每五年企业要损失 50%的客户。
> 减少 5%的流失率会给企业带来大幅利益。
> 70%的客户流失是因为服务水平的欠缺。
> 只需满足客户的基本需求便可获得 14%的营业额增长率。
> (2) 客户流失的调查统计资料:
> 没有得到好的服务——68%。
> 商品质量不好——16%。
> 价格太高——9%。
> 商品供应上有问题——7%。

客户服务管理是客户管理的重要组成部分，目前还没有统一的定义，它通常是指企业与客户的交流方式，实施于企业的市场营销、销售、服务与技术支持等与客户有关的领域。

客户服务管理的核心理念是企业全部的经营活动都要从满足客户的需要出发，以提供满足客户需要的产品或服务作为企业的任务，以客户满意作为企业经营的目的。

客户服务质量取决于企业创造客户价值的能力，即认识市场、了解客户现有与潜在需求的能力，并将其导入企业的经营理念和经营过程中。优质的客户服务管理能最大限度地使客户满意，使企业在市场竞争中赢得优势，获得利益。

在竞争激烈的市场中，客户有更多的机会，有更多的选择。企业要留住客户就必须与客户有更多的沟通。客户需求、客户投诉能否得到很好的回应，直接影响着客户满意度。

一般，客户服务的效益是难以用数字来描述的，而是要从客户所受到的感情影响、对品牌和美誉间接的建树等途径来反映。不少企业利用客户服务中心提供的工作机制对企业内部进行现代化管理。通过客户服务中心进行的调度、监控、人员考核等工作将是十分真实、高效的，同时，带来的效益也是相对明显的。客户服务中心减少了中间环节，使企业与客户间的交流渠道较畅通，如果方式得当，这一功能可快速为企业带来效益。

客户服务对于企业的意义主要体现在以下几点：
(1) 客户服务是发现客户需求的前沿；
(2) 客户服务是满足客户需求的推动机；
(3) 客户服务是留住客户的核心；
(4) 客户服务可以深度挖掘客户价值；
(5) 良好的客户服务，将促进客户量增长，并提升市场占有率。

1.1.5　客户保持

客户保持是指企业要求巩固及发展与客户长期、稳定关系的动态过程和策略。客户保持要求企业与客户相互了解、相互适应、相互沟通、相互满意、相互忠诚，这就使企业必须在建立客户关系的基础上，与客户进行良好的沟通，让客户满意，最终实现客户忠诚。

客户保持所带来的不仅仅是客户保留，当这些客户对企业的满意上升为对企业的忠诚时，客户将自觉地为企业进行"宣传"，这种效果往往胜过企业花巨资的广告效果。对企业而言，客户保持比吸引新客户更能使企业的成本降低。

在处于成熟期的产品市场中，要开拓新客户很不容易。客户的忠诚应该是企业能够生存发展的最大资产之一。拥有忠诚的客户，企业不仅可以减少服务成本的支出，而且还可以通过忠诚客户的口碑效应，为企业创造新的机会。

因为客户转换交易对象的行为会使企业成本负担加重，一旦企业无法留住客户，不仅会失去原有客户，并且需要花费更多的成本去寻求新的客户，因此，拥有长久且比较忠诚的客户，对企业的营运与收益十分有益。

1. 客户保持的影响因素

当客户有更多的选择机会或感觉想尝试新的事物时，对于使用新品牌的品质及价值皆不甚在意，尤其是在对忠实于某一品牌而并未得到任何回馈报酬时，转换其他品牌产品的行为必会增加。一般来说，客户对产品或服务的评价结果会影响到其转换的意愿，客户流失或保留取决于其对产品或服务的评价。这与客户行为的探讨有关，包括外在因素(如竞争者的促销方法等)与客户个别差异(如主观的满意度等)。影响客户保持的因素主要有以下几个方面。

1) 客户个性特征

客户购买行为受到文化、社会环境、个人特性和心理等方面的影响。这部分因素是企业无法控制的，但是对于了解客户的个体特征有着重要的意义。由于来自同一类社会阶层或具有同一种心理、个性的客户往往具有相似的消费行为，企业可以通过这些因素对客户进行分类，对不同类的客户实施不同的营销策略。另一方面，企业可以将不同客户的销售结果与客户个性特征做对比，了解它们之间的关联。

2) 客户满意

客户满意与客户保持有着非线性的正相关的关系。企业可以通过建立顺畅的沟通渠道、及时准确地为客户提供服务、提高产品的核心价值和附加价值等，来提高客户的满意度。

3) 转移成本

客户在考虑是否转向其他供应商时必须要考虑转移的成本，转移成本的大小受到市场竞争环境和客户建立新的客户关系的成本的影响。另外，转移成本的大小直接影响客户维护。

4) 客户关系的生命周期

客户关系具有明显的生命周期的特征，在不同的生命周期中，客户保持具有不同的任务。一般来说，在考察期客户的转移成本较低，客户容易流失，而随着交易时间的延长，客户从稳定的交易关系中能够获得越来越多的便利，容易保持原有的交易关系，客户越来越趋于稳定。这时，企业需要一如既往地提供令客户满意的产品和服务。

2. 客户保持的方法

客户保持对企业来说非常重要，客户保持的方法主要有以下几种。

1) 注重质量

长期稳定的产品质量是保持客户的根本，高质量的产品本身就是优秀的推销员和维护客户的强力凝固剂。高质量的产品不仅指产品符合标准的程度，还要求企业不断根据客户的意见和建议，开发出真正满足客户喜好的产品。

2) 优质服务

在激烈的市场竞争中，同类产品在质量和价格方面的差距越来越小，客户对服务的要求也越来越高。虽然再好的服务也不能使劣质产品成为优质产品，但优质产品会因劣质的服务而使企业失去客户。

3) 品牌形象

面对日益繁荣的商品市场，客户的需求层次有了很大提高，开始注重于商品品牌的选择，偏好差异性增强了。客户品牌忠诚的建立，取决于企业产品在客户心目中的形象。只有让客户对企业有了深刻的印象和强烈的好感，客户才会成为企业品牌的忠诚者。

4) 价格优惠

价格优惠不仅仅体现在低价格上，更重要的是能向客户提供他们所认同的价值，如增加客户的知识含量，改善品质、增加功能，提供灵活的付款方式和资金的融通方式等。

5) 感情投资

一旦与客户建立了业务关系，就要积极寻找与其商品之外的关联，用这种关联来强化商品交易关系。例如，为客户建立档案，在个人客户和企业客户的重要纪念日到来时，采取适当的方式表示祝贺。对于重要的客户进行接待和走访，或邀请其参加企业的重要活动，使其感受到企业的成就与他们的支持是分不开的。

企业既要认识到这五种客户保持的方法都很重要，忽视任何一个方面都会造成不利的后果，又应该权衡这五种方法的侧重点。客户保持的第一层次是注重质量，品牌形象和优质服务是第二层次，在此基础上构建起价格优惠和感情投资，即第三层次。

1.2 电子商务环境客户特征

电子商务是互联网高速发展的产物，是网络技术应用的全新发展方向。互联网所具有的开放性、全球性、低成本、高效率的特点，也成为电子商务的内在特征，并使得电子商务不仅会改变企业本身的生产、经营、管理活动，而且将影响整个社会经济运行的结构。电子商务环境下的客户呈现出与传统商务环境下的客户所不同的特征，研究和掌握这些特征才能使企业做出正确的决策和规划。

1.2.1 电子商务环境特点

以互联网为依托的电子技术平台为传统商务活动提供了一个无比宽阔的发展空间，其突出的优越性是传统媒介手段无法比拟的。电子商务市场表现出的特征有以下几方面。

1. 无实体店铺营销

电子商务将传统的商务流程电子化、数字化。一方面，以比特流代替了实物流，大量减少了人力、物力，降低了成本；另一方面，突破了时间和空间的限制，使交易活动可以在任何时间、任何地点进行，从而大大提高了效率。互联网使传统的空间概念发生了变化，出现了有别于实际地理空间的虚拟空间或者虚拟社会。处于世界任何角落的个人、公司或机构，可以通过互联网紧密地联系在一起，建立虚拟社区、虚拟公司、虚拟政府、虚拟商场、虚拟大学或者虚拟研究所等，以达到信息共享、资源共享、智力共享等。

企业在网络市场上进行营销活动，不需要开设店面、进行装潢、摆放样品和招募大量服务人员。例如，亚马逊、当当网等网上商店并没有真实的零售网点，但通过互联网，这些网上商店的商品被销往全国各地，甚至国外。

2. 零库存定制

企业在网络市场中无须将商品陈列出来，只要在网页中出示货物图片和相关数据以供选择，并且可以在接到客户订单后，根据订单来组织生产和配送。这样，企业就不会因为存货而增加成本,还可以最大限度地满足客户的个性化需求。

3. 低成本运营

电子商务使企业能够以较低廉的成本进入全球电子化市场,使得中小企业有可能拥有和大企业一样的信息资源,提高了中小企业的竞争能力。电子商务重新定义了传统的流通模式,减少了中间环节,使生产者和客户的直接交易成为可能,从而在一定程度上改变了整个社会经济运行的方式。具体来说,其体现在以下几点。

1) 降低销售成本

企业在网络市场的销售成本主要涉及 Web 站点建设成本、软硬件费用、网络使用费及维持费用等。实体企业在经营中需要店面租金、装潢费用、水电费及人事管理费用等,而网站销售方式相对来说成本要低得多。在这方面 Cisco 是一个典型的成功案例。Cisco 在其网站中建立了一套专用的在线订货系统,销售商与客户能够通过此系统直接向 Cisco 公司订货。此套订货系统的优点是不仅能够提高订货的准确率,避免多次往返修改订单的麻烦,最重要的是缩短了出货时间,降低了销售成本。据统计,在线销售的成功应用使 Cisco 每年在内部管理上能够节省数亿美元的费用。

2) 降低管理费用

企业通过互联网可以及时有效地传递相关信息,在经营中可以实现无纸化办公,订单方面的成本可以缩减 80%以上。在美国,一个中等规模的企业一年要发出或接收订单在 10 万张以上,大企业则在 40 万张左右。因此,对企业,尤其是大企业,采用无纸交易就意味着节省少则数百万美元,多则上千万美元的成本。

3) 全天候经营

在网络市场中,企业可以通过网络市场实施 7×24 经营模式(每周 7 天,每天 24 小时),并且不需要增加额外的经营成本。因为客户可以进行自助咨询、下订单和采购,无须人工干预,只需利用计算机自动完成即可。这对于平时工作繁忙、无暇购物的人来说有很大的吸引力。

4) 无空间限制

互联网创造了一个即时全球社区,消除了同其他国家的客户做生意的时间和地域障碍。面对提供无限商机的互联网,国内的企业可以加入网络行业,开展全球性营销活动。电子商务一方面破除了时空的壁垒,另一方面又提供了丰富的信息资源,为各种社会经济要素的重新组合提供了更多的可能,这将影响到社会的经济布局和结构。21 世纪是信息社会,信息就是财富,而信息传递的快慢对于商家而言可以说是生死攸关。互联网以其传递信息速度的快捷而备受商家青睐。

例如,浙江省海宁市皮革服装城加入了计算机互联网络,搭上通向世界的信息高速列车后,很快就尝到了甜头。他们把男女皮大衣、皮夹克等 17 种商品的式样和价格信息输入互联网,不到两个小时,就分别收到英国威斯菲尔德有限公司等 10 多家海外客商发来的电子邮件和传真,表示了订货意向。服装城通过网上交易仅半年时间,就吸引了美国、意大利、日本、丹麦等 30 多个国家和地区的 5 600 多个客户。

5）扁平化渠道

在网络市场中，中间商的作用被削弱，取而代之的是网络直销，因而，网络市场的渠道逐渐缩短，趋于扁平状态。企业可以利用互联网上的销售网站直接向客户销售，客户也可以直接登录相应网站购买。通过这种网络直销方式，企业可以利用数据库和网络跟踪系统掌握客户的第一手资料。通过对这些资料的分析和发掘，企业可以更及时地把握客户不同的需求，并提供有针对性的产品或服务来满足客户的个性化需求。

总之，网络市场具有传统的实体化市场所不具有的特点，这些特点正是网络市场的优势。对于现代企业而言，利用网络市场实现企业的目标价值链是现在和未来最佳的选择。

4．销售机会增加

互联网具有互动性。通过互联网，商家之间可以直接交流、谈判、签合同，客户也可以把自己的建议直接反映到企业或商家的网站，而企业或商家则要根据客户的反馈及时调查产品种类及服务品质，做到良性互动。

企业可以通过自己的网站收集访问客户的资料，建立客户数据库，有针对性地进行销售。首先，网络销售具有可以对特定客户进行一对一销售的特点，使其比较容易获得客户的个人资料；其次，企业可根据客户的消费偏好进行有针对性的促销，激起客户潜在的购买欲望。

【阅读1-1】《中国互联网络发展状况统计报告》(第45次)(节选)

2020年4月28日，中国互联网络信息中心(CNNIC)发布第45次《中国互联网络发展状况统计报告》(以下简称《报告》)，综合反映2019年及2020年初我国互联网发展状况。

《报告》显示，截至2020年3月，我国网民规模为9.04亿，互联网普及率达64.5%。网络购物用户规模达7.10亿，较2018年底增长16.4%，占网民整体的78.6%。2019年全国网上零售额达10.63万亿元，其中实物商品网上零售额达8.52万亿元，占社会消费品零售总额的比重为20.7%。2019年，通过海关跨境电子商务管理平台零售进出口商品总额达1862.1亿元，增长了38.3%。2020年1—2月份，全国实物商品网上零售额同比增长3.0%，实现逆势增长，占社会消费品零售总额的比重为21.5%，比上年同期提高5个百分点。网络消费作为数字经济的重要组成部分，在促进消费市场蓬勃发展方面正在发挥日趋重要的作用。

CNNIC副主任张晓表示，2020年初，受新冠肺炎疫情影响，大部分网络应用的用户规模呈现较大幅度增长。其中，在线教育、在线政务、网络支付、网络视频、网络购物、即时通信、网络音乐、搜索引擎等应用的用户规模较2018年底增长迅速，增幅均在10%以上。

《报告》指出，我国互联网产业拥有庞大的消费市场、企业和技术基础，在后疫情时代将迎来新一轮快速发展的历史机遇，互联网产业将呈现全新的蓬勃发展态势。一是新基建将迎来大发展，成为经济社会的重要底层支撑；二是在线服务、网络消费等互联网业态将进一步繁荣发展，成为驱动经济增长的新动能；三是消费互联网向产业互联网加速升级，产业数字化转型进程将不断加快；四是万物互联将形成大连接，进一步推动互联网红利共享；五是数据要素将形成大流动，数字产业的价值和潜力进一步得到发挥；六是平台经济大生态将更加丰富，对实体产业转型的赋能作用将持续凸显。

资料来源： 中国互联网络信息中心，http://www.cnnic.net.cn，2020年9月9日。

5. 为客户提供更有效的服务

电子商务的无店面交易，不仅可以最大限度地降低运营成本，增加销售量，而且可以通过提供多样化的延伸服务，巩固客户群体。

据统计，在戴尔网站采购的客户中有30%从没看过戴尔的广告，80%的个人和50%的小企业以前从未购买过戴尔的产品，而且这些客户的平均购买量比戴尔传统用户的平均购买量还要大，这都取决于戴尔公司在网站上为客户提供的服务和技术支持。

6. 电子商务网站成为企业网络贸易的平台

企业网站相当于企业网上门户，是客户接触企业的一个重要平台。电子商务企业网站在企业运营和发展中起着重要作用，是企业开展网上营销、客户关系管理的窗口。网站可以通过客户网页浏览的顺序、停留的时间长短为这位客户建立个人档案，识别出具有相似浏览习惯的客户，同时，电子商务前端的客户关系管理应该和企业的内部管理系统连接起来，不管客户从哪个渠道进来，都可以跟后台的企业管理系统连接起来。

网站的一切工作都应围绕着客户需求这一中心，网站设计要符合客户的浏览习惯。设计网站时还要充分考虑到客户在网上遇到困难时可能需要的帮助和技术支持，以使其能够开展网上自助服务。客户可根据自己的意愿，随时随地上网查询，自行解决问题，以帮助企业降低成本。企业可以为客户定制在线购物经验，定制广告、促销活动，也可以直接为其提供销售海报。因此，将电子商务和客户关系管理一体化，构造新型的客户关系管理模式是企业在"赢家通吃"的网络经济环境下成为赢家的基础。

企业网站的重要作用主要体现在以下几个方面。

(1) 网站内容随时更新对于现代企业来说很重要。例如，企业的新产品发布、新广告宣传、企业发展战略动向、决策变化等，可以通过企业网站随时更新，让客户第一时间了解企业的产品和服务。

(2) 网站信息容量大。网站上的信息可以用海量形容，即使有虚拟主机的空间限制，在可控空间容量中发布的文字、图片、视频信息的内容仍旧非常巨大。这是以往的企业画册和产品手册所无法比拟的。一本画册充其量做到几十页，但网站却可以做到几百页，甚至上千页。比如，在介绍一个项目的时候，在画册上最多就是放上一两张照片、一段简短的文字介绍，但在网站上却可以详细介绍项目的背景、技术难度、施工情况等，这种效果显然比画册等好很多。

(3) 提高客户接受度。如果一个大企业连网站都没有，或者网站做得很差，会让客户感觉它就不是一个现代企业，或者是一个跟不上形势的企业。如果网站做得好，会让客户感觉这个企业的领导意识先进，其技术走在前列，管理科学化、智能化，客户的信任度也高很多。

(4) 网站没有时空限制，可随时、随地实现沟通。

(5) 网站可以帮助企业寻找潜在客户。通过搜索引擎、网站链接等手段，互联网可以把企业的信息传到世界各地，使企业找到潜在客户。

(6) 如果把网站功能进一步扩大，网站还有帮助企业提高效率、减少中间环节、规范管理、降低管理成本的作用，这种例子在全世界比比皆是。例如，中国的海尔、联想等，美国的Cisco、Dell等，它们通过全球性的网络化管理，真正达到提高效率、降低成本的目的。

(7) 网站可以做到真正的双向沟通、非面对面的沟通。客户浏览了网站后，产生进一步洽谈的意向可即时联系企业有关人员,增加成功的概率。另外,客户对公司的意见或建议也可通过网站得以传达。

一个好的企业网站所起的作用是不可估量的,但一个不好的企业网站(如界面简陋、功能单一、设计不规范的企业网站),也会在相当程度上破坏企业的形象。在企业宣传、营销活动中,企业网站既是体现现代企业形象的标志,又是企业管理非常实用的工具。企业将宣传、营销方式灵活运用,能促进其发展。

【阅读1-2】旅游电子商务案例——携程旅行网

携程旅行网创立于1999年,总部设在中国上海,目前公司已在北京、广州、深圳、成都、杭州、南京、厦门、重庆、青岛、沈阳、武汉、三亚、丽江、香港、南通等城市设立分支机构,在南通设立服务联络中心。携程旅行网于2010年战略投资中国台湾易游网和中国香港永安旅游,完成了新的布局;于2014年投资途风旅行网,将触角延伸及北美洲;于2015年10月26日与去哪儿网合并。

作为中国领先的综合性旅行服务公司,携程旅行网成功整合了高科技产业与传统旅行业,向超过2.5亿会员提供集无线应用、酒店预订、机票预订、旅游度假、商旅管理及旅游资讯在内的全方位旅行服务,被誉为互联网和传统旅游无缝结合的典范。

凭借稳定的业务发展和优异的盈利能力,携程旅行网于2003年12月在美国纳斯达克成功上市。今日的携程旅行网在在线旅行服务市场居领先地位,成为全球市值前三的在线旅行服务公司。

(1) 携程旅行网经营理念:
- Customer——客户(以客户为中心)
- Teamwork——团队(紧密无缝的合作机制)
- Respect——敬业(一丝不苟的敬业精神)
- Integrity——诚信(真实诚信的合作理念)
- Partner——伙伴(伙伴式的"多赢"合作体系)

(2) 携程旅行网服务理念:
- Convenient——便捷(不让客户做重复的事)
- Thorough——周全(为客户做一切可能做到的事)
- Reliable——可靠(一点不让客户担心)
- Intimate——亲切(让客户感受到我们的微笑)
- Professional——专业(让客户感觉我们个个是专家)
- Sincere——真诚(全心全意地为客户着想)

(3) 携程旅行网集团成员:
- Skyscanner天巡(https://www.tianxun.com),是全球领先的旅游搜索平台,提供对一千多家航空公司的上百万条航线,以及汽车租赁和酒店的即时在线比较;每月为超过7100万的全球用户提供航班、酒店和租车产品,并提供超过30种语言、70多种货币的服务。
- Trip.com (https://www.trip.com),提供13种语言的一站式旅游预订服务,在200多个国家和地区连接超过120万家酒店,拥有广泛、强大的酒店网络,为客人提供不同的住宿选择;拥有超过200万条独立航线,连接全球5000多个城市。
- 去哪儿网(https://www.qunar.com),上线于2005年5月,公司总部位于北京。去哪儿网致力于建立一个为整个旅游业价值链服务的生态系统,并通过科技来改变人们的旅行方式。

资料来源:携程旅行网,https://www.trip.com,2020年9月9日。

1.2.2 电子商务环境下的客户心理特征

在电子商务环境下,客户在产品服务渠道和沟通等方面的选择余地空前增大,转移成本不断降低。客户已经成为企业网络价值链的关键组成部分,因此,开展电子商务的企业应当积极研究电子商务客户的消费心理,针对客户网络购物的心理特征组织营销策略。

在传统的商务活动中,客户仅仅是商品和劳务的购买者,对于整个流通过程的影响往往只在最后的阶段才能显现出来,而且影响的范围较小;而在电子商务活动中,每一个客户首先是一个活跃在不断变化的虚拟网络环境之中的"冲浪者",一方面扮演着个人购买者的角色,另一方面则扮演着社会客户的角色,起着引导社会消费的作用。所以,电子商务客户的消费行为是个人消费与社会消费交织在一起的复杂行为。

1. 客户需求积极主动

在传统的商务活动中,客户只能被动地接受企业提供的有限的产品服务信息。即使在许多日常生活用品的购买中,大多数客户也缺乏足够的专业知识对产品进行鉴别和评估,但他们对于获取与商品有关的信息和知识的心理需求并未因此而削弱。随着客户人文素质的提高、维权意识的逐渐强烈,他们会主动通过各种可能的途径获取与商品有关的信息并进行比较。这些分析也许不够充分、准确和专业化,但客户可从中获取心理上的平衡,增加对产品的信任和满足感。

在电子商务活动中,商务媒体是开放和资源高度共享的互联网络,所以客户完全可能了解到所购产品的全部信息,以及该产品的相关企业和技术信息。由于这些信息是客户主动去索取的,因而客户会认为其可信度高,这些信息必将影响客户的购买行为,能加强其选择能力,客户在选择企业和产品时将会变得更加主动和积极。互联网也是一种很好的学习和获取知识的途径,客户能在浏览商务网页的过程中获得信息、开阔视野、接触新知识和技能,从而进一步促使其需求的明朗化,并起到主动的作用。

2. 消费行为的理性化

互联网使客户获得了无限选择的机会,客户的购物行为变得更加冷静、成熟和理性。在电子商务环境条件下,客户面对的是电子商务系统,可以避免嘈杂的环境和各种影响与诱惑,商品选择的范围也不受地域和其他条件的约束,客户可以理性地规范自己的消费行为。客户的理性消费行为包括理智的价格选择和主动寻找产品及服务。

3. 对购买方便性的需求与对购物乐趣的追求并存

一部分工作压力较大、紧张度高的客户会以购物的方便性为目标,追求时间、精力和劳动成本的尽量节省,特别是对于需求和品牌选择都相对稳定的日常消费品,这一点尤为突出。然而另一些客户则相反,由于劳动生产率的提高,可供自由支配时间的增加,一些自由职业者或家庭主妇希望以购物来消遣时间,寻找生活乐趣,保持与社会的联系,减少孤独感,因此他们愿意多花时间和精力去购物。这两种相反的心理将在今后较长的时间内并存和发展。

4. 重个性消费

随着互联网的迅猛发展，网民结构呈现出几大发展趋势：网民进一步年轻化，受教育程度在提高，高收入网民的数量也在持续增加。随着人们收入的增加，越来越多的人开始崇尚个性化的消费理念，而电子商务较容易达到个性化消费的要求。个性化客户可直接通过互联网的互动功能参与产品设计和指导生产，向提供商主动表达自己对某种产品的欲望，定制化生产将变得越来越普遍。心理上的认同感已成为客户做出购买品牌和产品决策时的先决条件，个性化消费正在也必将再度成为消费的主流。

5. 客户忠诚度下降

由于电子商务客户对自己需求的认识更加深入细致，并能通过互联网获得更多的信息和灵活的选择机会，所以在电子商务活动中客户购物反而会变得更加现实。客户将会更关注自己所需要产品的效用价值，同时客户追求新产品、新时尚的能力和购买冲动都会加强。而且，互联网使用成本越来越低，导致客户转移成本降低，进而引起客户忠诚度下降。

1.3 电子商务客户关系管理

互联网的迅速发展将整个世界经济带入了一个从未有过的高速增长期，随着网络技术的成熟，电子商务的概念已经逐渐深入人心，电子商务飞速兴起，电子商务大潮正在全球范围内急速改变传统的商业模式。在线购物、B2B、B2C 已经成为大家谈论的焦点。在未来的 20 年，电子商务的膨胀将形成指数型上升曲线。

电子商务系统提供了一种商家与客户进行交流的新方式，但电子商务带来的冲击是革命性的，对传统企业提出了严峻的挑战：要求企业管理者以全新的思维来看待未来的客户、未来的竞争对手、未来的技术工具，仅仅把现有的商业流程实现数据处理自动化，并不意味着可以在"新经济"时代取得成功。电子商务要求的是与之相匹配的管理思维的更新和革命。这对已经建立起一定规模的传统企业来说并非易事。

1.3.1 电子商务客户关系管理的特点

电子商务环境下的客户关系管理是在传统商务环境下客户关系管理的基础上，以信息技术和网络技术为平台的一种新兴的客户管理理念与模式。其主要特点如下。

1. 实施以客户为中心的商业策略

互联网及时的沟通方式有效地支持客户随时、准确地访问企业信息。客户只要进入企业网站，就能了解企业的各种产品和服务信息，寻找决策依据及满足需求的可行途径。同时，营销人员借助先进的信息技术，及时、全面地把握企业的运行状况及变化趋势，以便根据客户的需要提供更加有效的信息，改善信息沟通效果。

电子商务客户关系管理必须制定以客户为中心的商业目标，才能找到和客户双赢的机会。

例如，戴尔(Dell)公司借助电话拜访、面对面的对话、网络沟通，及时获知客户对于产品、服务和市场上其他产品的建议，并知道他们希望公司开发什么样的新产品。Dell 针对客户需求来设计产品或服务方式，客户可利用 Dell 公司网站和免费电话自主选择配置，使每一件产品都是为客户量身定做，最大限度地满足客户需求。同时，Dell 依照客户订货的需求与时机来生产，消除了因为购买过量零件、库存与赔钱抛售存货等所造成的成本，获得了公司和客户的双赢。

2．较低的客户关系管理成本

在电子商务模式下，任何组织或个人都能以低廉的费用从网上获取所需要的信息。在这样的条件下，客户关系管理系统不仅是企业的必然选择，也是广大在线客户的要求。因此，在充分沟通的基础上，相互了解对方的价值追求和利益所在，以寻找双方最佳的合作方式，无论对企业还是在线客户，都有着极大的吸引力。

建立长期关系是企业利润的主要来源。电子商务网站的访问者就是企业潜在的客户群，企业可以通过客户的网上行为(如浏览了哪些商品、对比了哪些参数等)，也可以通过网站对客户进行调研和访谈，了解客户的喜好、习惯、行为特征。先进的信息技术使对客户信息的收集、资料处理、潜在内容挖掘更容易操作，这样可以迅速建立信任，及时挽回客户的忠诚。另外，对忠实的大客户可以进行差异化、个性化服务，提高客户忠诚度和保持度。

3．利用新技术支持

在如今的信息时代，技术革命一日千里，企业可以利用新技术来帮助自己管理客户关系：建立局域网或广域网，建立大规模的数据库，使用更先进的软件技术等。

客户关系管理的核心思想就是"以客户为中心"，为了达到这样一个目的，企业必须准确掌握客户的需求，提供个性化的服务，提供及时的、必要的客户关怀。因此，企业需要建立一个集中统一的客户信息数据库，有效地管理客户数据。数据库保存着客户与企业进行联系的所有信息，包括客户的交易信息、电话、评价、退货，甚至客户的不满等；也保存着企业主动接触的有关信息，包括促销优势、信件、电话，以及个别访问等。

运用管理心理学、消费心理学、统计、市场调研等知识，利用数据库对这些客户数据进行统计分析，得出客户的购买行为特征，并可据此调整公司的经营策略、市场策略，让整个经营活动更加有效。对于能带来效益的用户，可为他们提供多一些的服务，也可提供一些其他的东西来吸引他们继续作为自己的客户。对于那些不能带来效益的，甚至是来窃取商业机密的客户，则不提供服务或提供收费服务。这些措施都能使企业与客户保持良好的关系。

4．集成的CRM解决方案

在电子商务模式下，为了使企业业务的运作保持协调一致，需要建立集成的 CRM 解决方案。该方案应使后台应用系统与电子商务的运作策略相互协调，使客户能够通过电话、传真、互联网、E-mail、移动通信等渠道与企业联系并获得快速的响应。

语言是人类进行交流的媒体，人们喜欢谈话。许多人选择的交流工具是人类的语言，而不是键盘，对此企业必须做出反应，建立基于传统电话的呼叫中心。呼叫中心是企业用来与客户进行直接交谈、发现客户的需求、劝说客户达成交易、确保客户的需求得到满足的场所。电话管理是双向的,包括企业打给客户的对外营销管理和客户打给企业的对内营销管理,它还是建立和维持对话的一个重要部分,是客户关系管理的关键因素。电子商务客户关系管理要求把电子邮件、电话和在线交流系统整合在一起,这样才能发挥系统的最大作用。

电子商务客户关系管理系统能够根据市场变化,促使企业迅速进行资源重新配置,迎合业务模式的改变,避免传统客户关系管理灵活性差的问题。集成的CRM可以将不同工作场景下的客户关系进行整合,如电商卖家CRM、数字零售CRM、社交平台的CRM、个人微信群的CRM等,共同完成客户识别、客户画像、客户信息、客户建立、客户沟通、客户满意、客户忠诚和客户挽回等,如图1-4所示。集成性要求系统内各个部分必须有着紧密的联系,达到流程顺畅,才能使企业通过互联网改善与客户、伙伴和供货商的关系,创造更大效益。

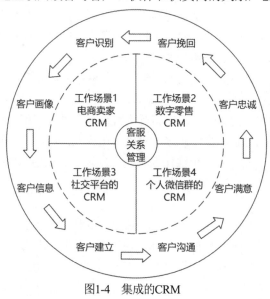

图1-4 集成的CRM

【阅读1-3】新技术保证Dell直销战略

Dell是一家以直销为经营模式的公司,也是第一家以客户的直接回馈来建立组织的个人计算机公司,它主要利用网站、呼叫中心、对话等方法来进行营销。

Dell公司的"网上购物"页面上,通过五大类别——"家庭类""商业类""教育类""政府类""特殊类"提供形态各异的采购资讯。"商业类"根据经营规模差异,事先规划不同的需求,提供针对400人以上大型企业及400人以下中小型企业的不同采购清单;在"特殊类"中,Dell公司目前已在美国以外的45个地区建立服务网站,分别提供全球44个国家、18种语言的服务;在"家庭类"中,Dell设计了各种计算机配置,并提供产品详细资讯,针对不同需求的使用者提供售前采购服务。

Dell除了预先设想消费者的需求外,还会为消费者提供计算机的选择方法。同时,Dell还为消费者提供个性化服务,专业客户可自主选择CPU、硬盘、内存等配置,使每一台计算机都为自己量身定做。

该公司总裁迈克尔·戴尔认为,公司网站成功的原因,除了销售外,最重要的在于服务与技术支持的多样化,他说:"我们不仅提供产品资讯与售后服务,更重要的是,我们提供大量的'售前服务'。"

调查发现，Dell产品价格其实只占客户购买原因的1/3，另外2/3是服务与技术支持。Dell公司网站为客户提供了诸多优质的售后服务和技术支持，并获得了终生的客户。例如：在下载驱动程序页面里，只需输入PC代码，即可随时下载最新版本的驱动程序；在常见问题集(FAQ)及疑难问题指南页面中，客户可自行查询产品使用问题解答，可根据参考资料检查与排除产品故障，并决定是否需要送修；在电子邮件答复服务里，客户的问题可利用电子邮件迅速获得答复。

Dell公司建立了一个与网络、数据库技术相结合的呼叫中心，客户可通过免费电话与公司进行对话。呼叫中心设有技术支持热线、售前咨询热线、投诉热线等，接到客户的呼叫，服务人员立即在内容丰富的数据库内查询客户的PC代码，在最短的时间内获得客户的详细资料，倾听客户的诉求，回答客户提出的问题，满足客户的需求，收集有价值的客户资料，使客户在较短时间内就能得到快捷的答复。这样既大大缩短了打电话的时间，同时也减少了呼叫中心的成本。刚开始，呼叫中心可能是一个成本中心，需支付大量的电话费，但随着营销规模的扩大，客户的增多，呼叫中心通常会转变为创造利润的中心。

Dell公司员工认为，最好的客户不见得是最大的客户，也不见得是购买力最强、对协助或服务要求最少的客户。所谓最好的客户，是能够给公司最大启发的客户，是教导公司如何超越现有产品和服务，提供最大附加价值的客户，是能够提出办法后也可以惠及其他人的客户。为给客户创造出机壳外的价值，与客户对话、向客户学习是一种有效的手段。除了呼叫中心的对话，也应该进行面对面的对话。花费时间亲自探访客户实际营运的地点所得到的信息，远胜过邀请他们到"你"的业务范围。你可以体会到他们每天在营运上所遭遇的问题和挑战，也能进一步了解他们在服务自己的客户时，其产品能造成什么影响。

1.3.2 电子商务客户关系管理的内容

电子商务的迅速发展给企业的客户关系管理带来了无限的发展空间。电子商务客户关系管理不同于传统客户关系管理，它主要指企业借助网络环境下信息获取和交流的便利，对客户信息进行收集和整理；充分利用数据仓库和数据挖掘等先进的智能化信息处理技术，把大量客户资料加工成信息和知识，用以提高客户满意度和忠诚度；运用客户关系管理系统和客户管理理念为客户提供优质服务；将企业现有资源进行有效整合，采用企业应用集成(EAI)技术使CRM与企业资源计划(ERP)、供应链管理(SCM)整合。最终目标是利用企业现有资源创造最大利润价值。

知识窗

客户关系管理流程

客户关系管理是选择和管理价值客户及客户关系的一种商业策略，是获取、保持和增加客户的方法和过程。客户关系管理的流程一般包括建立客户关系、维护客户关系、挽救客户关系，如图1-5所示。

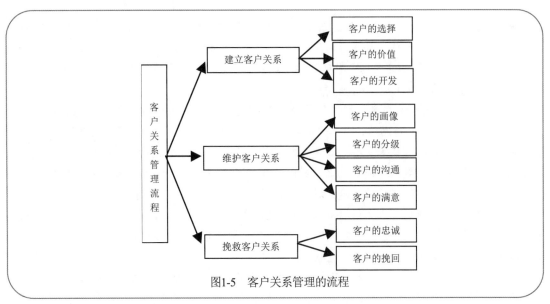

图1-5 客户关系管理的流程

电子商务客户关系管理的内容基本包括以下几个方面。

1. 电子商务客户信息管理

客户信息管理是客户关系管理的一个重要组成部分,可以通过它提供的客户信息,以正确的方式,向正确的客户,在正确的时间,提供正确的服务,最后满足客户的个性化需求,达成长期合作意向。客户信息库能为企业减少竞争、抓住客户、提供更多的交易机会、提高客户忠诚度、增加盈利,是电子商务客户关系管理其他环节实现的基础。

电子商务客户信息管理主要包括以下内容。

1) 电子商务客户信息收集

利用电子商务网络平台结合电话、短信、面对面等方式,对客户的信息进行收集,为建立客户资料库提供原始资料。

2) 建立客户资料库

使用客户资料卡和数据仓库技术,将收集来的客户资料进行清理、抽取、分离,形成结构化的客户数据仓库,为客户信息分析打基础。

3) 客户信息整理

客户信息整理主要是根据企业需要对客户数据仓库中的数据进行有针对性的分组、筛选、整理、更新。例如,按照客户创造利润分类,按地区分类。

4) 客户信息分析

企业的资源有限,如果企业与任意的客户都进行电子商务活动,在时间上、人力上和硬件条件上都是不可能的。企业可以通过对客户数据的分析,找出对企业重要的客户、需要争取的客户、可有可无的客户,进行有针对性的管理,使企业获得尽量多的利润。

5) 客户信息安全管理

客户资料以电子形式存在于客户信息库中，客户是企业最宝贵的财富，因此，客户信息库是企业的无形资产，其安全性必须受到重视。安全的信息保存、处理、分析环境，不仅能保护企业资产，还能取得客户信任、带来商机。

2．电子商务客户满意管理

在电子商务模式中，客户对商品的需求，已不再是单纯的数量和质量上得到满足，情感的需求也成了标准之一，他们越来越追求在商品购买与消费过程中心理上的满足感，于是"满意"与"不满意"成了客户消费价值的选择标准。

菲利普·科特勒认为：满意是指一个人通过将产品可感知的效果与其期望值相比较以后，所形成的愉悦或失望的感觉状态。一般来说，客户满意是指客户在消费了特定的商品或服务以后所感受到的满足程度的一种心理感受。这种心理感受不仅受商品或服务本身的影响，还受到客户的经济、观念、心理等自身因素的影响。

电子商务环境下客户满意度管理的内容、衡量指标、方法发生了一定的变化和革新。电子商务环境下不仅要注重传统的满意度管理方法，还需要结合网络环境的方便、快捷优势，合理把握客户期望，提高客户感知，以达到维持和提升客户满意度的目标。

3．电子商务客户忠诚管理

电子商务环境下，客户所面临的交易机会增多，供应商选择壁垒减弱，客户选择性更大，这也削弱了客户的忠诚度。

客户关系管理的目标就是要形成客户的忠诚，只有忠诚的客户才是企业长期利润的来源。企业的目标就是要让企业的客户从满意到忠诚，并且程度越来越深，越是忠诚的客户对企业的贡献就越大。

客户的忠诚是需要维护和强化的，电子商务的发展提供了更多和客户沟通的技术，电子商务企业可以通过很多虚拟的工具，与客户进行有效和充分的沟通，及时挖掘他们潜在的需求，使他们不断地感到满意，实现对企业始终的忠诚。企业千万不要以为从满意到忠诚后就可以放松对这些客户的投入，客户关系管理是一个连续的、长期的、循环的过程，千万不要急功近利，否则就会前功尽弃，被客户所抛弃。

4．电子商务客户服务管理

客户服务管理首先是一种管理理念，其核心思想是将企业的客户(包括最终客户、分销商和合作伙伴)作为最重要的企业资源，通过完善的客户服务和深入的客户分析来满足客户的需求，保证实现客户的终生价值；它又是一种旨在改善企业与客户之间关系的新型管理机制，实施于企业的市场营销、销售、服务与技术支持等与客户相关的领域，要求企业从"以产品为中心"的模式向"以客户为中心"的模式转移。也就是说，企业关注的焦点应从内部运作转移到客户关系上来。电子商务客户服务管理是客户关系管理实现目标的关键环节和内容。

(1) 客户服务是现代企业的核心竞争武器与形成差异化的重要手段。在现代企业标准化程度增强、差异逐渐消失、附加价值较小的情况下，企业必须通过加入服务要素寻求更大差异化，并增加自身的产品附加值。服务业务在很多企业中创造的价值日益增加。

(2) 优质的服务是降低客户流失率和赢得更多新客户的有效途径。现代营销观念已发展到以满足消费者需求为中心的市场营销观念的阶段。在此阶段，消费者需求成为企业经营和营销活动的一切出发点和落脚点。因此，降低客户流失率和赢得更多的新客户对企业的持续发展显得尤为重要，提供良好的服务是实现这一目的的有效途径。

(3) 提供良好的服务促进企业利润持续增长。良好的服务能够有效地巩固现有的客户，赢得更多的新客户，获得客户的长期忠诚，这样自然就会获得客户的重复购买机会，从而促进企业的销售额不断增长。根据著名的80/20法则，注重提高服务质量有助于企业进入占有80%的市场份额的约20%的优秀企业行列。此外，一个企业80%的利润来源于20%的销售机会，而拥有良好的服务有助于企业把握住这20%的销售机会，赢得能够给企业带来大多数利润的少数大客户。

(4) 提供良好的服务有助于使企业获取反馈的信息，指导决策。在客户服务的过程中，消费者所提供的不仅仅是抱怨，更有对企业的发展有积极促进作用的忠告和其他市场信息，发现产品在质量、性能等方面的缺点或不足，从而为企业进一步的产品开发、服务创新、市场竞争等方面采取新措施提供决策上的指导。尤其是良好的售后服务，有助于企业了解客户对产品和服务的真实意见，包括客户的潜在需求，从而为企业的产品开发和服务创新提供指南。

5．电子商务客户关系管理系统

电子商务环境要求客户关系管理系统必须使互联网信息技术处于CRM系统的中心，只有真正基于互联网平台的CRM产品，在构建其客户/服务应用的根本的技术上，才能够支持未来企业全面电子化运营的需要。电子商务客户关系管理系统的主要核心组件由销售自动化系统、营销自动化系统、服务自动化系统、呼叫中心、电子商务网站组成。

呼叫中心是近年来被企业重视并在客户关系管理中发挥重要作用的一个部件。它是客户关系管理的重要组成部分，在收集客户资讯、密切客户与企业的联系中起到重要作用，善用呼叫中心则可以提高效率、降低成本、加速流通、加快信息传播、改善服务品质，以及加强企业竞争力。

6．电子商务客户关系管理系统的集成

电子商务客户关系管理系统的高效作用必须将其与ERP、SCM整合才能发挥出来。只有更好地与ERP集成和整合，才能形成企业从销售前端、企业内部到供应后端的协同电子商务整体，形成最大的价值。如果将CRM呼叫中心与ERP系统数据集成，紧密结合，则呼叫代理能马上根据客户历史、服务级别就近选择代理商。因此，如果没有好的后勤系统与之集成，没有后台信息，是很难做到的。

电子商务客户关系管理系统的体系设计是以客户关系发展和维系为目标，以统一的客户数据库为中心，为系统用户提供客户的统一视图和对客户的分析、预测等工具，同时强调和其他企业应用，尤其是ERP系统的集成。

ERP系统是一个"事务处理"系统，强调准确记录企业中人、财、物各项资源的轨迹，无缝集成企业生产、库存、财务等管理模块，提高企业的"自动化"能力，从而极大地降低人力需求，减少差错。

客户是供应链链条上的重要环节，如果企业无法了解或响应客户的需求，那么它的供应链

将因缺乏交流和信息沟通而僵化，甚至出现断点。因此，要保证供应链上信息流、物流、资金流、商流的畅通，就必须具有对客户信息进行分析的能力及与客户互动的能力，而这一切都要求 SCM 与 CRM 进行整合。只有这样，才能提高客户的满意度与忠诚度，提高供应链的灵活性与效率。

SCM 与 CRM 进行整合，将提高信息流的精确性，有效减少因信息交换不充分带来的决策失误等不利因素；为跨部门、跨企业的工作提供有力的支持；加快客户反应速度，从而有效、连续地消除不确定性，避免许多不必要的库存，创造竞争的时间和空间优势；提高客户服务质量，简化需求判断的过程，极大地降低经营成本和费用，从而增强企业的竞争力。

总之，电子商务客户关系管理是一个系统工程，既需要以客户关系管理理论为指导，又需要以电子商务现代信息技术做支撑，还要结合电子商务新环境的特征，三者有效结合才能共同完成，取得良好效益。电子商务客户关系管理的研究内容及其关系如图1-6 所示。

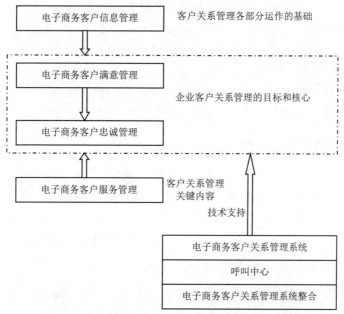

图1-6　电子商务客户关系管理的研究内容及其关系

1.3.3　电子商务客户关系管理新趋势——微商时代的CRM

电子商务时代是一个以"客户"为中心的时代，随着网络时代的快速发展，如何把客户紧密联系起来已经成了全球企业发展的重要方向。通过电子商务客户关系管理的应用，企业与客户之间的沟通更为顺畅，这主要体现在：一是传统 CRM 与互联网技术的紧密结合；二是 CRM 的应用不只是围绕企业业务本身，更注重为顾客提供个性化需求，为企业提供更为快捷的信息服务。实践表明：只有客户关系管理成功，才有电子商务的成功，也才有企业持续、快速、健康的发展。

"互联网＋"时代的到来，模糊了商业的边界。现在很多商业活动不再只为了兜售商品赚取利润，而是从笼络"粉丝"和经营社交的角度进行。社交已经成了最有价值、最具有黏性的商业活动。企业通过社交不仅可以"吸粉"，更能进行客户关系管理，牢牢把握住每一个客户，并且可以在适当时机进行精准营销，实现免费宣传的效果，社交商业时代不期而至。

随着移动终端的普及，以及微博、微信等社交软件的崛起，尤其是微信的不断演进，出现了一种新的社交形态：微商。微商即移动社交电商，它是企业或者个人基于社会化媒体开店的新型电商，它属于一种分销模式，具有社会化的特征。目前，微商主要分为两种：基于微信公众号的 B2C 微商和基于朋友圈的 C2C 微商。

与传统经营活动相比，微商客户不仅扮演着销售对象的角色，同时还是经营活动的控制者与参与者，但其客户源仅为微信用户，微营销的市场受到一定的限制，因此要拓展客户源，影响客户的购买行为，做好客户关系管理尤为重要。

微商客户关系管理的有效途径主要有以下几个方面。

1．为客户提供人文化服务

传统意义上的客户关系维护，基本上都是基于电子系统的常规性关系维护，从销售初期建立客户关系、获取客户信息，到售中和售后的环节进行一些定性的回访。客户将这样的客户关系维护当作"没有客户关系维护"，甚至我们所做的某些动作(电话回访、上门拜访、新产品推荐等)几乎成了一种骚扰性的行为，不但没有赢得客户深入的忠诚度，还让客户对品牌的印象越来越差。微商销售环节实际上是双向互动的过程，客户在销售过程中的参与度较高，其客户关系管理应当从客户的实际需求出发，让客户感受到人文化的关怀与服务。

2．对客户关系进行持续性维护

在传统的客户关系维护工作中，基本上是以阶段性为主，即都集中在购买前后对客户非常重视，但一旦成交对客户就变得淡漠，甚至发生投诉及售后问题时更加被动地去处理，这样的关系维护是不具备持续性的。在微商客户关系管理中，持续性的关系维护是基于"老客户是最重要的资源"的理念，无论客户购买时间长短，都应该进行持续性的维护，让老客户成为品牌在客户群中的"代言人"，从而吸引新客户。

3．对客户提供增值的产品服务

在客户关系的维护与管理中，商家要给予客户增值服务，这些增值服务要具有无功利性，即不能以买卖或营利为目的，这样才能提高客户的满意度。例如，微商可以为客户提供产品维护与保养服务，为老客户提供折扣等优惠。

4．创造客户的关系社群

从某种角度来说，微商平台既是商品贸易平台，也是社会关系平台。客户的需求除了商品本身以外，对于社交的需求及社会关系的需求更加强烈。品牌除了提供服务以外，实际上也是一个庞大的"社会关系平台"，在客户群中也有不同的分类，但是一般情况下，这些同类圈层的客户都处于独立状态。如果品牌在客户关系维护活动中，能够基于圈层来创造客户关系社群，将很大程度上建立客户的黏性。

5．有效利用移动互联工具加强客户社群管理

微信、微博及电子商务平台的超快发展，为品牌进行客户关系维护创造了技术条件。微商

充分运用各种移动互联工具,对客户信息和客户社群进行管理,提高服务的效率与质量。微商还可以利用多个社交平台对自身的产品进行品牌宣传,形成多项互动,如微博与微信的互推,这样能够有效地扩大产品的宣传效果,在维系老客户的基础上吸引潜在客户,实现对客户关系的动态化管理。

微商是消费的新模式,微商客户关系管理实质上是对社交关系的管理,微商要想赢得广阔的市场,就应当对客户提供持续化的服务,实现产品或服务的增值,并利用多种手段将客户拉入到社群中,从而加大对产品的宣传力度及客户对产品的黏性。

1.4 典型案例

案例描述

金丰易居网的客户关系管理战略

金丰易居网有限公司是中国内地A股上市公司,是提供住宅消费市场服务的专业电子商务平台,其业务范围包括房地产置换品牌、租赁、买卖、装潢、建材、物业管理、绿化等完整服务。金丰易居网目前拥有遍布上海的108家置换连锁店及150多家各类其他连锁店经营体系,且拥有庞大后台服务支持的完整电子商务平台。其房地产置换已在全国五大城市开展业务合作,并与30余座城市合作。

金丰易居网提供的服务包含实体的营销中心与虚拟的网站,但因缺少强有力的平台将客户资料加以整合,使得客户管理系统在置换连锁店的庞大经营规模下,面临以下问题:

(1) 客服中心没有建立;

(2) 客户资源无法有效利用;

(3) 关系管理系统与内部管理系统各自独立;

(4) 客户的流失率高。

在竞争激烈的房地产业,实施有效的客户关系管理,对提高客户忠诚度、发掘客户潜在价值,以及降低销售和管理成本等具有重要意义。因此,对于要提高竞争力的房地产商,CRM的应用是必然的发展趋势。上海金丰易居网集租赁、销售、咨询等综合房产业务于一身,在公司迈向电子商务时,决定实施有效的客户关系管理,达到以客户为中心的"即时一对一行销"(Real-Time One to One Marketing)经营模式。

美商艾克为金丰易居网建置统一联络中心(Unified Contact Center, UCC),涵盖了网上互动、电话拨入(Inbound)与电话拨出(Outbound)服务,以及结合后端MIS完成的一对一行销机制。

案例分析

客户关系管理系统实施后的成效:

(1) 即时有效的客户服务,增强客户忠诚度与企业知名度。由于金丰易居网已建立统一联络中心,可以在客户要求服务的第一时间提供服务。在目前要求速度与服务品质的e时代,更可以加强客户对企业的满意度,进而提升客户忠诚度。

(2) 统一服务平台可节省人力、物力,提高服务效率。由统一客户服务中心设立统一标准问题库和统一客户服务号码,利用问题分组及话务分配,随时让客户找到适合回答问题的服务人员,得到满意的答复。客户服务人员之间也可以利用统一联络中心的电子公告板交流信息。

(3) 利用电话营销主动对外销售,挖掘客户的潜在价值以增加收益。通过该系统客户资料在企业内部可以共享,利用该系统的产品关联性(Product To Product,PTP)及产品与客户关联性(Product To Customer,PTC)进行分析,对不同需求的客户进行分组,找到特定产品的目标客户群。

(4) 部门间可即时沟通以提高工作效率,整合企业客户关系管理及内部资源管理系统,可降低管理成本。

(5) 减少网上客户流失的问题。通过该系统企业可以提供即时且多样化的服务,例如,即时捕捉网页上客户要求服务的信息,将客户浏览网页的记录提供给服务专员;还可以使客户选择其最方便的联络渠道,例如,专员可通过公用电话交换网络(PSTN)或网络电话,并可借助影像交谈,与客户同步浏览网页,以及与客户共用应用软件等方式,同时提供文字、语音、影像等多媒体的在线即时服务功能,与客户进行互动或网上交易,以减少上网放弃率。

资料来源:姚磊. eCRM如何助企业走上客户管理网络化之路[EB/OL]. (2009-05-26)[2011-04-11]. http://www.enicn.com.

思考题:
(1) 金丰易居网遇到了哪些问题?
(2) 金丰易居网是如何解决问题的?
(3) 客户关系管理对企业的发展有何重要性?

小 结

电子商务拉近了企业与客户之间的距离,在为企业的客户管理带来机会的同时也存在挑战。电子商务企业只有明确客户的特征,善于用互联网、移动平台、现代信息科技等技术,才能帮助企业保持客户,提高客户满意度,进而形成忠实客户,为企业带来源源不断的利润。

本章首先介绍了客户关系管理的产生背景和定义、客户关系管理的作用等基础知识;接着讲解了客户关系管理理论中非常重要的客户价值、客户服务、客户保持等知识;然后讨论了新的电子商务环境下,客户心理和行为的特征有哪些变化,相应地,电子商务企业客户关系管理的方法也遇到了新的挑战;最后,在此基础上给出电子商务客户关系管理的内容,也是本教材的总体系。

关键术语

客户关系 客户价值 客户服务 客户保持 电子商务客户关系管理

习 题

一、填空题

1. 客户关系管理(CRM)是适应企业经营模式从_____到_____的战略转移而迅猛发展起来的新的管理理念。
2. CRM 的核心是客户价值管理，也就是_____。
3. 客户细分是保证企业成功实施客户保持的关键，根据客户价值细分的结果，企业必须首先确定每类客户的_____，然后在预算的资源范围内针对每类客户的不同特点，设计和实施_____。
4. _____是指一种以客户为导向的价值观，它整合及管理在预先设定的最优成本——服务组合中的客户界面的所有要素。从广义上看，任何能提高客户满意度的内容都属于客户服务的范围之内。
5. 开展电子商务的企业应当积极研究_____，针对客户网络购物的心理特征组织营销策略。
6. _____是一个系统工程，既需要以客户关系管理理论为指导，又需要以电子商务现代信息技术做支撑，还要结合电子商务新环境的特征，三者有效结合才能共同完成，取得良好效益。

二、简答题

1. 如何对客户进行分类？
2. 初次购买客户、重复购买客户、忠诚客户、流失客户之间的关系是什么？
3. 客户保持的影响因素有哪些？
4. 电子商务环境下客户的心理特征是什么？
5. 电子商务客户关系管理的内容包括哪几方面？
6. 移动网络的普及将会对电子商务客户关系管理带来哪些变化？

三、分析题

阿里巴巴CRM

阿里巴巴是一个全球著名的电子商务网站，其之所以成功，就在于顺应了市场导向的转变——"以客户为中心"。阿里巴巴CRM将"客户第一"作为企业的价值观，将以客户为导向作为企业战略，并与企业文化相结合，为阿里巴巴CRM的实施提供了良好的环境。

阿里巴巴最重要的三个产品应该是网站显示、交换、诚信通。公司愿意交费的另一种产品是在线广告。从CRM角度来看，阿里巴巴之所以有这么多种成功的产品，实际上是与阿里巴巴的CRM密切相关。

阿里巴巴CRM的客户获取。阿里巴巴提供域名、黄页网站、主机托管、搜索广告、排名广告、阿里妈妈广告链、网站流量统计等，吸引客户。

阿里巴巴CRM的客户转换。阿里巴巴提供诚信通、IM通信工具、电子传真、虚拟呼叫中心、开发票管理系统、客户跟踪销售管理系统、电子邮箱服务等,尽可能地留住客户。

阿里巴巴CRM的客户分析。阿里巴巴对客户的消费记录、客户爱好、客户评价、客户回访、客户重要事务和重要日期提醒等信息进行整合。

阿里巴巴CRM的客户管理。其包括客户流失、客户满意度、客户积分、客户细分、客户类别、客户活动管理功能。

阿里巴巴CRM的客户体验。其增加了购物指南、客户体验的位置、3D产品展示。

阿里巴巴没有库存,没有仓库,没有物流,但在客户收购、客户转换、客户保留等方面做得非常成功。从客户关系管理的角度来看,阿里巴巴有一个非常明确的思想体系,使其在时代的博弈中取得成功。

就上面的案例,试对下面的问题做出分析。

(1) 阿里巴巴是如何吸引客户的?
(2) 阿里巴巴客户关系管理系统有哪些基本要素?
(3) 阿里巴巴CRM对其企业的发展起着哪些作用?

四、课程实训

任务1:电子商务客户特征分析

要求:1. 针对电子商务环境的客户心理特征,设计调查问卷。
　　　 2. 统计问卷数据,给出分析结论。

任务2:登录"中国互联网络信息中心"(http://www.cnnic.net.cn)

要求:1. 查阅最新的"中国互联网络发展状况统计报告"。
　　　 2. 写出电子商务网络购物相关数据的调研报告。

任务3:潜在客户寻找

要求:1. 制订一个电子商务环境下的产品(服务)的营销计划。
　　　 2. 依据产品或服务的特征,制订寻找潜在客户的方案。

第 2 章

电子商务客户信息管理

◎ 知识目标:
1. 了解客户信息、客户信息管理基础知识。
2. 掌握电子商务客户信息管理的基本内容。
3. 熟悉电子商务客户信息管理的流程。
4. 了解电子商务客户信息安全风险及管理措施。

◎ 技能目标:
1. 掌握电子商务客户信息收集的方法。
2. 分析电子商务客户信息特征。
3. 针对企业创建电子商务客户资料库。
4. 分析企业电子商务客户信息安全措施及风险控制策略。

艾瑞咨询(iResearch)

艾瑞咨询成立于2002年,是一家专注于网络媒体、电子商务、网络游戏、无线增值等新经济领域,深入研究和了解消费者行为,并为网络行业及传统行业客户提供市场调查研究和战略咨询服务的专业市场调研机构。

艾瑞咨询秉承专业、严谨、客观的工作作风,立志发展成为网络经济时代中国最优秀的专业市场调研公司。艾瑞研究体系自2003年开始研究中国互联网产业,已经累计出版超过3000份互联网研究报告,涵盖互联网、移动互联网、电子商务、互联网金融、网络营销、网络服务等各个领域。

艾瑞互联网大数据服务平台具有中国互联网活跃设备数(台):904639488。艾瑞研究院每年发布各行业研究报告200份,目前已发展成为国内最权威的互联网经济研究团队,如《中国电子商务市场数据发布报告》《中国电子商务行业数据发布报告》《2019年中国快消品B2B行业研究报告》《中国生鲜电商行业研究报告》《中国企业采购电商市场研究报告》《中国库存电商行业研究报告》等。

艾瑞咨询结合大数据帮助企业对各平台的电商用户进行全景洞察，从基本属性、交易属性、电商站内外浏览行为等方面进行深度解读，全面理解用户特征和用户行为，为制订精细化的电商运营解决方案提供参考。

资料来源： http://www.iResearch.com.cn. [2020-9-17]
思考： 艾瑞咨询的电商用户研究有何意义？

客户信息管理是客户关系管理的一个重要组成部分，企业需要充分了解客户的信息，才能以正确的方式，向正确的客户，在正确的时间，提供正确的服务，最后满足客户的个性化需求，提高客户满意度和忠诚度，从而给企业带来长期经济效益。特别是在电子商务环境下，由于客户选择范围的增加，企业面临着忠诚客户比例逐渐降低的问题，因此，有效地进行电子商务环境下的客户信息管理，是企业保持稳定客户的基础。

2.1　客户信息管理的基本概念

企业进行客户关系管理的第一个步骤就是对客户信息进行收集和管理，因此，就必须了解客户信息的含义及客户信息管理的内容。

2.1.1　客户信息

客户信息包括企业服务对象的基本资料、购买产品或服务的记录等一系列相关信息。客户基本信息主要是指企业服务对象的基本情况，主要包括个人客户的信息和企业客户的信息两大类。

1. 个人客户的信息

个人客户的信息主要包括个人客户的基本信息、态度信息和行为信息等几个方面。

1) 基本信息

个人客户的基本信息一般包括个人客户自身的基本信息、家庭的信息、事业的信息等。

(1) 个人客户自身的基本信息。例如，姓名、性别、年龄、血型、电话、传真、住址等个人基本信息。这些信息对客户的消费要求与偏好有一定的影响，是必须收集的信息。

(2) 个人客户家庭的信息。例如，婚姻状况、结婚纪念日、配偶生日、配偶爱好；是否有子女，子女姓名、年龄、生日、教育状况，以及是否与父母同住等信息。这些信息同样会影响个人客户的购买习惯。

(3) 个人客户事业的信息。例如，就业情况、单位名称、单位地点、职务、收入、对未来事业的发展规划、事业目标、个人从业经历等信息。个人从业经历对客户购买习惯及购买方式有一定的影响。

2) 态度信息

个人客户的态度信息一般包括个人客户的个性信息、生活情况、受教育情况和信念情况。

(1) 个人客户的个性信息。个人客户的个性是指一个人独特的心理特征，这些心理特征通常体现为性格特征，例如内向、外向、自信等。个性信息通常需要企业客户信息收集人员通过一定时间的接触而得出。

(2) 个人客户的生活情况。个人客户的生活情况包括健康状况、喜好和兴趣、饮食习惯、生活态度、度假习惯等，这些信息可以通过调查表收集而得。

(3) 个人客户的受教育情况。受教育情况直接影响客户的购买偏好及购买习惯。企业除需了解客户的受教育程度，还需了解他们所修专业及参加社团情况等。

(4) 个人客户的信念情况。个人客户的信念决定了他们对某些品牌或者产品的感觉，以及他们对产品的态度，并由此影响他们对产品和品牌的选择。

3) 行为信息

个人客户的行为信息一般包括个人客户的购买动机、购买种类和购买途径等。

(1) 个人客户的购买动机。通过收集客户某次购买的动机等信息，了解其需求。例如，这些动机或需求是否是持续性的，购买时客户主要关注哪些对象，产品满足了客户哪些方面的需求。这些是企业在产品设计或再次销售中需要保持或完善的，也是对客户再次营销的切入点。

(2) 个人客户的购买种类。企业的产品通常不会是一种类型、一个品牌，客户的购买需求也不会是单一的，所以了解客户购买产品或服务的种类有助于企业明确客户需求。

(3) 个人客户的购买途径。在电子商务环境下，个人客户的购买途径发生了大的变化，购买途径的需求为企业提供了巨大的机遇。例如，网上购买，有网上付款、货到付款、直接自取等方式。

2．企业客户的信息

企业客户的信息一般由以下几个方面构成。

1) 基本信息

企业客户的基本信息包括企业客户的名称、地址、电话、创立时间、所在行业、规模等信息，同时也包括企业客户的经营理念、销售或者服务区域、形象及声誉等。这些基本信息对企业客户的购买行为和偏好有很大影响。

2) 业务状况

通过了解业务状况，关注企业客户目前的能力及未来的发展趋势，涉及销售能力、销售业绩、发展潜力与优势、存在的问题等。这些信息的收集对于企业针对不同的客户制订不同的产品和服务销售计划有着重要的影响。对于那些目前具有较强能力、良好业绩，并且有发展前途的企业客户而言，企业需要给予更多的关注，并和他们建立良好的关系，这就是企业实行的"大客户"策略。

3) 交易状况

交易状况方面的信息主要包括企业与客户的历史交易记录，这些信息涉及交易条件、企业客户的信用等级、与企业客户关系的紧密程度、企业客户的合作意愿等内容。

4) 负责人信息

在企业客户的信息收集中，需要关注主要负责人的信息，包括企业所有者、经营管理者及法人代表的姓名、年龄、学历、兴趣、性格特征等。

2.1.2 客户信息管理的内容

对企业而言，进行客户信息管理并不是一件容易的事情。很多企业的主要客户、客户类型、客户偏好并不是十分明确，主要原因是客户信息管理环节不完善。尽管企业可以通过 CRM 系统或会员卡掌握客户的消费习惯、年龄、职业等数据，但是这些数据被收集之后，如果仅仅放置在数据库中，并不会发挥其应有的作用。客户信息管理是一个系统工程，其主要内容如图 2-1 所示。

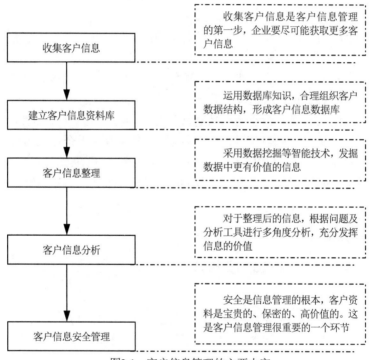

图2-1 客户信息管理的主要内容

2.2 电子商务客户信息的收集

信息是决策的基础，电子商务企业面临的客户既广泛又不易保持，所以企业必须全面、准确、及时地掌握客户的信息。

2.2.1 电子商务客户信息收集的途径

根据企业环境，其客户信息收集工作可以从内部信息收集和外部信息收集两个途径展开。

1．企业内部信息收集

客户大部分信息存在于企业内部数据库中，所以企业内部数据库是收集客户信息的主要渠道。企业内部信息收集主要是指客户与企业各个部门接触，从企业内部各部门获取客户信息的方式。这些信息包括销售部门的信息、市场营销部门的信息、客户服务部门的信息、生产库存中的客户信息和订单中的客户信息等。

具体来说，企业内部收集客户信息的渠道有以下几个方面。

1) 在调查中获取客户信息

调查人员通过面谈、问卷调查、电话调查等方法得到第一手的客户资料，也可以通过仪器观察被调查客户的行为并加以记录而获取信息。

例如，美国尼尔逊公司就曾通过计算机系统，在全国各地 1 250 个家庭的电视机里装上了电子监视器，每 90 秒扫描一次电视机，只要收看 3 分钟以上的节目，就会被监视器记录下来，这样就可以得到家庭、个人收视偏好的信息。

优秀的营销人员往往善于收集、整理、保存和利用各种有效的客户信息。例如，在拜访客户时，除了日常的信息收集外，还会思考这个客户与其他客户的相同和不同之处，并对重点客户进行长期的信息跟踪。

目前，IBM 公司在已有的市场经理、销售经理职位的基础上，增设了客户关系经理，其职责是收集一切相关的客户资料，追踪所属客户的动向，判断和评估从客户那里还可能获得多少盈利的机会，并且努力维护和发展客户关系，以便争取更多的生意。IBM 公司的这种做法，使它拥有了大量的客户信息。

2) 在营销活动中获取客户信息

例如，广告发布后，潜在客户或者目标客户剪下优惠券寄回，企业就可以把这些客户的信息添加到客户数据库中。

又如，从与客户业务往来函电中，可以了解到客户的经营品质、经营作风和经营能力，也可以反映客户关注的问题及其交易态度等。因此，往来函电可以帮助企业获取客户信息，是收集客户信息的极好来源。

在与客户谈判中，可以了解客户的经营能力及对本企业的态度，谈判中还会涉及客户的资本、信用、目前的经营状况等资料，所以，谈判也是收集客户信息的一个途径。

此外，实行会员制度，或者成立客户联谊会、俱乐部等方式，也有助于收集有价值的客户信息。

3) 在服务过程中获取客户信息

对客户的服务过程是企业深入了解客户、联系客户、收集客户信息的最佳时机。在服务过程中，客户通常能够直接讲述自己对产品的看法和期望，对服务的评价和要求，对竞争对手的认识，以及其他客户的意愿和销售机会，其信息量大、准确性高，因此，它是客户信息收集的重要途径。

4) 在终端收集客户信息

在终端收集客户信息，是指直接接触最终客户，并通过面对面的接触，收集客户的第一手资料。例如，星巴克的收银员要在收银机输入客户性别和年龄段，否则收银机就打不开，这样就确保公司可以很快知道客户消费的时间、消费的物品、消费的金额、客户的性别和年龄段。

又如,服装商场可以要求客户在优惠卡上填写基本情况,如住址、电话、邮编、性别、年龄、家庭人数等。当客户采购时,只要在收款处刷一下卡,商场就可以将采购信息记录在数据库中。商场通过客户采购商品的档次、品牌、数量、消费金额、采购时间、采购次数等,可以大致判断客户的消费模式、生活方式、消费水平,以及对价格和促销的敏感程度等。

这些信息对企业非常重要,例如,对销售商场来说,通过这些数据可以确定进货的种类和档次,以及促销的时机、方式和频率,帮助商场制定促销策略;对生产厂家来说,根据这些数据可以知道什么样的人喜欢什么颜色的衣服,何时购买及在什么价格范围内购买,这样厂家就可以针对特定的客户设计产品,以及制定价格策略和促销策略。

5) 网站和呼叫中心是收集客户信息的新渠道

随着电子商务的开展,客户越来越多地通过网站了解企业的产品和服务,因此,企业可以设定客户注册要求,只有注册用户才能使用本网站,这样企业就可以收集到客户相关信息,建立客户档案资料。当客户拨打客户服务电话时,呼叫中心可以自动地将客户的来电记录在计算机数据库内。

信息技术及互联网技术的广泛使用为企业开拓了新的获得客户信息的渠道,同时,由于网站和呼叫中心收集客户信息的成本低,所以通过网站、呼叫中心收集客户信息越来越受到企业的重视,成为企业收集客户信息的重要渠道之一。

6) 从客户投诉中收集客户信息

客户投诉也是企业了解客户信息的渠道之一,企业可将客户的投诉意见进行分析整理,同时,建立客户投诉档案资料,从而为改进服务、开发新产品提供基础数据资料。

在以上这些渠道中,客户与企业接触的主动性越强,客户信息的真实性和价值性就越高。例如,客户呼入电话(包括投诉电话、请求帮助电话)就比呼叫中心的呼出电话得到的客户信息价值高。客户与企业接触的频率越高,客户信息的质量就越高,如在营业厅或呼叫中心获取的客户资料一般要比在展会中得到的信息真实,而且成本较低。

2. 企业外部信息收集

1) 网络搜索

在互联网时代中,网络是信息收集的必要手段。企业可以通过网络平台收集客户相关信息,这些信息比企业直接收集来的信息更加广泛,更有利于企业全面了解客户。

网络搜索的主要途径有搜索引擎、行业网站、网上黄页、E-mail、手机短信、网络通信工具等。网络搜索方式的优点是信息量大,覆盖面广泛,缺点是准确性、可参考性不高,需要经过筛选方可放心使用。

2) 权威数据库

确定企业客户时,可以参考国家或者国际上对该行业信息或者企业信息的权威统计和分析。其优点是内容具有权威性和准确性,缺点是不易获得。

3) 展览会

各行业或者地区定期或不定期举办展览,届时会有很多企业参展。博览会、展销会、洽谈会针对性强且客户群体集中,所以可以成为迅速收集客户信息、达成购买意向的场所。其优点是可获得更丰富具体的信息,缺点是展览时间不确定。

4) 老客户

老客户是企业最具价值的客户。老客户和企业建立了良好的互信关系,他们又从客户角度了解客户需求及其他客户的信息。所以,企业可以通过与老客户沟通,获取其他客户信息。其优点是信息具有针对性和具体性,可参考性高,缺点是容易带主观色彩。

5) 专业机构

很多调研咨询公司提供专业信息,例如情报机构资料。这些调研咨询公司主要提供信息业务,这类公司的信息有的是有偿的,有的是无偿的。客户信息收集人员应与这类机构及有关人员保持密切联系,详细了解他们能够提供哪些方面的资料。

6) 政府机关

国家各级政府机关,如商务部、国家统计局等部门,会提供相关资料。尤其是统计部门专门负责整理和公布的各种统计资料,如人口资料、经济统计等,对于企业非常重要。

7) 银行和电信公司

银行和电信公司是一个丰富的客户信息资料的来源处。它们可以提供定期的或特约的客户报告,内容包括国家经济发展趋势、政策和展望。客户信息收集人员应向和公司有来往的银行索取有关资料。一般来说,在法律许可范围内,银行非常愿意向其他客户提供这类信息服务,因为这类信息通常是有偿的。同样,客户信息收集人员能够以有偿方式获得电信业所有的客户信息资料。

8) 媒体资料

媒体不仅包括网络媒体,还包括报纸、杂志、期刊等,一些新闻报道或新闻事件中会隐含一些对企业有用的消费信息或客户信息、市场信息等。

2.2.2 电子商务客户信息收集的方法

很多跨国公司十分重视市场信息的收集,它们认为要在市场竞争中稳操胜券,就必须做到"知己知彼",以抓住瞬息万变的商机,为此就建立了各种各样的信息网络。

例如,日本三井物产公司的"三井环球通讯网",是日本几大综合商社海外信息网中最有代表性的,它派遣的驻外人员有1 000多人,雇用当地人员2 000多人。它共有5个计算机控制的通信中心,与世界上79个国家的133个分支驻外机构,进行24小时昼夜不停的联络。各通信中心之间通过人造卫星进行联系,各种信息输入计算机后由计算机自动传输,一般信件通常只需4~5分钟即可传递给远方的收件人,每天的通信总量达2万次以上。

客户信息存在于企业内部和外部,来源非常广泛,为了使企业能够更完整地收集到客户信息,电子商务企业在收集客户信息时,可以使用多种方法相结合的方式。

1. 访谈法

访谈法是指企业直接与客户面对面地交谈来了解客户心理和行为的心理学基本研究方法。访谈法是访谈工作人员根据调查的需要，以口头形式，向被访者提出有关问题，通过被访者的答复来收集客观事实材料。这种调查方式灵活多样，方便可行，企业可以按照研究的需要向不同类型的人提供不同类型的材料。

访谈法通过访谈工作人员的努力，使被访者消除顾虑，放松心情，做周密思考后再回答问题，这样就提高了调查材料的真实性和可靠性。由于访谈流程进行的速度较快，被访者在回答问题时常常无法进行长时间的思考，因此所获得的回答往往是被访者自发性的反应，这种回答较真实、可靠，很少有掩饰或做假。

访谈人员与被访者直接交往，或通过电话、上网间接交往，具有适当解说、引导和追问的机会，因此，可探讨较为复杂的问题，可获取新的、深层次的信息。同时，在面对面的谈话过程中，访谈人员不但要收集被访者的回答信息，还可以观察被访者的动作、表情等非言语行为，以此鉴别回答内容的真伪。

但是，访谈法对工作人员的素质要求较高，需要工作人员具有一定的沟通技巧，那么企业需要对工作人员进行专业训练，以避免收到的信息被工作人员主观误解导致信息失真。由于访谈调查是研究者单独的调查方式，因此不同访谈员的个人特征可能会引起被访者不同的心理反应，从而影响回答内容，而且访谈双方往往是陌生人，也容易使被访者产生不信任感，以致影响访谈结果。另外，访谈工作人员的价值观、态度、谈话的水平都会影响被访者，造成访谈结果的偏差。

由于用访谈法调查收集信息资料，主要是通过访谈工作人员与被访者面对面直接交谈的方式实现的，具有较好的灵活性和适应性；又由于访谈调查的方式简单易行，即使被访者阅读困难或不善于文字表达，也可以回答，因此，其适合文化程度较低的人或儿童，所以适用面较广。

访谈法被广泛运用于教育调查、心理咨询、征求意见等，更多被运用于个性、个别化研究。它适用于调查的问题比较深入、调查的对象差别较大、调查的样本较小，或者调查的场所不易接近等情况。

2. 观察法

在市场调研中，观察法是指由调查员直接或通过仪器在现场观察调查对象的行为动态并加以记录而获取信息的一种方法。

观察法是观察者根据调研市场的某种需求，有目的、有计划地搜集市场资料，在利用观察者感觉器官的同时，还可以运用观察工具进行观察，其观察是在自然状态下进行的，所以具有客观的观察效果。

观察法是客户信息收集的主要方法之一，具有直接性、可靠性和灵活性等优点。观察法也有一定的缺点：受时间、空间限制比较大，某些情况下不适宜使用。

观察法的客观性是指客户在自然状态下的表现。例如，麦氏咖啡在未进入中国市场之前，委托市场研究公司为其进行产品销售的调查。其观察发现中美两国消费者喝咖啡的习惯不同：中国人爱喝即冲即饮咖啡，且喜加奶糖；美国人爱喝慢慢烹煮的咖啡，且不加任何配料。报告建议，麦氏公司应研制一种适合中国消费者口味的咖啡。麦氏公司迅速推出三合一速溶咖啡，抢在其他同类产品之前一炮打响。

3. 调研问卷法

电子商务企业可以通过设计结构化的问卷来了解客户的信息。调研问卷包括邮寄问卷调研、网络调研、电子邮件调研、电话调研、移动调研等多种方式。

1) 邮寄问卷调研

邮寄问卷调研是指将问卷寄给事先选择好的被访问对象，被访问对象完成问卷之后将问卷寄给访问人员的一种调研方法。一个典型的邮寄调查包裹，由如下几部分组成：邮出信封、封面信、问卷、回邮信封和邮票，以及可能附上的小礼品或其他谢礼。访问人员与受访者之间没有语言上的交流。一般情况下，为了提高邮寄问卷的回收率，在收集数据之前，要对受访者进行广泛的确认。因此，最初的工作是要获取一份有效的邮寄名单。由于调研问卷回收率较低，这种方式一般用于企业邮寄产品目录。

2) 网络调研

网络调研是指在互联网上针对特定营销环境进行调查设计、收集资料和初步分析的具体活动，是网络营销调研的重要组成部分和基础。相对于传统的市场调研，网络调研具有以下优点。

(1) 快速性。网络不仅能把大容量的信息迅速地传递给在线用户，而且也能利用网络技术及时将反馈的信息自动地进行数据汇总、统计和分析，在短时间内采集到足够数量的样本，获得大量的信息。

(2) 便捷性和经济性。由于网络调研通过网络来沟通交流，处理、分析信息，并且节省了印刷、邮寄、面谈、处理信息等各环节所费的时间、人力和财力，它无疑比传统的调研更便捷和经济。

(3) 交互性。在传统的市场调研中，被调查者往往只对问卷中提到的问题被动地发表意见，而在网络市场调研中被调查者不仅有机会对问卷中的问题充分发表意见，还能就问卷本身设计的合理性提出看法和建议，变传统市场调研中单向交流为双向交流，使调查结果更全面、准确。另外，在开放式的网上调研中，在线用户不仅可以参加调研，还有可能查看结果。

(4) 可控制性。利用互联网进行调研收集信息，可以对调查问卷附加全面规范的指标解释，利于消除因对指标理解不清或调查员解释不一而造成的调查偏差。

(5) 样本的可验证性。在传统的市场调研中，被调查对象可能或多或少地被强制参与调查；在网络调研中，通过对被调查对象的身份做技术上的验证，在一定程度上保证了样本质量的可靠性，有效控制了信息的采集质量，减少了调研结果的偏差。

3) 电子邮件调研

电子邮件调研是指以较为完整的 E-mail 地址清单作为样本框，使用随机抽样的方法通过电子邮件发放问卷，被调查对象以电子邮件反馈答卷，并且有专门的程序进行问卷准备、排列 E-mail 地址和收集数据的一种调研方法。电子邮件调研法属于主动调查法，与传统邮件法相似，这种方法的好处是成本低廉、速度很快，并且可以有选择性地控制被调查对象，确保问卷调研的针对性；缺点是容易使被访问者反感，有侵犯个人隐私之嫌，并且某些电子邮件服务器会将企业调研问卷自动过滤成垃圾邮件。因此，使用电子邮件调研方法时，首先应争取被访问者的同意，或者估计被访问者不会反感，并向被访问者提供一定补偿，如有奖问答或赠送小件礼物等，以减轻被访问者的敌意。

4) 电话调研

电话调研是指企业直接通过打电话了解客户信息的一种调研方法。电话调研的优势在于能够及时回收客户信息，并且能针对客户的回答进行更深入的访谈。目前，电话调研通常采用计算机辅助电话访谈法，它是利用一种程序，在计算机的辅助下，替代传统的市场调查访谈中主持人引导讨论调查问题的调查方法，以达到提高工作效率的目的，同时节省成本，避免传统的市场调查中手工劳动带来的强度和误差。

计算机辅助电话访谈系统通常的工作形式是：访问员坐在计算机前，面对屏幕上的问卷，向电话对面的受访者读出问题，并将受访者的回答结果通过鼠标或键盘记录到计算机中；另一台计算机对整个访问工作进行现场监控。通过该系统，调查者可以以更短的时间、更少的费用，得到更加优质的访问数据，所得数据可被各种统计软件直接使用。

5) 移动调研

短信、QQ、微信等即时通信工具调研是随着手机的普及而兴起的一种调研方式。移动调研借助于移动平台，企业通过对选定的客户全体发送信息的方式了解客户的信息和态度，同时，客户的沟通和联系可以借助于移动平台进行。

2.3 客户资料库的创建

建立客户资料库的目的是把销售、市场和客户服务连接起来，通过各种途径搜集客户信息资料，并不断更新、完善客户档案资料，建立统一共享的客户资料库。建立客户资料库对于提高营销效率、扩大市场占有率、与交易伙伴建立长期稳定的业务联系具有重要的意义。

2.3.1 运用客户数据库管理客户信息

客户数据库是企业运用数据库技术，全面收集关于现有客户、潜在客户、目标客户的综合数据资料，追踪和掌握现有客户、潜在客户、目标客户的需求、偏好等情况，并进行深入的统计、分析、挖掘，使企业的客户管理工作更有针对性，是企业维护客户关系、获取竞争优势的重要手段和有效工具。客户数据库的作用主要体现在以下几个方面。

1．帮助企业准确找到目标消费者群

客户数据库是企业客户信息的重要存放位置，企业可以根据客户数据对客户进行分类和识别，促使企业找到最确切的目标市场。例如，新一代高速计算机和数据库技术可以使企业能够集中精力于更少的人身上，将最终目标集中在最小消费单位——个人身上，实现准确定位。

2．帮助企业把握时机

《华尔街周刊》这样写道："读书俱乐部永远不会把同一套备选书籍放在所有会员面前了，

现在的俱乐部都在进行定制寄送，他们根据会员最后一次选择和购买记录，以及最近一次与会员交流活动中获得的有关个人生活信息，向会员推荐不同的书籍。"效果是很明显的：减少了损耗，而会员购买的图书量却提高了。数据库营销者减少了不恰当的寄送带来的无谓浪费，还提高了企业的形象。这让客户有种感觉：这个公司理解我，知道我喜欢什么，并且知道我在什么时候对什么感兴趣。这样就增强了客户满足感和提升了客户满意度。

3．帮助企业制定恰当的营销策略

越来越多的企业投资建立数据库，以便能够记录客户最新反馈，利用公司最新成果分析出针对性强的、保证稳定消费群的计划。例如，某航空公司数据库存有 80 万人的资料，这些人平均每人每年要搭乘该公司的航班达 13 次之多，占该公司总营业额的 65%。因此，该航空公司每次举行促销宣传活动，必须以他们为主要对象，并极力改进服务，满足他们的需要，使他们成为企业长期的忠实用户。

4．帮助企业选择合适的营销媒体

企业根据客户数据库，从客户所在地区商店数目，以及消费者的购买习惯、购买能力，对销售进行估计，这些是决定营销媒体分配、充分传达广告内容、使消费者产生购买行为必须要考虑的内容。在制订媒体计划阶段，有关消费者所有的情报更是营销人员必须了如指掌的内容。数据库营销的着眼点是在一个人而不是广大群众，所以必须根据数据库提供的信息，谨慎考虑要以何种频率来与个人沟通才能达到良好的效果。

5．帮助企业维系客户关系

那些致力于同消费者保持紧密联系的企业都认为，没有什么东西比拥有一个忠诚的消费者更重要了，而且与寻求新客户相比，保留老客户更经济。因此，运用邮件库经常与消费者保持双向沟通，可以维持和增强与消费者的感情，提升抵抗外部竞争的能力。

6．运用客户数据库实现信息统一共享

统一共享的客户数据库把销售、市场营销和客户服务连接起来。如果未能结合这些功能，客户信息管理将不会达到理想效果。客户信息是企业内部各部门都需要的共同信息，所以必须以共享数据库的形式存在，这样才能使企业从部门化的客户联络转向所有客户的互动行为都协调一致。如果一个企业的信息来源相互独立，那么这些信息会有重复、冲突，并且会是过时的。这对企业的整体运作效率将产生负面影响。

为了使企业业务的运作保持一致，需要建立统一的共享性的数据存储——数据库，这样才能使它们发挥最大价值，保证企业各类工作人员都能方便、快捷地得到相关数据，并且让企业管理层可以随时得到关于企业业务情况的分析和相关报告。

2.3.2 建立客户资料库

建立客户资料库即建档管理。建档管理是将客户的各项资料加以系统记录、保存,并分析、整理、应用,借以巩固双方的关系,从而提升销售成绩。

完备的客户资料库是企业的宝贵财富,它不仅在保持客户关系方面具有重要作用,而且对企业各个部门及最高决策层的决策都具有重要意义。这也正是客户资料库日益受到企业领导重视的原因。

建立客户资料库要考虑的内容包括客户服务的对象、目的与企业决策需要,以及企业获取客户信息的能力和资料库整理成本等。客户资料库中,即使是已经中断交易的客户也不应放弃。

客户资料库一般包括三个方面的内容。

(1) 客户原始资料。客户原始资料即有关客户的基础性资料,它往往是企业获得的第一手资料,具体包括个人和组织资料、交易关系记录等。

(2) 统计分析资料。统计分析资料主要是通过客户调查分析或向信息咨询机构购买的第二手资料,包括客户对企业的态度和评价、履行合同的情况与存在的问题、与其他竞争者的交易情况。

(3) 企业投入记录。企业投入记录包括企业与客户进行联系的时间、地点、方式和费用开支的记载,提供产品和服务的记录,为争取和保持客户所付出费用的记录等。

客户资料库的体现形式一般有客户名册、客户资料卡、客户数据库。

1. 客户名册

客户名册又称交易伙伴名册,是有关企业客户情况的综合记录。客户名册由客户登记卡和客户一览表组成。客户登记卡主要列示客户的基本情况,客户一览表则是根据客户登记卡简单而综合地排列出客户名称、地址等内容的资料库。

由于客户类型不同,所整理的客户名册内容也有所不同。

(1) 企业型客户名册。企业型客户名册包括以下几项内容。

- 客户的基本信息。
- 客户经营理念、经营方针的特征。
- 客户管理能力,以及企业在行业的声誉、信用状况。
- 客户与本企业的业务状况。
- 客户的联系方式。
- 客户与本企业的关系。

(2) 个人型客户名册。个人型客户名册包括以下几项内容。

- 客户档案内容。
- 教育背景。
- 家庭情况。
- 业务背景资料。
- 特殊兴趣。
- 个人生活。

- 其他可供参考资料。

客户名册的优点是简便易行、费用较低、容易保管和查找、使用。特别是客户一览表简单明了地反映当前客户情况,对于管理决策者十分适用。但由于其缺乏全面、客观和动态性,这种方法也存在明显的缺陷。

2. 客户资料卡

客户资料卡通常分为潜在客户调查卡、现有客户调查卡和旧客户调查卡3类。

(1) 潜在客户调查卡。潜在客户调查卡是一种用于对潜在客户进行调查的资料卡。其主要内容应包括客户个人的基础性资料,如客户交易的时间、地点和方式等。企业可以不同的方式邀请潜在客户填写。

(2) 现有客户调查卡。现有客户调查卡用于对正在进行交易客户的管理。某客户开始进行第一笔交易,就需要建立现有客户调查卡,其内容不仅应包括客户的基础性资料,还应包括交易情况等。企业应随着时间的推移不断对其进行记录和补充。如果一个客户中止了购买行为,就要将其转入旧客户调查卡。

(3) 旧客户调查卡。旧客户调查卡没有持续记录的要求,应增加停止交易原因的跟踪记录等内容。

客户资料卡包括客户名称、地址、负责人、主要经营项目、主要联络人,客户的交易额、资本额,以及与本公司的业务往来情况、建卡日期等。客户资料卡是记录客户信息资料最主要的方式。通过记录这些资料,企业工作人员便于在工作中即时查找客户信息。客户资料的基本样式如表2-1所示。

表2-1 客户资料卡的基本样式

客户名称	
客户地址	
负责人	
经营项目	
联络人	
建卡日期	
备注	

在实际工作中,企业可以根据实际需要设计客户资料卡的具体格式,常见的有根据客户类型设立的"个人客户资料卡"(见表2-2)和"企业客户资料卡"(见表2-3)两大类。

表2-2 个人客户资料卡

客户姓名		性别		住址	
学历		年龄		性格特征	
职业		平均收入			
购买商品		购买日期			
付款方式		常用地址			

表 2-3 企业客户资料卡

客户基本资料	公司名称		代号		统一编号			
	公司地址		电话		公司执照	字	第	号
	工厂地址		电话		工厂登记证	字	第	号
	公司成立	年 月 日	资本额		员工人数	职员 人	作业员	人
	主要业务				行业类别			
	负责人	身份证号码		配偶		身份证号码		
	居住地址		电话		担任本职期间			
	执行业务者	身份证号码		配偶		身份证号码		
营运资料	转投资企业			转投资效益	□良好 □尚可 □亏损			
	产品种类							
	主要销售对象							
	年营业额		纯益率		资产总额			
	负债总额		负债比率		权益净值			
	最近三年每股盈余		流动比率		固定资产			
	金融机构名称	类别	账号	开户日期	退票及注销记录	金融机构评语		

客户资料卡并非一定为以上形式，在实际工作中可根据企业情况自主制定适合本企业的客户资料卡。

3. 客户数据库

客户数据库是近几年在国外大型公司中出现的客户资料保存形式，其主要优点表现在：使建立大规模客户资料成为可能；资料信息易于更改、复制；客户数据库带来了营销方式的变化。

一般而言，数据库的开发需要经过以下步骤：确定数据库开发的目标；进行内部资料与外部资料的选择；设计数据库框架；创建数据库结构；设计重要的数据库特性；选择数据库开发工具；选择重要信息源；将信息源转变为数据库；将开发的预算和计划与营销策略进行整合等。

营销部门应用营销数据库来设计市场营销活动，以建立客户忠诚或者增加产品销售。根据客户的行为和价值将客户划分成不同的细分客户群，并且针对不同的客户细分设计营销活动。营销活动的结果也可以记录在营销数据库中，使营销人员和客户管理人员能够清楚地看到每一次营销活动的客户响应情况和投资回报率。营销人员应用客户数据库的资料、应用数据分析技术在潜在客户数据中发现和识别盈利机会。基于客户的年龄、性别、人口统计数据等，对客户购买某一特定产品或服务的可能性进行预测，帮助企业决策和设计适销的产品和服务，并且设计和制定合适的价格体系。通过市场、销售和服务等一线人员获得的客户反馈，对相关的市场调查资料进行整合，定期对市场的客户信息和反馈进行分析，使产品和服务在功能和销售方式上进行改进；帮助产品设计和研发部门做出前瞻性的分析和预测；根据市场上的实时信息及时调整生产原材料的采购，或者调整生产的产品型号，控制和优化库存等。

2.4 电子商务客户信息的整理

在收集相关客户信息之后，客户管理人员就要根据具体的企业目标对这些信息进行科学整理。整理客户信息时，客户管理人员可以不断地挖掘客户、分析客户和筛选客户，并将企业最优资源匹配到最能为企业带来利润的客户身上。

2.4.1 电子商务客户信息整理的必要性

客户管理人员对客户信息的整理通常要包含以下三个方面。

1．目标市场

根据明确的企业产品定位，确定哪些客户会对本企业的产品产生需求；再根据搜集到的相关客户信息，分析客户对企业产品的需求量大小；然后根据以上分析结果对客户进行有秩序分类。在这一阶段的工作结束后，通常情况下，那些需求量更大的客户，会被列为重要的潜在客户，客户管理人员要认真对待这些客户。

2．潜在客户

潜在客户就是那些有购买意向的目标市场中的客户。要想让他们对你的产品具有购买意向，这需要借助公司的广告宣传和市场调查，如果仅靠客户管理人员的个人努力，整体工作效率就较低。所以，客户管理人员在这一阶段不仅要认真分析自己掌握的客户相关信息，还要充分利用公司资源展开分析，最终确定哪些客户的购买意向较强、哪些客户根本无意向购买公司的产品或服务。这将有助于下一步工作时客户管理人员时间和精力的合理分配。

3．目标客户

目标客户就是那些有明确购买意向、有购买力，而且在短期内有把握达成订单的潜在客户。值得注意的是，此时，客户管理人员在对客户信息进行整理时，必须明确对方是否具有购买力，即客户是否有能力购买公司推销的产品或服务。其中又分三种情况：第一，有明确购买意向，但是暂时没有能力购买；第二，有明确购买意向，购买能力不强；第三，有明确购买意向，购买能力强。显然，符合第三种情况的客户首先需要推销人员花费较多的时间和精力；属于第一种情况的客户，客户管理人员可以暂时放一放，但仍要保持联系；属于第二种情况的客户，客户管理人员要保持联系，而且要积极争取。

企业和员工要根据自己的工作需求对收集来的客户资料进行分析，一般来说，对客户名称、所在行业、所在地区、经营方向、经营规模、主要产品、主要需求、目标市场等资料进行分析，可以得到企业的客户结构。

2.4.2 电子商务客户信息整理的步骤

电子商务环境下企业可以利用数据仓库来整合、管理客户信息，预测客户未来的行为。

1. 客户信息的筛选、整理

企业从直接和间接渠道，利用不同方法收集的信息并不能直接为企业所用，必须要对这些信息进行筛选、整理。首先，企业收集的信息分散在企业各个部门之中，例如，来自客户抱怨等方面的信息掌握在售后服务部门，有关客户购买频率等行为方面的信息可能掌握在销售部门，这些处于不同部门的信息降低了整个企业掌握信息的完整性；其次，来自不同渠道的信息并不是完全准确的，在很多时候，关于同一问题的信息可能截然相反。因此，企业必须要对掌握的信息进行筛选、整理，从中找到有价值的信息。

2. 客户信息的录入

当企业完成了信息的筛选、整理之后，第二步就是将掌握的信息录入数据仓库之中。在录入信息的过程中，首先要对信息进行编码，良好的编码能够让企业员工更加方便地处理信息，同时也提高了数据的运算处理速度。其次，要保证录入信息的准确性。一方面，要对信息的来源进行检查，确保信息来源的可靠性和真实性；另一方面，要保证信息录入过程的准确性，即在录入的过程中没有发生偏差。显而易见，这是一个需要投入大量人力、物力的工作。

3. 客户信息的分析与整理

如果企业只是简单地把客户信息录入到数据仓库中，那么并不能发挥客户信息与数据仓库的作用。数据仓库的意义在于能够帮助企业更快、更好地分析客户信息，从中找到有价值的线索。

数据仓库能够帮助企业了解自身所有客户的信息，例如，了解个人客户的性别比例、年龄段、职业状况等基本信息，能够让企业更清楚自己面对的到底是哪些类群的客户。数据仓库还能帮助企业分析客户行为。客户行为可以划分为两方面：整体行为分析和群体行为分析。整体行为分析用来发现企业所有客户的行为规律，但仅有整体行为分析是不够的。企业的客户千差万别，众多的客户在行为上可以划分为不同的群体，这些群体有着明显的行为特征。对企业而言，不仅要了解客户整体行为，还必须要掌握客户群体乃至客户个人的信息，以便企业协调与客户的关系。

4. 客户信息的更新

对企业而言，通过直接和间接渠道收集信息是企业了解客户的重要途径，但是，企业并不是开展一次大规模的收集信息活动就能一劳永逸。对企业而言，及时更新客户信息与收集客户信息同等重要。在市场竞争激烈的今天，客户的需求和偏好在不断发生着变化，如果企业不能及时更新客户信息，采用过时的数据来分析客户特征，将会使企业不能准确了解客户的需求。一旦对客户特征把握不准确，就将对企业产品设计、客户沟通等策略带来严重干扰，使企业的投入不能取得预定的成效。

客户信息的更新要注重及时性，需要企业各个部门的全力配合。企业更新信息并不是让信息存储在数据库中，而是希望通过这些客户信息来认识、了解客户，弄清客户特征发生了什么样的变化。在更新客户信息的同时，要及时淘汰无用信息，提高数据库的利用率，避免企业资料长期被无用信息占用而导致浪费。

2.5 电子商务客户信息的分析

电子商务客户信息并不是整理后存放入数据库即可,恰恰相反,信息整理的目的是为信息分析服务的。企业专业人员可以采用合理、科学的分析方法分析客户信息,帮助企业决策者寻找商机、确定客户、开发潜在市场等。电子商务客户信息分析是客户信息管理的重要内容和关键内容,也是最有价值的内容。

2.5.1 电子商务客户信息分析的意义

电子商务客户信息分析的意义表现为以下几个方面。

1. 把握客户需求

要把握客户需求,必须深刻认识、理解客户,对客户进行细分,也就是进行市场细分。企业对收集到的客户信息通过数据挖掘等技术,在深层次上进行反复的提炼和剖析,从看似普通的客户信息中找出关于客户需求的更有价值的信息,从而加以利用。

2. 开发潜在客户

相关人员可以从以下五个方面检查、判断客户购买欲望的大小(以房地产行业为例):一是对产品的关心程度,如对购买房屋的大小、间隔方式、公共设施、朝向等的关心程度;二是对购买相关问题的关心程度,如对房屋的购买合同是否仔细研读或要求将合同条文增减、要求修改房屋内部间隔等;三是检查房屋相关情况能否符合各项需求,如房屋所在地对于小孩上学、大人上班是否便利,附近是否有超级市场,是否符合对安静的期望,周边是否有喧哗的营业场所等;四是对产品是否信赖,如对房屋使用的材料品牌是否满意、施工是否仔细、地基是否稳固等;五是对销售企业是否有良好的印象,客户对销售人员印象的好坏左右着其购买欲望。企业对这些分析判断明确后,再有针对性地做工作。

3. 挖掘潜在市场

对企业内部提供的客户信息资源进行整理分析,能够挖掘潜在市场,得出能够指导营销的有价值结论。例如,电信企业收集的客户信息满足了营销的目的,这些信息包括:客户的静态数据,如性别、年龄、职业、收入水平等;客户的动态数据,即消费行为信息,如何时购买、历史消费记录、流失或转到竞争对手的记录、与企业接触的历史记录等。通过对这些静态、动态数据的分析,可以得出该客户是否具有购买需求、预计购买时间和数量、消费档次等结论;把这些数据进行归总,可以推出一些销售方案。

4. 完善售后服务

为了将不断增加的客户服务好,一些企业开始要求员工定期更新、完善客户信息,对售后服务满意率进行抽查回访。通过完善客户服务信息,不断构建客户服务平台。

2.5.2 电子商务客户信息分析的内容及方法

一般客户信息分析主要是针对客户构成分析、客户经营情况分析、客户信用分析和客户对企业的利润贡献分析等几方面进行。

1. 电子商务客户构成分析

通过对客户信息的搜集和整理，销售人员可以分析出客户对产品或服务是否具有购买意向，有时还可以了解客户的购买能力。虽然销售人员可以按照这些分析结果寻找到目标客户，但是如果不了解客户的购买心理，即使找到目标客户，最终也难以促成交易。

不同客户的购买心理是不同的，了解客户的购买心理有助于销售人员在沟通过程中投客户所好、把握成交机会。各种客户信息透露出来的客户心理各不相同，常见的一些客户心理如下。

1) 实用主义心理

那些表现理智的客户在购物时往往更追求"实用"，比如，他们更在意产品的效力、使用期限、售后服务等。这通常可以从他们的办公室或家居布置、正在使用的产品特点等方面反映出来，当然也可以从沟通过程中他们的关注焦点得到体现。

2) 追求品牌的心理

现在有很多客户在选购商品时都十分关注品牌，这一点在经济发达地区或者在年轻客户群体和收入水平较高的客户群体中表现得尤为明显。针对这一心理，现在很多商家都运用多种方式提高企业的品牌影响力，如增强广告宣传攻势、利用名人效应等。在与这些客户进行沟通的时候，销售人员可以利用各类名人来推销自己的产品，也可以不断强化企业产品的品牌影响力，加深客户对本企业的品牌认知度。

3) 审美心理

有些客户在衡量产品优劣时，其个人审美意识总是不自觉地占据上风，所以他们更注重产品的视觉效果。敏锐的销售人员几乎从这些客户平时的生活习惯中就可以掌握他们的这一心理。比如，他们平时肯定对自身穿着和使用物品的包装、款式、造型等相当在意。因此，销售人员可以从鲜艳的包装、新颖的款式、个性十足的造型，以及具有艺术美的整体风格着手，以此激起客户积极的视觉体验，从而做出购买决定。

4) 猎奇心理

对那些新奇事物和现象有极大爱好的客户喜欢主动寻求新的产品信息。如果公司的产品具有某些新功能、新款式，可以为客户提供新享受、新刺激，销售人员就要尽可能地将这些新奇特点展示给客户。像"经久耐用"等推销专用语，对这些客户来说往往不会产生任何积极效果。

5) 从众心理

有人喜欢追求新奇和与众不同，而有些客户则容易受到周围人的影响。容易产生从众心理的人多为女性客户，与这些客户打交道时，销售人员最好暗示客户"这种产品很抢手，您的邻居认为它的效果特别好"。

> **知识窗**
>
> **用户画像**
>
> 用户画像又称用户角色,用于描绘一个抽象自然人。作为一种勾画目标用户、联系用户诉求与设计方向的有效工具,用户画像在各个领域得到了广泛的应用。
>
> 用户画像是面向业务的用户标签和管理用户的中台,通过全端采集用户行为数据,整合业务数据等多种数据源,帮助企业构建体系化标签图书馆,输出用户画像。
>
> 使用用户行为及标签构建用户画像让数据分析更深入,实时获取标签人群,实现用户精细化运营和精准营销。利用智能算法快速寻找到相似人群,在高价值用户有流失风险的时候,需要及时对其进行召回。用户画像如图2-2所示。
>
>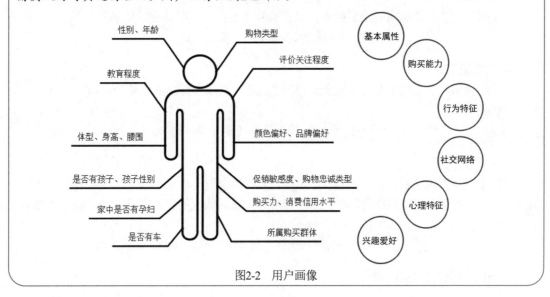
>
> 图2-2 用户画像

2. 电子商务客户经营情况分析

一般是在了解了企业基本情况的基础上,通过对其财务报表的分析,揭示客户的资本状况和盈利能力,从而了解客户的过去、现在和未来的经营情况。企业的经营状况可以通过财务状况的计算分析得出,主要是通过计算出企业偿还债务能力的一些参数来分析。企业偿债能力的大小,是衡量企业财务状况好坏的标志之一,是衡量企业运转是否正常、是否能吸引外来资金的重要方法。反映企业偿债能力的指标主要有流动比率、速动比率、现金比率、变现比率、负债流动率和资产负债率。

1) 流动比率

流动比率是反映企业流动资产总额和流动负债总额比例关系的指标,企业流动资产大于流动负债,一般表明企业偿还短期债务能力强。流动比率以 2:1 较为理想,最少要 1:1。

$$流动比率=流动资产总额/流动负债总额\times100\%$$

2) 速动比率

速动比率是反映企业流动资产项目中容易变现的速动资产总额与流动负债总额比例关系

的指标。该指标还可以衡量流动比率的真实性。速动比率一般以 1∶1 较为理想，速动比率越大，偿债能力越强，但不可低于 1∶2。

$$速动比率=速动资产总额/流动负债总额×100\%$$

3) 现金比率

现金比率反映企业流动资产中有多少现金能用于偿债。现金比率越大，流动资产变现损失的风险越小，企业短期偿债的可能性越大。

$$现金比率=现金类流动资产/流动资产总额×100\%$$

4) 变现比率

变现比率反映企业短期的偿债能力，又具有补充现金比率的功能。

$$变现比率=现金类流动资产/流动负债×100\%$$

5) 负债流动率

负债流动率衡量企业在不变卖固定资产的情况下，偿还全部债务的能力。该比率越大，偿债能力越强。

$$负债流动率=流动资产/负债总额×100\%$$

6) 资产负债率

资产净值是指扣除累计折旧后的资产总额。资产负债率反映企业单位资产总额中负债所占的比重，用来衡量企业生产经营活动的风险程度和企业对债权的保障程度。资产负债率越小，企业长期偿债能力越强，承担的风险也越小。

$$资产负债率=负债总额/资产净值×100\%$$

3．电子商务客户信用分析

在利用客户档案记录内容详细、动态反映客户行为及其状况的特点的同时，还要进行客户信用情况分析，以便对客户的信用进行定期的评判和分类。目前，主要的客户信用分析评价标准有以下 3 个。

1) 信用5C标准

标准中的"5C"是美国银行家爱德华在 1943 年提出的。他认为企业信用的基本形式由品格(Character)、能力(Capacity)、资本(Capital)、担保品(Collateral)和环境状况(Conditions)构成。由于这 5 个英文单词都以 C 开头，故称"5C"。

(1) 品格。品格是指企业和管理者在经营活动中的行为和作风，是企业形象最为本质的反映。

(2) 能力。能力是仅次于品格的信用要素。能力包括经营者能力(如管理、资金运营和信用调度等)和企业能力(如运营、获利、偿债等)。

(3) 资本。资本主要是考查企业的财务状况。一个企业的财务状况基本上能反映该企业的信用特征。若企业资本来源有限，或资本结构比例失调，大量依赖别人的资本，则会直接危及企业的健康发展。

(4) 担保品。许多信用交易都是在担保品作为信用媒体的情况下顺利完成的，担保品成为这些交易的首要考虑因素。

(5) 环境状况。环境状况又称经济要素，大到政治、经济、环境、市场变化、季节更替等因素，小到行业趋势、工作方法、竞争等因素，诸如此类可能影响企业经营活动的因素都归为环境状况。

2) 信用5P标准

标准中的"5P"是从不同角度将信用要素重新分类，条理上更加易于理解。它包括个人因素(Personal Factor)、还款因素(Payment Factor)、目的因素(Purpose Factor)、保障因素(Protection Factor)和展望因素(Perspective Factor)。

比较 5C、5P 两种标准，说明如下。

(1) 个人因素或品格主要衡量借款人的还款意愿。
(2) 还款因素或能力主要衡量借款人的还款能力。
(3) 目的因素或资本主要分析贷款的用途，评价借款人的举债情况。
(4) 保障因素或担保品主要分析贷款的抵押担保情况和借款人的财务实力。
(5) 展望因素或环境状况主要分析借款人的行业、法律、发展等方面的环境。

3) 信用6A标准

标准中的"6A"是美国国际复兴开发银行提出的。信用 6A 标准将企业要素归纳为经济因素(Economic Aspects)、技术因素(Technical Aspects)、管理因素(Managerial Aspects)、组织因素(Organizational Aspects)、商业因素(Commercial Aspects)和财务因素(Financial Aspects)。

4．电子商务客户对企业的利润贡献分析

客户资产回报率是分析企业从客户处获利多少的有效方法之一。实践表明，不同的客户，资产回报率是不同的。通过这一指标的分析，还可具体了解这种差距产生的原因。为确保客户成为好客户，企业对客户要进行定期评价，并采取相应措施。如今，越来越多的企业强调以多种指标对客户进行评价。

美国数据库营销研究所 Arthur Hughes 提出衡量客户的 RFM 方法。客户数据库中有 3 个神奇的要素，这 3 个要素构成了数据分析最好的指标：最近一次消费(Recency)、消费频率(Frequency)、消费金额(Monetary)。

1) 最近一次消费

最近一次消费是指上一次购买的时候——客户上一次是什么时候来店里、上一次根据哪本邮购目录购买东西、什么时候买的车，或最近一次在超市买早餐是什么时候。

理论上，上一次消费时间越近的客户应该是比较好的客户，对即时提供的商品或者服务也最有可能会有反应。营销人员若想业绩有所增长，只能靠"偷取"竞争对手的市场占有率；而如果要密切地注意消费者的购买行为，那么最近的一次消费就是营销人员第一个要利用的工具。有资料显示，如果企业能让消费者购买，他们就会持续购买。这也就是 0~6 个月的客户收到营销人员的沟通信息多于 31~36 个月的客户的原因。

最近一次消费的过程是持续变动的。在客户距上一次购买时间满一个月之后，其在数据库里就成为最近一次消费是在两个月内的客户。反之，同一天，最近一次消费在 3 个月前的客户进行了下一次的购买，他就成为最近一次消费为一天前的客户，也就有可能在很短的期间内就收到新的折价信息。

最近一次消费的功能不仅在于提供促销信息，营销人员的最近一次消费报告可以监督事业的健全度。优秀的营销人员会定期查看最近一次消费的分析，以掌握趋势。如果月报告显示距离上一次购买时间很近的客户(最近一次消费是在1个月内)的人数增加，则表示该企业是个稳健成长的企业；反之，如距离上一次消费在一个月内的客户越来越少，则是该企业迈向不健全之路的征兆。

最近一次消费报告是维系客户的一个重要指标。最近才买企业的商品、服务或者光顾本企业门市、商店的消费者，是最有可能再从企业购买东西的客户。再则，要吸引一个几个月前才上门的客户购买，比吸引一个一年多以前来过的客户要容易得多。营销人员如接受这种强有力的营销哲学——与客户建立长期的关系而不仅是卖东西，会让客户持续保持往来，并赢得他们的忠诚度。

2) 消费频率

消费频率是指客户在限定的时间内所购买的次数。最常购买的客户，也是满意度最高的客户。如果相信品牌及商店忠诚度，最常购买的消费者，忠诚度也就最高。客户购买的次数增加意味着从竞争对手处"偷取"市场占有率，从别人的手中赚取营业额。

让客户达到最高阶段，即最忠诚阶段的诀窍在于让消费者一直顺着阶梯往上爬，把销售想象成是要将两次购买的客户往上推成三次购买的客户，把一次购买者变成两次购买者。

3) 消费金额

消费金额是所有数据库报告的支柱，也可以验证"帕累托法则"(Pareto's Law)——公司80%的收入来自20%的客户。

最近一次消费、消费频率、消费金额是测算消费者价值最重要也是最容易的方法，这充分地表现了这3个指标对营销活动的指导意义。而其中，最近一次消费是最有力的预测指标。

好的客户会给企业带来极大的利润，而差的客户则会给企业带来很大的风险，甚至可能拖垮一个企业。建立客户评价指标，对客户进行评价，一是可从中选择好的客户，二是可以在客户管理工作中建立起动态管理机制。在不断淘汰差的客户的同时，不断培养出更多的适合企业需要的好的客户。

【阅读2-1】联邦快递客户资料RFM分析

首先，联邦快递利用RFM的变化来评断客户的贡献额，计分的方法如下：将单一客户过去3个月内的消费金额乘2，再加上过去3~6个月间该客户的消费金额；接下来联邦快递利用Data Mining中的Cluster分析，将所有客户分为以下7大族群。

(1) 贡献额最高的10%稳定顾客群。
(2) 过去6个月流失的中贡献额顾客群。
(3) 低贡献额的季节性顾客群。
(4) 高贡献额的成长顾客群。
(5) 中贡献额的稳定顾客群。
(6) 低贡献额且在过去6个月内的流失顾客群。

(7) 低贡献额但刚恢复交易的顾客群。

联邦快递观察在过去的两年内，客户如何在7个族群中移动，一旦有任何行为模式被分析出来，联邦快递便针对每一个族群发展一套客户策略。

举例来说：最顶尖的10%稳定顾客群，是最佳而且最有价值的客户，联邦快递的策略就是想尽办法留住他们，向他们提供最好的服务，以避免这群客户的流失。高贡献额的成长顾客群是指消费金额成长超过15倍的客户，联邦快递投入营销预算，找出成长的原因，以协助其他客户提高贡献额。

过去6个月流失的中贡献额顾客群，是指在过去6个月贡献额降低90%的客户，这群转身而去的客户，让联邦快递损失许多应得的利润，因此，必须找出什么地方出错。联邦快递通过电话营销与客户沟通来调查原因，以挽回客户的心。

找出低贡献额的季节性顾客群是非常有用的，因为这些客户只在一年的某些季节交易，花费营销预算去刺激他们在其他时期交易将是十足的浪费。

在分析数据库的同时，也可以参考联邦快递的做法，将客户分为不同特性的族群，并且针对族群特性，制定相对应的营销策略，这样分析数据库才能对企业产生更多效益。

2.6 电子商务客户信息安全管理

客户信息管理提供与客户沟通的统一平台，提高员工与客户接触的效率和客户反馈率。一个成功的客户信息管理系统主要通过电话、传真、网络、电子邮件等多种渠道与客户保持沟通，使企业员工全面了解客户关系，并根据客户需求进行交易，记录获得的客户信息，在企业内部做到客户信息共享；对市场计划进行整体规划和评估，对各种销售活动进行跟踪，通过积累的大量动态资料，对市场和销售进行全面分析。但是，在网络环境下，安全问题日益突出。客户信息以数据库形式存在于企业内部，但是安全事件频发，说明客户信息管理存在一定安全风险。

2.6.1 电子商务客户信息安全风险

电子商务环境下的客户信息管理一般采用纸质客户资料和电子客户资料并存的方式，所以客户信息风险也就比传统客户信息管理下的安全风险更高。其主要体现在以下几个方面。

1. 网络环境风险

网络环境主要是指电子商务企业运作中所涉及的软件、硬件等环境。

1) 物理实体的安全问题

物理实体是指为企业工作的电子元器件设备，包括计算机、打印机、服务器、扫描仪等。当外界环境发生变化时，可能造成这些电子元件设备数据丢失。例如，正在工作的计算机突然断电，未保存的资料就会丢失；或者因为断电瞬间电流过大，造成数据存储的硬件设备损坏，导致客户信息丢失。另外，在物理实体安全中尤其要注意电磁泄漏和线路监听问题。

(1) 电磁泄漏是指计算机通过辐射方式或者传导方式将电磁信号向外发射。任何一台电子设备工作时都会产生电磁辐射，计算机设备也不例外，如主机中各种数字电路电流的电磁辐射、显示器视频信号的电磁辐射、键盘按键开关引起的电磁辐射、打印机的低频电磁辐射等。

计算机、外围设备，以及网络设施在工作时有电流流动，这种变化的电场可产生变化磁场，变化磁场又产生新的变化电场，通过这种电场与磁场的交替转换，计算机电磁辐射就产生了。传导发射是指含有信息的电磁波经电源线、信号线、地线等导体传送和辐射出去。计算机辐射的频带很宽，大约为 10 kHz～600 MHz。特别是计算机显示器的电磁辐射信号很强，能将显示器上正在显示的内容泄露到很远的地方。有资料显示，利用先进的仪器和软件处理技术，在 2 千米以外的地方仍能接收到电磁辐射信号，还原出图像信息。

(2) 窃听技术是窃听行动所使用的窃听设备和窃听方法的总称，它包括：窃听器材，窃听信号的传输、保密、处理，窃听器的安装、使用，以及与窃听相配合的信号截收等。电话窃听的手段很多，常用的有串音窃听和利用系统窃听。

通过电话交换机控制用户电话，建立电话窃听系统，对侦察目标电话进行截听。这种窃听电话系统很大，自动化程度很高，只要目标电话一经使用，监听设备立即启动实施窃听，始叫话机的号码、通信的日期和时间也同时被自动记录下来。

利用电话线路的串音窃听，是指一路电话线上可能感应了另一路电话线上的电话信号。对于技术质量比较差的通信线路，如采用架空明线或质量差的通信电缆，有时两条线路只要有几十厘米长，就能产生足够强的串音。这种串音有时直接听不出来，但用放大器放大便可听清楚。

2) 计算机软件系统潜在的安全问题

计算机工作都是依赖于操作系统实现，但是操作系统是软件系统，其中也存在一定的漏洞。这就造成了企业信息管理的一种风险。

(1) 操作系统结构体系的缺陷。操作系统本身有内存管理、CPU 管理、外设的管理，每个管理都涉及一些模块或程序。如果在这些程序里面存在问题，比如内存管理的问题，外部网络的一个连接过来，刚好连接一个有缺陷的模块，则计算机系统可能因此崩溃。所以，有些黑客往往是针对操作系统的不完善进行攻击，使计算机系统，特别是服务器系统立刻瘫痪。

(2) 操作系统不安全的一个原因在于它可以创建进程，支持进程的远程创建和激活，支持被创建的进程继承创建的权利，这些机制提供了在合法用户上，特别是"打"在一个特权用户上，黑客或间谍软件就可以使系统进程与作业的监视程序监测不到它的存在。

(3) 操作系统会提供一些远程调用功能。所谓远程调用就是一台计算机可以调用远程一个大型服务器里面的一些程序，可以提交程序给远程的服务器执行，如 Telnet。远程调用要经过很多的环节，中间的通信环节可能会出现被人监控等安全问题。

(4) 操作系统的后门和漏洞。后门程序是指绕过安全控制而获取对程序或系统访问权的程序方法。在软件开发阶段，程序员利用软件的后门程序可以方便地修改程序设计中的不足之处。一旦后门被黑客利用，或在发布软件前没有删除后门程序，容易被黑客当成漏洞进行攻击，造成信息泄密和丢失。此外，操作系统的无密码的入口，也是信息安全的一大隐患。

尽管操作系统的漏洞可以通过版本的不断升级来克服，但是系统的某一个安全漏洞就会使系统的所有安全控制毫无价值。从发现问题到升级这段时间，一个小小的漏洞就足以使整个网络瘫痪。

3) 黑客的恶意攻击

黑客一般泛指计算机信息系统的非法入侵者。"黑客"一词是由英语 Hacker 音译的，是指专门研究、发现计算机和网络漏洞的计算机爱好者。他们伴随着计算机和网络的发展而产生并成长。黑客对计算机有着狂热的兴趣和执着的追求，他们不断地研究计算机和网络知识，发现计算机和网络中存在的漏洞。他们喜欢挑战高难度的网络系统并从中找到漏洞，然后向管理员提出解决和修补漏洞的方法。

【阅读2-2】韩遭黑客攻击 三千多万客户信息泄露

中新网2011年7月29日电，据韩国媒体报道，韩国国内发生了有史以来最大规模的黑客事件。7月28日，SK Communications表示，门户网站Nate和社交网站赛我网(Cyworld)遭到黑客攻击，导致3 500万名用户的信息泄露。Nate和Cyworld的会员分别为2 500万名和3 300万名。因重复注册的会员较多，所以实际上算是大部分用户都遭受了损失。

韩国报纸称，SK Communications是在7月26日对系统进行定期监测时发现异常状况的。已确定的被泄露的信息有姓名、账号(ID)、电子邮件地址、手机号码、密码及身份证号码。

判断异常状况是否为黑客所为花费了大量时间。该公司在7月28日将损害事实报告给了警察厅和广播通信委员会，目前，警察厅网络搜查大队正在进行调查。黑客的具体作案时间，以及以何种路径进行的作案要等到警察搜查的结果出来才可能知晓。

但是，仅仅凭其泄露的信息就有可能导致各种损害的发生。其中最让人担心的便是电话诈骗(Voice Phishing)，垃圾短信和垃圾邮件也可能纷至沓来。如果想防止类似的二次损害，首先应该更换Nate和Cyworld的ID。同时，一直以来使用与这两家网站相同ID和密码的其他网站的密码最好也要更换，尤其是银行、信用卡网站的密码如若相同，则有必要进行更换。

2．来自企业内部的风险

对于许多大型企业而言，公司企业内部安全风险通常容易被忽略。尤其是内部员工造成的客户信息泄露问题已经被很多大公司所重视，但是却无从改善和防范。造成信息泄露的员工主要是离职员工和在职员工两类。

1) 离职员工的破坏活动

不同类型的员工离职对企业的影响是不同的。员工离职通常分为两种类型：主动离职和被动离职。主动离职是指离职的决策主要由员工做出，包括辞职的所有形式；被动离职是指离职的决策主要由企业做出，包括解雇、开除等形式。对于企业的管理者来说，被动离职往往是确定的，是可以被企业所控制的，但主动离职相对而言往往是事先不可预测的。因此，大量的主动离职会给企业的发展带来不利的净影响(即不利影响超过有利影响)。因此，对主动离职产生的原因和防范策略的深入探讨得到了很多学者的关注。

信息管理调查机构 Ponemon Institute，发布了一份以 2008 年离职员工为研究对象的调查报告。

(1) 59%的受访者承认离职后会带走公司的数据。

(2) 79%的受访者表示是在未经前雇主允许的情况下带走公司信息。

(3) 64%被员工带走的信息来自电子邮件。

(4) 被带走的信息中有39%为客户信息，例如客户联络方式；而有35%是员工信息。

(5) 24%的员工在离职后仍然可以登录公司的网络存取信息；其中有35%的人在离职一周后仍然拥有这个权限。

例如，离职员工的系统账号没有从系统中注销，离职员工可以拨号进入单位网络，并访问公司的敏感数据；单位的防火墙允许进入方向的Telnet，并且在某服务器上允许以guest账号进入，离职员工可以通过Telnet，用guest账号进入某服务器，浏览或处理系统文件；厂商在系统安全设计中存在为人所知的缺陷，但还没有补丁文件，离职员工可以基于已为人所知的系统的脆弱性，访问敏感的系统文件。

【阅读2-3】员工离职后窃取公司邮件密码截获客户

某公司一员工离职后，通过窃取公司邮件密码，利用邮件套取公司信息、资料，并与公司客户做起了生意。××县人民法院以破坏生产经营罪判处这名跳槽员工有期徒刑5年。

28岁的汪某为崇阳人，2006年4月8日，他应聘到湖北某电工材料有限公司从事外贸工作，按照合同约定，汪某在任职期间及离职后3年内不得违反保密合同和竞业限制。但上班不久，汪某就产生了自己经营该公司云母产品的念头，于是在该公司邮件系统内设置了找回密码程序，为其离职后继续侵入该公司邮件系统做好准备。

2006年7月，汪某注册了自己的网站，并自同年8月起，以个人名义与该公司的国外客户进行联系、交易。2007年2月，汪某从该公司辞职，将在职期间所窃取、掌握的公司资料、信息等全部带走，并利用此前所设的密码找回程序，多次入侵前单位的邮件系统，从中获取公司的客户联系资料、订单信息，与该公司的国外客户进行联系和交易。同时，汪某还冒充其他公司，给与该公司联系、交易的国外客户发送恐吓电子邮件，破坏该公司与客户的业务联系、经营活动。

2) 在职员工的威胁

在职员工也会给企业的计算机系统造成严重破坏。例如，在职员工对企业的制度不满，或者被竞争对手利用，成为"商业间谍"，或者所在企业对员工的奖励和认可不公平、不及时都会造成员工对企业的不满。在职员工的不满情绪如果不能得到合理的释放，可能就会演变成做出一些对企业有威胁的事情。例如，使用嗅探器截取客户信息；或者信息人员使用其本身权限下载、备份数据；或者将客户信息非法获取并贩卖给竞争对手，以此获得经济利益。

【阅读2-4】银行泄露信息，客户备受骚扰

2015年1月，徐女士接到短信显示其银行卡账户存入1 300元。随后，徐女士接到自称张某的电话，张某说误存了1 300元至徐女士账户，要求立即归还。徐女士要求通过银行或公安机关处理，被张某拒绝。之后，张某不断通过电话骚扰徐女士，要求归还款项。徐女士认为是银行在未经其本人同意的前提下向张某透露了其个人信息，导致被骚扰，因此向中国人民银行某中心支行金融消费权益保护中心投诉，要求银行解决问题，并赔礼道歉。

经调查，张某于2015年1月17日通过某银行ATM机向徐女士银行卡账户误存入1 300元的情况属实。张某在存款时误输入了徐女士银行卡号码，由于ATM机仅显示客户名字，未显示姓氏，徐女士名字与张某想要存入款项的账户客户名称相同，张某未经仔细核对账号信息就仅凭

名字办理了存款。在发现自己误存后,张某立即联系某银行,要求该行提供徐女士的姓名及联系方式,被银行拒绝。但当时银行柜员核实了相关情况,通过账户查询到徐女士姓名和联系电话,并抄录于纸上,因该操作没有避开张某,张某趁机记录下来,然后就私自对徐女士不断进行骚扰。

该银行弄清情况后,与双方联系进行了沟通,最终张某同意向徐女士赔礼致歉,徐女士也于次日退还了款项。

案例启示:本案因银行业金融机构在业务操作中不慎泄露客户个人信息而引发。个人敏感信息涉及信息主体的信息安全权,一旦被泄露,将可能给信息主体带来严重影响,因此,银行业金融机构应高度重视客户个人金融信息保护。银行业金融机构应当强化金融消费者个人信息保护措施,加强从业人员保密意识教育,完善保密工作制度和责任追究机制,定期开展业务风险核查和岗位风险排查,查漏补缺,切实防范泄密事件。此外,银行业金融机构应当增强服务意识,改良业务流程,改进服务设施,降低金融消费者因失误而发生财产损失的可能性。在金融消费者实际发生财产损失时,银行业金融机构应积极主动提供必要协助,尽自身所能协调各方利益,帮助消费者尽快解决问题。

消费提示:《中华人民共和国消费者权益保护法》《中华人民共和国商业银行法》《国务院办公厅关于加强金融消费者权益保护工作的指导意见》等法律、规范性文件均规定了消费者个人信息或个人金融信息安全权,赋予了消费者对于日常生活中个人信息屡遭泄露现象说"不"的权利,消费者应当提升自我保护意识,勇于通过合法途径向相关部门反映诉求,维护自身个人信息安全权。

2.6.2 电子商务客户信息安全措施

安全的客户信息管理是凝聚客户、促进企业业务发展的重要保障。客户信息是一切交易的源泉。由于客户信息自身的特点,进行科学的客户信息管理是信息加工、信息挖掘、信息提取和再利用的需要。通过客户信息管理,可以实现客户信息利用的最大化和最优化。电子商务客户信息安全管理可以通过以下几方面实现。

1. 培养信息保密意识

内部员工将客户信息有意识或无意识泄露是威胁企业客户信息安全最重要的问题,所以企业从高层到普通员工,都要重视客户信息,认识到客户信息是企业宝贵的资源。电子商务环境下企业的竞争实际上是针对客户的竞争。企业可以通过培养企业文化角度,让员工在工作中注意保护客户信息与资料,尤其要对客户服务人员和客户信息收集人员、销售人员进行相应的安全意识培训。具体来说,直接接触客户信息的员工需要注意以下几点。

1) 避免客户资料丢失

通常销售人员或调研人员拜访客户都会带很多材料,有时就会忘记带回来,遗留在客户那里,给其他客户带来困扰。这就是没有对客户负责,对客户资料的保护工作没有做到位。客户也会因此对销售人员或调研人员的工作表示怀疑,不再配合他们的工作。对此,销售人员或调研人员每一次去拜访客户时要检查带出来几份资料,应该带回几份,如果发现丢失应马上返回找资料，保证客户资料没有泄露的可能。

2) 避免客户资料外露

和客户交流或者朋友交流也是应该要注意的一方面。交流中，客户有时会问一些其他客户比较保密的资料，这时销售人员应该回避这样的话题，避免心直口快地说出其他客户的资料，让其他客户受到困扰。销售人员在和别人交流关于客户资料等内容时，应该谨慎处理，仔细斟酌之后再回答问题，遇到比较保密的问题，应该回避或者婉转拒绝，保证客户资料的严密性。

3) 做好客户资料保护

销售人员应避免拜访客户的时候准备过多材料，应对所需资料进行筛选和分类，这样一方面可以避免客户资料遗忘或丢失，另一方面当回答客户问题时能快速找到相应资料，提高工作效率，也可以取得客户认可。同时，销售人员要在拜访前做好资料分类，比如，把拜访客户的一些公开性的资料整理为一份，而对于一些比较严密的资料整理为另外一份，存放于工作包内，避免由于疏忽大意让客户资料被其他行业或者别的客户记录下来。

调研人员在进行面谈调研或网络调研时，对于其他已经完成的调研表不要轻易拿给被调研的对象看，也不要随手放置，让客户觉得不严谨。

2．建立制度体系

1) 科学合理地设置信息技术岗位

科学合理地设置信息技术岗位，针对流程管理中人、过程和技术制定严格的业务管理制度，切实落实岗位责任制，特别要杜绝不相容岗位的混岗、代岗和一人多岗的现象。

2) 建立和完善信息科技考评管理制度

建立和完善信息科技考评管理制度，逐步建立科学、合理的评价模型和指标体系，科学界定、分解和落实信息科技各级管理部门的职责。建立紧急响应和异常处理的快速安全反应机制。

3) 建立健全信息安全管理制度体系

建立健全信息安全管理制度体系，制定信息安全的相关管理规章制度，防范由此带来的各类风险。安全管理制度主要包括：人事组织安全管理制度、操作安全管理制度、场地和设施安全管理制度、软件平台安全管理制度、IT外包安全管理制度、网络安全管理制度、应用软件安全管理制度、数据安全管理制度、机密资源安全管理制度和应急安全管理制度等。

4) 加强信息系统运维管理

加强信息系统运维管理，建立健全监控管理、问题管理、事件管理、配置管理和变更管理等管理制度，解决信息技术管理中的信息不对称现象。

5) 逐步推行信息安全风险管理制度

逐步推行信息安全风险管理制度，完善信息风险识别、评估、分析和规避办法，制订信息安全风险应急管理计划。

6) 实行审计制度

实行审计制度，采用客观标准对信息系统规划、开发、使用、管理和运维等相关活动进行完整、有效的检查和评估，并提出改进建议，以保障信息安全，强化投资效果。

3. 与员工签订保密协议

"商业机密"无疑已为越来越多的企业所重视，并且已上升到法律意识——通过法律途径保护商业机密已越来越普遍。这主要基于《中华人民共和国反不正当竞争法》的表述：商业秘密是指不为公众所知悉、具有商业价值并经权利人采取相应保密措施的技术信息、经营信息等商业信息。可见，商业秘密的范围很广，任何可带来竞争优势的具体信息都可以构成商业秘密，它不但包括产品、配方、工艺程序等，也包括机器设备改进、图样、研究开发文件等，而容易被忽视的客户情报同样属于商业机密的范畴。要防止离职人员带走客户，可以通过签订"保密协议"约束双方行为(事实上主要是约束员工行为)，提前防范客户被带走。

企业应当与员工签订"竞业限制"的协议，通过约定保密范围的形式约束员工行为，甚至提出重要员工在离职后一定时期内不能在同行业工作的苛刻要求。事实上，与重要岗位员工签订保密协议，在不出事情的时候，这些协议如同废纸，而一旦出现纠纷，协议将能最大限度地保障企业利益。同时，签订了协议后，也能在心理上给离职员工施加影响，使其不敢轻易冒险违背协议约定带走客户，损害企业利益。人才流动不可阻挡，但应当寻求人才的合法流动，企业应尽量避免因人才流动而产生的商业秘密纠纷，而签订保密协议也是减少纠纷的重要措施之一。

4. 分级访问和监管制度相结合

分级管理包括两层含义：首先，需要对客户信息数据库中的信息进行区分，按照重要程度的不同将其划分为高度保密、中等保密、一般秘密等等级；其次，根据员工职位的不同进行不同的授权，不同职位的员工只能接触到不同部分的数据库，而无法浏览整个客户信息数据库，起到信息屏蔽作用。

屏蔽信息，防止客户信息外泄，目的是维护公司与客户的利益，阻止不法行为。信息屏蔽技术在客户信息管理中主要表现为采用分级访问权限形式控制访问内容，以保护核心信息不被非授权操作者获取。

设置访问权限，控制访问范围的好处是：一旦出现信息泄露的情况，可以很快查询到泄密的源头，缩小了查找泄密源头的范围，起码可以做到有迹可循。

账号安全也是必须考虑的。从客户信息安全性方面考虑，客户信息操作人员应该采用自己的登录账号在系统进行操作。公用账号存在密码泄露风险，而且不能清楚地知道谁使用了哪些数据。这两个问题在员工使用个人账号登录的情况下完全被解决。企业通过监控，可以看到员工合法使用的数据、登录的时间、登录的IP地址、使用的终端等。

要完全屏蔽信息是不可能的，在日常的工作中，总会有许多的人需要接触这些信息，仅仅靠信息屏蔽，只是治标不治本的做法，而且给整体运作也带来了极大的不便。真正要思考的是，如何让看见客户信息的人不敢轻易泄密，关键要从监管方面下功夫。只要监管工作做到位，盗窃信息的人就不好下手。如果盗窃者下手了，在监管机制下就算不能够被百分百锁定，起码也可以做到有迹可循，从而提高犯罪的困难度。当盗窃者意识到风险大于利益所得，自然就会知难而退。

2.7 典型案例

案例描述

建立客户数据库——从数据库中吸取营养

对北京美承科技来说,维护客户数据库是日常工作的一个必要环节。虽然北京美承身处中关村这个信息产品的物流集散基地,但是它没有一家用来销售的店铺和门市,销售人员都是直接寻找客户,以及通过客户数据库的积累和研究不断地发展业务。

北京美承科技非常重视对客户数据库的管理和开发工作。通过多年来的经营,北京美承已经积累了大量的客户,如何管理好这些客户,从而创造出最好的客户满意度和最大化的客户经营效益,是一个很重要的课题。

北京美承科技的客户数据库分为3个版本,分别为销售部客户数据库、客户服务部客户数据库和公司客户数据库。在销售部门,数据库是指导日常工作的重要依据,在每周五下午的工作例会上,销售人员将在销售经理的主持下回顾一周来的销售工作进展,总结在销售工作中的得失。同时,销售部门的数据库中也将出现一个清单,用以详细描述最近需要接触的客户名录,以及该客户的最新动态,同时也将显示客户以往的销售记录、现有设备保有情况,以及用户使用的状况。销售经理将根据这一清单,安排相关的销售人员上门或者通过电话拜访客户,在拜访过程结束之后,销售人员必须撰写拜访情况的书面报告,并记录在数据库中,使数据库始终保持丰富和完善。

在经销商的行列中,对客户服务重要性的认识已经成为一种共识。但如何提高客户服务的水平、提高客户的满意度,不同的经销商有不同的办法。大多数经销商认为只要在服务的过程中,不与客户争吵、承诺的一定做到、使用技术高超的客服员工等,基本上就可以得到较高的客户满意度。不过北京美承科技的方式,还是使人大开眼界的。在他们建立的专用于客户服务的客户数据库中,包含了客户的各种数据信息,比如设备拥有情况、系统设计情况、客户应用的情况、客户服务的记录等。在每周五的例会中,他们通过客户服务数据库整理出下一阶段需要关心的客户清单,清单中将体现客户可能出现的客服需求,客服经理根据数据库的提示,将客服工作安排给具体的客服人员,由他们在下一周中主动地完成客户服务工作。

案例分析

北京美承科技客户信息管理的成效:

在客户销售数据库的指导下,企业可以极大地提高销售工作的计划性,避免由于销售信息突发性强及不确定性而造成销售工作处于无序的混乱状态。而且,通过客户数据库分析,美承科技很容易了解到客户的实际需求,当客户需要某种耗材的时候,美承科技客服人员的电话就主动打过来了;当用户对某个问题感到困惑的时候,美承科技的客服人员已经主动上门了。许多美承的客户都有一种被关注、被呵护的感受,而正是这样的感受,使他们不断地加深着与北京美承科技的合作。

资料来源:王府培训. 建立客户数据库:从数据库中吸取营养[EB/OL]. (2010-09-1) [2011-06-12]. http://www.sina.com.

思考题：
(1) 北京美承科技的客户数据库主要包括哪些客户？是从哪个角度划分的？
(2) 客户数据库如何帮助北京美承科技提高客户认知度和客户满意度？
(3) 结合本案例，试说明客户信息管理是客户关系管理的关键的原因。

小　结

客户信息是企业决策的基础，是对客户进行分级管理的基础，是与客户沟通的基础，是实现客户满意和客户忠诚的基础，因此，企业应当重视和掌握客户信息。

本章先介绍客户信息的分类，在此基础上介绍电子商务客户信息管理的内容。电子商务客户信息管理包括客户信息收集、客户信息整理、客户信息分析、客户信息安全管理几个方面。首先，企业必须通过网络、电话、移动平台等对客户信息进行收集，然后运用现代技术对客户信息进行整理，形成客户资料卡或客户资料库，接下来运用数据挖掘、OLAP等智能分析技术对整理后的客户信息进行分析，分析结果作为企业下一步发展战略和策略的依据。客户信息管理对企业充分了解客户、提升客户满意度、开拓更广阔市场都十分有利。

关键术语

客户信息　客户信息管理　电子商务客户信息分析　电子商务客户信息安全

习　题

一、填空题

1. 客户信息包括企业服务对象的_____、_____的记录等一系列相关信息。
2. 电子商务环境下的客户信息管理一般采用_____和_____并存的方式。
3. 安全的_____是凝聚客户、促进企业业务发展的重要保障。
4. 在市场调研中，观察法是指由调查员直接或通过仪器在现场观察调查对象的_____并加以记录而获取信息的一种方法。
5. 客户资料库的内容包括客户服务的对象、目的与企业决策需要，以及企业_____和资料库整理成本等。

二、简答题

1. 简述客户资料库的内容。
2. 简述利用数据仓库整合的步骤。
3. 简述客户心理的分类。
4. 简述5C、5P两种标准。
5. 简述客户信息安全管理实现的途径。

6. 简述调研问卷法的方式。
7. 简述电子商务客户信息管理的目的。

三、分析题

提升个人信息安全意识，避免个人信息泄露

刚在银行办完业务，就接到理财推销电话；刚在网站浏览了买房信息，就接到房产中介公司的骚扰电话；刚给孩子报了课外班，就收到类似机构的邀约短信……

当我们在网上留下痕迹时，个人信息也许正面临着被窃取甚至被利用的风险。提升个人信息安全意识，养成良好操作习惯，是减少风险隐患的重要手段。

个人信息主要包括：姓名、性别、年龄、身份证号码、电话号码及家庭住址等个人基本信息；网银账号、第三方支付账号、社交账号、邮箱账号等账户信息；通讯录信息、通话记录、短信记录、聊天记录、个人视频、照片等隐私信息，以及你的设备信息、社会关系信息、网络行为信息等。

个人信息泄露，除了增加垃圾短信、骚扰电话的烦恼，还会导致个人身份被冒用这类较为严重的问题。同时，个人信息泄露是诈骗成功实施的关键因素，不法分子在精准掌握用户个人信息的前提下，能编造出迷惑性更高的诈骗场景，继而对公众实施欺诈。

网络个人信息泄露途径有以下几种。

(1) 各类单据泄露个人信息：快递包装上的物流单含有网购者的姓名、电话、住址等信息；火车票实行实名制后，车票上印有购票者的姓名、身份证号码等信息；在刷卡购物的纸质对账单上，记录了持卡人的姓名、银行卡号、消费记录等信息。

(2) 社交小细节泄露信息：使用微博、微信等社交工具与人进行线上互动时，不自觉透露姓名、职务、单位等信息；家长在朋友圈晒娃的同时，无意中透露孩子的姓名、就读学校、所住小区等信息；部分网友旅行时发朋友圈打卡、晒火车票和登机牌时，忘了将身份证号码、二维码等敏感信息进行模糊处理。

(3) 网购平台泄露信息：网上购物平台需要注册信息，如手机号、QQ号码等。

(4) "个性化服务"泄露隐私：很多个性化服务都需要个人信息，以LBS(基于位置的服务)为例，不少商家与社交网站合作，通过无线网络确定用户位置，从而推送商品或服务。更为可怕的是用户被实时"监控"，这为诈骗、绑架勒索等打开了方便之门。

资料来源：中国网信网综合. 你的个人信息可能是这样泄露的，务必小心[EB/OL]. (2020-6-4)[2020-9-19]. http://www.cac.gov.cn/.

问题：在网上留下痕迹时，个人信息也许正面临着被窃取甚至被利用的风险，该如何避免个人信息泄露呢？

四、课程实训

任务1：设计电子商务个人客户资料卡

要求：1. 根据客户的购买行为特征设计客户资料卡。
　　　　2. 利用用户画像的构成元素设计用户标签。

任务2：建立"京东商城"客户资料库

要求：1. 针对"京东商城"商户客户,设计客户资料卡。

2. 企业客户包括自营商户、第三方商户等。

任务3：如何保证电子商务信息的安全性

要求：1. 了解电子商务交易中信息的安全隐患有哪些。

2. 制定电子商务客户信息安全措施(以某电商企业为例)。

第 3 章

电子商务客户满意度管理

◎ 知识目标：
1. 掌握客户满意、客户感知和客户期望的含义。
2. 了解电子商务客户满意度的影响因素。
3. 理解客户满意度衡量的方法和意义。
4. 掌握客户满意度衡量指标体系。
5. 理解客户感知价值。

◎ 技能目标：
1. 掌握如何提升电子商务客户满意度。
2. 掌握电子商务客户满意度模型的设计。
3. 掌握电子商务客户满意度测评流程。
4. 掌握引导客户预期的技巧。

苏宁易购用户满意度领跑全国

中国电子商务研究中心(100EC.CN)发布《2016年(上)中国电子商务用户体验与投诉监测报告》，同时公布"2016年(上)中国网络零售商用户满意度TOP20榜"。苏宁易购凭借100%的企业反馈率和98.9%的投诉解决率的绝对占优势问鼎，连续两年蝉联榜首。

据悉，本次报告的数据采集于"中国电子商务投诉与维权公共服务平台"监测案例。报告统计了包含淘宝/天猫、京东等数百家电商在内的上半年的用户满意度的监测情况。数据显示，通过对收到的全国网络购物网站的投诉案例及相关多项指标的综合考核，苏宁易购2016年上半年的用户满意度在数百家电商中名列第一，成为2016年上半年最受消费者信赖和满意的中国网络零售电商。

据了解，苏宁2002年开始创建专门的客服中心，2007年上线了集中化的客户联络中心，2015年实施全客群差异化服务模式，创建了客户经理服务机制，开发私人定制服务体验，创新物流类投诉处理模式，创建系统化流转及监控方式，建立起符合零售业务结构的科学投诉处理模式。

据了解，从线下到线上，苏宁易购在打造满足用户极致体验的O2O服务能力的过程中，逐步形成了基于O2O融合的全流程的专业化服务标准，不仅成功实现了客服模式的转变，而且一跃成为业内的佼佼者。

另据了解，除了传统的人工服务，2015年，苏宁"机器人"客服在PC端和APP端正式上线，功能包含了入口调整、相关问题展示、TOP10热点问题分析、后台知识点批量维护、导出、导入、关键字联想、服务评价、报表分析等。2015年"双十一"期间，机器人在累计完成66万次对话，接受并解决200万个提问，实现日分流4.7万人工业务量，提升了苏宁服务能力的整体性和智能化。

苏宁客服管理中心透露，"818发烧节"期间，苏宁客服配备了3000名客服人员，可实现对客户7×24小时全天候的电话、在线、微信、微博等全渠道、不间断的服务，为消费者反映问题搭建了一条信息通道，并启动了"818商户赋能行动"，对于商户接通率、在线时长、客户满意度等指标每日监测、通报、追踪、改善，以此来守护平台消费权益，全面做好消费保障。

思考：苏宁易购如何提升用户满意度？

客户满意度是在客户消费形态发生改变后，用以衡量客户消费价值选择的指标。从消费者价值选择的角度讲，早期消费者遵循理性消费的观念，不但重视产品价格，更看重产品的质量。"物美价廉"是消费者对产品进行价值选择的标准。后来消费者的价值选择更多受到感觉的影响，开始重视产品的形象、品牌、设计和使用的方便性、新颖性，对产品价值选择的标准发展为"喜欢"和"不喜欢"。而目前的消费者，越来越重视产品所带来的感情和心灵上的满足，因而更看重追求购买与消费过程中的满足感，其价值选择的标准演变为"满意"和"不满意"。尤其对电子商务企业来说，客户面对的诱惑很多，可选择性更多，在电子商务环境下对客户满意进行有效管理非常重要。

3.1 客户满意

客户满意对企业的客户关系管理而言至关重要。美国客户事务办公室(U.S.Office of Consumer Affairs)提供的调查数据表明：

(1) 平均每个满意的客户会把他满意的购买经历告诉至少12个人，这12个人里面，在没有其他因素干扰的情况下，有超过10个人表示一定会光临；

(2) 平均每个不满意的客户会把他不满意的购买经历告诉20个人以上，而且这些人都表示不愿意接受这种恶劣的服务。

3.1.1 客户满意的定义

美国学者Cardozo在1965年首次将客户满意(Customer Satisfaction，CS)的观点引入市场营销领域。随着市场竞争的日趋激烈，客户满意日益受到学术界和企业界的重视。20世纪80年代，美国将客户满意作为现代企业经营活动中的一种重要的理念和手段，随后其他发达国家也开始重视客户满意。尽管对客户满意的研究已经持续了二三十年，但是迄今为止，并未取得一致的意见。

美国营销学会手册中,对客户满意的定义是:满意度=期望−结果。换句话说,客户满意度是客户对产品的感知与认知相比较之后产生的一种失望或愉悦的感觉状态。

菲利普·科特勒(Philip Kotler)认为,满意是指一个人通过对一种产品的可感知的效果(或结果)与其期望值相比较后,所形成的愉悦或失望的感觉状态,是一种心理活动。

Barky 认为,客户满意是指客户使用前的预期与使用后所感知的效果相比较的结果。

Howard 认为,满意是付出成本与预期使用产品获得效益的比较结果。

Wirtz 认为,客户满意是客户对产品或服务预期的绩效与感知的绩效进行比较而产生的。

Cadotte 认为,客户会将先前购买经验与购买后的实际感知做比较,用以评价满意的程度。

客户满意又称为顾客满意。在《ISO9000:2000 质量管理体系基础和术语》中,顾客满意被定义为:顾客对其明示的、通常隐含的或必须履行的需求或期望已被满足的程度的感受。可见,所谓客户满意是指客户的感觉状况水平,这种水平是客户对企业的产品或服务所预期的绩效和客户的期望进行比较的结果。

从学者们对客户满意的定义中,可以归纳出客户满意的 4 个特性。

(1) 心理感受,即客户满意是客户在消费企业的提供物(价值组合与方案)之后所感到的满足状态,是个体的一种心理体验。

(2) 相对性,即客户满意是相对的,没有绝对的满意。因此,企业应该不断创新,向绝对满意趋近。

(3) 个体性,即客户满意有鲜明的个体差异。

(4) 道德性,即客户满意是建立在道德、法律和社会责任的基础上的,有悖于道德、法律和社会责任的满意行为不是客户满意的本意。

就电子商务企业来说,客户对电子商务网站所提供的各种产品和服务的可感知的效果与其期望值进行比较后,所形成的愉悦或失望的感觉状态就是"客户满意"。而客户满意度就可以看作可感知效果与期望值之间的差异程度。如果可感知效果低于期望值,客户就会不满意;如果可感知效果与期望值匹配,客户就满意;如果可感知效果超过了期望值,则客户就会非常满意。通过对客户满意度的分析,电子商务企业不仅能了解客户对网站所提供的产品和服务的满意程度,还能够了解各项影响因素的重要性和满意程度,从而有的放矢地改进和完善网站的各项功能和服务。

3.1.2 客户满意的重要性

客户满意对企业的客户关系管理战略有着重要影响。具体而言,客户满意对企业客户关系管理战略的重要性体现在如下几方面。

(1) 客户满意有助于提高企业的利润率。满意的客户比不满意的客户有更高的品牌忠诚度,更有可能再次购买企业的产品或者服务,这种重复的购买行为将会增加企业的销售额。此外,满意的客户通常愿意为产品或者服务支付更高的价值,对价格上涨也有更高的容忍度。这样,企业就有机会制定更高的价格水平。

(2) 客户满意是抵御竞争对手的有效手段。在日趋激烈的市场竞争中,客户对产品或服务的满足或者对超出预期的要求日益显著。如果竞争对手能更好地满足客户需求,让客户更满意,那么客户很有可能会转投竞争对手。只有能让客户满意的企业才能建立长久的竞争优势,有效抵御竞争对手。

(3) 客户满意有助于降低企业的成本。这主要表现在两个方面。其一，客户满意有助于降低交易成本。满意的客户在其购买过程中，基于以往的经历，对所购买的服务有一定的了解，这有助于降低企业的交易成本；满意的客户购买的数量或者金额通常比一般客户大，这也会降低企业的交易成本。其二，客户满意有助于企业降低沟通成本。满意的客户会向周边的朋友推荐产品或者服务，而这些人当中有很大一部分会购买产品或服务，这将有助于企业扩大其客户群体，降低企业用于广告等方面的沟通成本。

3.1.3 客户满意的分类

由于客户的需要复杂多变，因人、因时、因地而异，所以客户在接受产品或服务中获得的满意程度和满意层次是不一样的。客户满意可以从不同的角度进行分类。

1．从社会发展过程中的满足趋势角度分类

从社会发展过程中的满足趋势来看，客户满意可以分为3个层次。

1) 物质满意层

在这一层次上，客户在对企业提供的产品或服务的核心的消费过程中产生的满意属于物质满意层。物质满意层的要素是产品的使用价值，如功能、质量、设计、包装、品牌等，它是客户满意中最基础的层次。

2) 精神满意层

在这一层次上，客户在对企业提供产品或服务的外延的消费过程中产生的满意属于精神满意层，它是客户对企业的产品所带来的精神上的享受、心理上的愉悦、价值观念的实现、身份的变化等方面的满意状况。精神满意层的要素是产品的外观、色彩、装潢品位和服务等。仅仅在产品的物质层面上做得好是不能令客户感到真正满意的，还必须在产品生命周期的各个阶段采取不同的服务手段，使产品充满人情味，迎合客户的爱好，符合客户的品位。

3) 社会满意层

在这一层次上，即客户在对企业提供的提供物(价值组合与方案)的消费过程中所体验到的社会利益维护程度，主要指客户整体(全体公众)的社会满意程度。社会满意层的支撑是提供物的道德价值、政治价值和生态价值。提供物的道德价值是指在其消费过程中不会产生与社会道德相抵触的现象；提供物的政治价值是指在其消费过程中不会导致政治动荡、社会不安；提供物的生态价值是指在其消费过程中不会破坏生态平衡。

以上3个满意层次具有递进关系。从社会发展过程中的满意趋势来看，人们首先寻求的是物质层次的满意，之后才会推及精神满意层，最后才会进入社会满意层。

2．从客户满意的对象角度分类

从客户满意的对象来看，客户满意可以分为3种。

1) 市场营销系统满意

市场营销系统满意即客户对市场营销系统与运行状况和从中获得的所有利益所做的主观评价。比如，流通渠道是否通畅、高效；广告是否真实、清晰、健康；包装、标签是否符合要求与规定等。

2) 企业满意

企业满意即客户对与企业交往所获得的各种利益的主观评价。

3) 物品满意

物品满意即客户对某一具体提供物(价值组合与方案)及其利益的主观评价。

3．从客户对企业满意的内容角度分类

从客户对企业满意的内容来看，客户满意可以分为 5 种。

1) 理念满意

理念满意是指企业经营理念带给客户的满意状态。

2) 行为满意

行为满意是指企业全部的运行状态带给客户的满意状态。

3) 视听满意

视听满意是指企业可视性和可听性等外在形象带给客户的满意状态。

4) 产品满意

产品满意是指企业产品带给客户的满意状态。

5) 服务满意

服务满意是指企业的服务带给客户的满意状态。

实际上，客户满意研究是个复杂的系统工程，可以从多层次、多层面综合考虑客户满意，对其评估总体满意度。

3.1.4 电子商务客户满意的影响因素

客户满意是一种心理感受，是一个复杂的心理过程，不同客户的心理过程不一样，即使是同一个客户在不同情境下购买同一产品或者服务，其满意度也不相同。在电子商务环境下，交易双方的个性、心理及行为的分析更加复杂。因此，客户满意的影响因素主要有主观因素和客观因素两个方面。

1．影响客户满意的主观因素

人们对客户满意的认知大都是围绕着"期望—差异"这一范式进行的。该范式的基本内涵是客户期望形成了一个可以对产品、服务进行比较、判断的参照点。客户满意作为一种主观的感觉被感知，描述了客户对某一特定购买期望得到满足的程度。

1) 客户期望

客户期望是指市场上的客户从各种渠道获得企业及产品、价格、服务等信息后，在内心对企业及产品、价格、服务等形成一种"标准"，进而会对企业的行为形成一种期盼。期望的满足程度分别影响着客户的满意度和惊喜度。

例如，一个客户去银行办理业务，他希望 15 分钟即可获得服务，结果只等待了 10 分钟就办完了业务，这时，他对银行的服务速度感到满意。如果营业员能在 5 分钟内为他办理好业务，他就会感到非常满意。如果等待的时间超过 15 分钟，他就会对银行的工作效率产生抱怨。

当商品的实际消费效果达到客户的预期时，就导致了满意；否则，会导致客户不满意。可见，满意水平是客户可感知效果和期望值之间的差异函数。如图 3-1 所示。根据客户满意的定义分析，客户期望和客户满意成反方向变化，即降低客户期望可以提高客户满意度，但是这样客户群缩小，购买额就少。相反，提高客户期望值有利于吸引客户购买，但是客户满意度会降低。

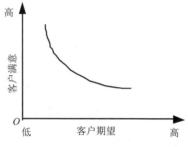

图3-1 客户期望与客户满意关系图

2) 客户感知

客户感知是指由于客户的经历、背景、需求等方面的差异性，不同的客户对同一产品和服务的感受水平不一。积极或消极的感情和心情，会直接影响客户对服务过程的体验和感知，并对满意度造成正面或负面影响。另外，公正感是客户满意的核心影响因素。

例如，消费者会自问：与别的客户相比，我是不是被平等对待了；我为这项服务花的钱是否合理；与我花的钱和投入的精力比较，我得到的服务是否值得。不公正的待遇是客户投诉和客户流失的重要原因。

如果客户可感知效果低于期望，客户就会不满意；如果客户可感知效果与期望相匹配，客户就会满意；如果客户可感知效果超过期望，客户就会高度满意。可见，客户满意与否，取决于客户在接受产品或服务之前的期望同客户接受产品或服务之后的感知比较所产生的体验，见图 3-2。

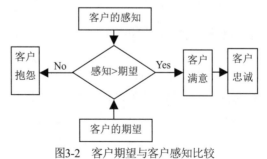

图3-2 客户期望与客户感知比较

2. 影响客户满意的客观因素

影响客户满意的客观因素主要是指企业所提供的产品和服务，包括以下几个层次。

1) 核心产品和服务

核心产品和服务是为客户提供的根本要素。技术的进步、激烈的竞争导致产品越来越同质化,与竞争对手的产品和服务太相似。在许多行业,优秀的核心产品和服务只能是成功的基础,只能代表进入市场的基本条件,而非企业的核心竞争力。

2) 价格

服务定价的高低,会通过客户的期望对客户满意度产生影响。服务定价的提高,会引起客户对服务期望的提高,从而对服务质量更加挑剔,客户满意的难度提高。过高和明显不合理的服务定价,会导致客户对服务供应商产生欺骗、唯利是图的不良印象,对客户满意产生负面影响,甚至使双方之间的关系破裂。

3) 情感因素

情感因素指服务的感性因素。感觉与情感的沟通,本质上是企业给客户的感受。这是建立客户关系进行价值创造的重要组成部分。在电子商务交易中,交易双方订单磋商和谈判是通过销售人员和购买方在网络平台中不见面的情况下进行的,这时销售人员的言行直接影响客户满意度。在很多情况下,哪怕是销售人员不经意的一句话、没有及时地回复问答,或者用词不礼貌都可能导致客户产生某种反感,所以,销售人员要通过客户行为的微小、细节之处,尽可能迅速地了解客户的性格、消费行为特征和心理变化。

例如,一位客户到某商场买鞋,原价是 800 元,按照 5 折促销规定,只需付 400 元就够了,这时销售经理走过来讲:"今天是节日,还可以折上再八折付 320 元就行了。"这个客户很高兴。正当他拿着交款单准备去交钱时,一旁的营业员画蛇添足地补充了一句:"我们经理人很好,要是我,才不会给你优惠呢!"结果听完这句话,客户丢下交款单转身就走了。从这则案例可以看出,销售人员应该时刻留心自己的言行。如果这个营业员这样讲:"你是我们今天的幸运客户,希望鞋子和价格都能让你满意。"客户会感觉被尊重和重视。事实上,适当的赞美在很多时候都能够起到不错的效果,关键就在于其抓住了客户的心理,重视了客户情感。

4) 服务和系统支持

这个方面包括外围的和支持性的服务,这些服务有助于核心产品的提供。例如,运输和记账系统、定价政策、实用性和便利性、服务时间、员工水平、信息沟通、存储系统等,还包括企业坚持的按时供应、信守承诺、降低产品等技术标准。

企业的营销与服务体系是否有效、简洁,是否能为客户带来方便,售后服务时间长短,服务人员的态度、响应时间及投诉与咨询的便捷性等都会影响客户的满意度。

例如,凯美瑞汽车的经销商们在售前、售中及售后都能为消费者提供一对一的服务,给众多车主留下良好的口碑。"店里的人会帮我安排好保养时间,完全不用我操心。通过休息室里的可视化看板可看到维修保养的每一个进度,让人觉得很安心。"一位凯美瑞车主对广州丰田的服务这样评价。因此,优质的客户服务是提高客户满意度的保障。

又如,海尔在实施"星级服务"的过程中,推出了"一、二、三、四"模式,即"一个结果:服务圆满;两条理念:带走用户的烦恼,留下海尔的真诚;三个制度:服务投诉率小于十万分之一,服务遗漏率小于十万分之一,服务不满意率小于十万分之一;四个不漏:一个不漏地记录用户反映的问题,一个不漏地处理用户反映的问题,一个不漏地复查处理结果,一个不漏地将处理结果反映到设计、生产、经营部门"。正是靠着不断完善的"星级服务",海尔才能不断给用户带来意料之外的满足感,让用户在使用海尔产品时放心、舒心。

5) 企业形象

客户对企业的产品和服务的了解,首先来自企业的形象、品牌和口碑效应。当客户计划购买时,他们会非常关心购买什么样的产品、购买谁家的产品,这时,企业的形象就起到了非常大的决定作用。通常,客户的第一选择总是脑中第一个出现的品牌的产品,一般情况下,客户是希望购买质量好、价格又不太贵的产品,也就是有高的性价比的产品。因此,可以说企业形象是提高客户满意度的期望。

3.2 电子商务客户满意度的衡量

客户满意度就是对客户满意的一种度量或评价指标。客户满意度衡量是指利用电话访谈辅助软件和先进的计算机辅助电话调查系统,通过衡量客户对产品或服务的满意程度,以及决定满意程度的相关变量和行为趋向,利用数学模型进行多元化统计分析,得出客户对某一特定产品的满意程度。

3.2.1 客户满意度衡量的意义

从宏观上看,客户满意度指数可以用来评价国民经济的运行质量,不仅取决于政府、部门、企业的满意,还取决于全国消费者的满意。从微观上看,企业一旦建立、采用客户满意度指数模型,就可以持续地进行客户满意度指数的测评活动,滚动发布客户满意度评价结果,这些结果随时间推移追踪企业业绩,从而改进企业的经营管理反馈的情报系统。这种情报系统可以预测企业未来的发展方向,帮助企业了解行业发展的趋势和企业未来的市场竞争力,帮助企业判断其基金业绩和股票的走势。

从企业层面看,客户满意度直接影响客户忠诚度,并最终影响企业的利润水平和竞争能力。企业可以使用这一指数评估客户满意度,确定进入市场的潜在障碍,预测投资回报,精确地找到市场切入点,也就是满足客户期望所在。

从区域和行业角度看,运用客户满意度评价指数,可以对不同区域、不同行业的客户满意度进行对比,也可以进行各区域、各行业客户满意度指数与全面指数的对比,还可以将公共部门提供服务的客户满意度指数与那些私有部门提供服务的客户满意度指数进行对比。同时,因为客户满意度指数覆盖国内产品和进口产品,所以,它可以用来衡量国内制造产品的质量和国际竞争对手产品的质量的对比,从而找出国内企业在国际竞争中的优劣势。

3.2.2 电子商务客户满意度衡量的指标体系

客户满意的衡量指标是客户满意度指数,即客户满意度指标体系(Customer Satisfaction Index,CSI),它是指通过从各种物理意义的质量特性中,抽取潜在变量——客户满意度,从而抓住客户对产品或服务的质量评价的本质，也是衡量客户从企业得到价值的综合指标。

建立客户满意度衡量指标体系的基本原则有以下几个：客户角度出发、概括性、相对独立性、可控性、可测性、竞争对手的特性。

1. 客户满意度一般模型

目前，我国没有统一的满意度衡量的模型和方法。商务部发布的商业服务客户满意度测评规范，在其标准文本中包括3个核心内容：商业服务业客户满意度测评的指标体系、客户满意度调查方案设计、测评模型及其统计分析方法体系。该标准适用于我国境内的批发和零售业、住宿和餐饮业，以及居民服务和其他服务业开展的客户满意度测评。该标准采用商业服务业客户满意度测评采用的三级指标体系，针对8个二级指标，分别设立相应的29个三级测量指标，如表3-1所示。

表3-1 客户满意度测评指标体系

一级指标	二级指标	三级指标
客户满意度指标	企业/品牌形象	企业/品牌总体形象
		企业/品牌知名度
		企业/品牌特征显著度
	客户预期	总体质量预期
		可靠性预期
		个性化预期
	产品质量感知	总体产品质量感知
		产品质量可靠性感知
		产品功能适用性感知
		产品款式感知
	服务质量感知	总体服务质量感知
		有形性质量感知
		可靠性质量感知
		保证性质量感知
		响应性质量感知
		关怀性质量感知
	价值感知	给定质量下对价格的评价
		给定价格下对质量的评价
		与同层次竞争对手相比对价格的评价
	客户满意度	总体满意度
		实际感受同预期服务水平相比的满意度
		实际感受同理想服务水平相比的满意度
		实际感受与同层次竞争对手相比的满意度

(续表)

一级指标	二级指标	三级指标
客户满意度指标	客户抱怨	客户抱怨与否
		客户投诉与否
		投诉处理满意度
	客户忠诚度	重复接受服务的可能性
		向他人推荐的可能性
		价格变动忍耐性

我国商务部发布的商业服务业客户满意度测评规范,利用客户在接受服务过程中满意度形成的因果关系构建客户满意度指数(CSI)结构模型,如图 3-3 所示。企业/品牌形象是整个模型的外在变量,不受模型中其余变量的影响,但对其余变量会产生一定直接或间接的影响;质量预期仅受企业/品牌形象的影响,对质量感知、价值感知、客户满意度有直接影响;质量感知具体分产品质量感知和服务质量感知,对价值感知和客户满意度有直接影响;价值感知则仅对客户满意度有直接影响。客户满意度有两个结果变量,分别为客户抱怨和客户忠诚度,客户抱怨对客户忠诚度有直接影响。CSI 结构模型可以作为各行业进行客户满意度评价的初始模型。

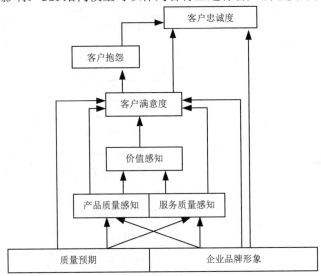

图3-3　中国商务部客户满意度指数(CSI)结构模型

2. 电子商务客户满意度模型

电子商务与传统的消费模式不同。除了商品自身的特性外,互联网所特有的非商品本质的要素也影响着消费者,如商品和资金交换的分离、交易者的匿名性,以及严重的信息不对称等问题。而且,电子商务使交易环境发生了巨大变化,以虚拟网络平台为依托的企业网站成为企业品牌形象的一部分,是企业的门面和窗口。另外,电子商务交易很重要的一个组成部分——物流,它的工作效率和性能对客户满意度有着直接影响。因此,电子商务环境下的客户满意度指标体系除了上述 CSI 中 8 个二级指标外,还需要加上网站特性、网络安全、网店情况、物流配送 4 个二级指标,即共由 12 个二级指标、42 个三级指标组成,如表 3-2 所示。

表 3-2 电子商务客户满意度测评指标体系

一级指标	二级指标	三级指标
客户满意度指标	网站特性	网站设计的友好度
		分类检索的便利性
		网络信息质量
		网站服务器的稳定性
	网络安全	网络平台的安全
		交易信息的安全
		客户隐私的保护
	网店情况	商品的种类
		商品的更新速度
		商品是否与实物相符
	物流配送	配送时间
		配送方式
		包装完整性
	企业/品牌形象	企业/品牌总体形象
		企业/品牌知名度
		企业/品牌特征显著度
	客户预期	总体质量预期
		可靠性预期
		个性化预期
	产品质量感知	总体产品质量感知
		产品质量可靠性感知
		产品功能适用性感知
		产品款式感知
	服务质量感知	总体服务质量感知
		有形性质量感知
		可靠性质量感知
		保证性质量感知
		响应性质量感知
		关怀性质量感知
	价值感知	给定质量下对价格的评价
		给定价格下对质量的评价
		与同层次竞争对手相比对价格的评价
	客户满意度	总体满意度
		实际感受同预期服务水平相比的满意度
		实际感受同理想服务水平相比的满意度
		实际感受与同层次竞争对手相比的满意度

(续表)

一级指标	二级指标	三级指标
客户满意度指标	客户抱怨	客户抱怨与否
		客户投诉与否
		投诉处理满意度
	客户忠诚度	重复接受服务的可能性
		向他人推荐的可能性
		价格变动忍耐性

表 3-2 比表 3-1 增加了以下几项。

1) 网站特性

对于电子商务来说，网站就相当于商场，网站界面设计的友好性、分类检索的便利性、网站服务器的稳定性，在很大程度上影响着消费者是否愿意进入该网站购物。国外的数据表明，不良的用户界面将带来经济损失，50%以上的潜在用户因为找不到他们所需要的商品而放弃消费；83%的购物者放弃一些电子商务网站，是因为页面导航体系不健全，以及下载和反应速度缓慢。

2) 网络安全

在电子商务的交易中，经济信息、资金都要通过网络传输，交易双方的身份也需要认证。因此，电子商务的安全性，主要是指网络平台的安全和交易信息的安全。网络平台的安全是指网络操作系统对抗网络攻击、病毒，使网络系统连续稳定地运行。交易信息的安全是指保护交易双方的不被破坏、不泄密和交易双方身份的确认。

3) 网店情况

客户可以根据自己的意愿随时在网上店铺中浏览并购买商品，但是由于客户在收到商品之前，只能根据卖方在网络上发布的商品描述和图片部分信息浏览商品，交易对象与交易的商品都不可见。因此，买方担心能否获得充分的信息以使自己购买到所需要的物品，是否会被某些网上商店欺诈。

4) 物流配送

物流配送具体包括配送方式、配送时间、包装完整性。物流配送虽然不涉及商品的交易过程，但是它也是电子商务的一个重要环节，它间接影响电子商务客户满意度。如果物流配送不能为消费者提供满意的服务，最终会使消费者对电子商务产生怀疑、失去信任。

在确定了客户满意度指标体系后，企业还需要解决的一个技术性问题，就是如何确定各个指标之间的权重。很明显，每一个指标对客户满意度的影响程度是不一样的，这种影响程度的差异还因人和因时而表现出来。所以，企业应该在与客户充分交流的基础上来确定指标之间的相对权重，这可以通过一些试验性的调查、访谈来实现。在与客户持续交往过程中，企业不仅要关注不同客户之间满意程度的比较、与竞争者客户满意程度的比较，更要注意客户满意程度的纵向比较，通过客户自身感受的提高来增强企业与客户之间良好的关系。

3.2.3 电子商务客户满意度衡量的方法

客户满意对企业来说非常重要，它是企业发展的基础，可以通过对客户满意度的衡量数值来判别。客户满意度衡量的方法多种多样，在此介绍常用的、基本的等级评分方法。

1．获得客户满意度信息的渠道

为了提高客户满意度测试的效果，企业有必要收集客户满意度的信息。获得客户满意度信息的渠道越多、越畅通，对企业越有利。具体的获得渠道如表 3-3 所示。

表 3-3　获得客户满意度信息的渠道

渠　　道	说　　明
问卷和调查	定期邮寄或发放问卷，征求客户的意见；委托相关机构对客户进行调查；采用其他一些社会学方法收集客户意见
直接沟通	与客户直接沟通，方式可以采取电话、网络、面谈等
客户投诉	客户投诉可反映客户对企业的真实态度，应引起重视
行业研究结果	不少行业都有自己企业或协会对市场的研究结果，值得企业重视
新闻媒体报告	由专人对各种新闻媒体进行监视，收集包括报刊、广播、电视、门户网站、主流论坛等有关客户满意与否的信息，特别是负面投诉
重要的相关团体	利用中介企业获得客户的意见，利用某种产品客户联谊会、QQ 群、企业门户论坛等获取信息
消费者协会报告	可以从消费者协会直接获得年度综合报告和专题报告

收集客户满意度信息的目的是针对客户不满意的因素寻找改进措施，进一步提高产品和服务的质量。因此，需要对收集到的客户满意度信息进行分析整理，找出不满意的主要因素，确定纠正措施并付诸实施。

在收集和分析客户满意度信息时，必须注意以下两点。

(1) 客户有时根据自己在消费产品和服务之后所产生的主观感觉来评定满意或不满意。如由于某种偏见、情绪障碍、关系障碍，客户对于自己完全满意的产品或服务却说不满意。此时的判定不能仅靠客户的主观感觉，同时也应该考虑是否符合客观标准的评价。

(2) 客户在消费产品和服务后，即使遇到不满意，也不一定会提出投诉或意见。因此，企业应针对这一部分客户的心理状态，利用更亲切的方法来获得这部分客户的意见。

2．常见的客户满意度测评方法的选择

客户满意度评价人员可以根据不同的目的、自身技术力量的限制及预算的高低，选择最合适的满意度测评方法。常见的客户满意度测评方法如下。

1) 简单易行型

例如，"请你对某产品的满意程度做出选择：很不满意、不太满意、一般、比较满意、很满意。"这种直接询问的方法效率高、容易回答，容易了解到消费者对竞争品牌的总体评价，

但是由于问题过于简单，受访者没有时间仔细考虑被调查产品的实际情况，会影响评价的真实性。

2) 结构方程模型

通过大量的前期工作，如客户焦点小组访谈、客户需求分解、客户预调查、行业专家拜访、购买消费现场观察等，构建起一个基础模型。通过客户调查，对采集到的数据进行多种统计处理、分析和检验，根据相应的结果对模型进行必要的调整，继而应用到客户满意度分析中。

3) 线性回归统计分析技术

这种方法可以计算出满意度驱动因素对满意度的影响程度。满意度驱动因素对满意度的影响可以解释为：当满意度驱动因素提升1分，满意度在现有的基础上可以提升多少分。当满意度的驱动因素非常少，而且这些因素相互之间的影响不强时，这种方法不失为一种简单有效的方法。

4) 双重评价型

"请问某品牌洗衣粉的溶解性能怎么样，可以打几分？"这种方法需要调查设计者找到一些影响满意度的驱动要素，然后让受访者为被调查品牌在驱动要素上的表现打分，同时确认该驱动要素的重要程度。这样有利于了解客户对某品牌产品和服务的满意度高低，易于把握对满意度驱动要素的评价以及重视程度。

5) 双重评价改进型

这种方法是基于上一种方法改进而来的。具体方法是：假定全部因素的重要性合计为100，受访者对每个调查因素确定权重，最终需要使权重和为100。当驱动因素的数量较多，例如，多于6个时，受访者就很难准确地分配好权重。而在实际生活中，某产品和服务的满意度驱动因素常常在10个以上。

3. 客户满意级度

客户满意级度是指客户在消费相应的产品或服务之后，所产生的满足状态等级。客户满意度是一种心理状态，是一种自我体验。对这种心理状态也要进行界定，否则就无法对客户满意度进行评价。心理学家认为可以按梯级理论将情感体验划分为若干层次，相应地，可以把客户满意程度分成7个级度或5个级度。

7个级度：很不满意、不满意、不太满意、一般、较满意、满意和很满意。

5个级度：很不满意、不太满意、一般、满意和很满意。

管理专家根据心理学的梯级理论给出了如下参考指标。

1) 很不满意

很不满意状态是指客户在消费了某种产品或服务之后感到愤慨、恼羞成怒、难以容忍，不仅企图找机会投诉，而且还会利用一切机会进行反宣传，以发泄心中的不满。

2) 不满意

不满意状态是指客户在购买或消费某种产品或服务之后所产生的气愤、烦恼的状态。在这种状态下，客户尚可勉强忍受，希望通过一定方式进行弥补，在适当的时候，也会进行反宣传，提醒自己亲朋不要去购买同样的产品或服务。

3) 不太满意
不太满意状态是指客户在购买或消费某种产品或服务之后所产生的抱怨、遗憾的状态。在这种状态下，客户虽心存不满，但想到现实就是如此，不能要求过高，于是便自认倒霉。

4) 一般
一般状态是指客户在消费某种产品或服务的过程中所形成的没有明显情绪的状态。也就是客户对此既说不上好，也说不上差，还算过得去。

5) 较满意
较满意状态是指客户在消费某种产品或服务时所形成的好感、肯定和赞许的状态。在这种状态下，客户内心还算满意，但距更高要求还相差甚远，而与一些更差的情况相比，又令人安慰。

6) 满意
满意状态是指客户在消费了某种产品或服务时产生的称心、赞扬和愉快的状态。在这种状态下，客户不仅对自己的选择予以肯定，还会乐于向亲朋好友推荐，自己的期望与现实基本符合。

7) 很满意
很满意状态是指客户在消费某种产品或服务之后形成的激动、满足、感谢的状态。在这种状态下，商品或服务不仅完全达到了客户的期望，而且可能大大超出了其期望，这时客户不仅为自己的选择予以肯定，还会利用一切机会向亲朋宣传、介绍推荐，希望他人都来消费。

客户满意级度的界定是相对的，因为满意虽有层次之分，但毕竟界限模糊，从一个层次到另一个层次并没有明显的界限。之所以进行客户满意级度的划分，目的是供企业进行客户满意程度的评价使用。

4．客户满意度测评的操作流程
客户满意度测评的操作可以按设计与使用客户满意度调查表、测评内容、测评权重设计、客户识别、测评手段、预调查等步骤进行。

1) 设计与使用客户满意度调查表
了解客户的需求和期望，制定产品和服务的质量标准；计算客户满意度指数；识别客户对产品的态度；通过与竞争者比较，明确本企业的优势和劣势。

2) 测评内容
"客户满意度调查表"中的测评指标包括美誉度、指名率、回头率、抱怨率等。

3) 测评权重设计
客户针对每一项指标测评，给出满意度的等级或原始分数，以中间分换算成原始分数。调查表中的测评指标、测评指标数量及所占的分值比率，可根据调查表对象的不同而进行适当调整。

4) 客户识别

客户可以是企业外部的客户,也可以是内部的客户。

5) 测评手段

对内部客户,可采用问卷调查、不记名意见箱、面谈访问等方法;对外部客户,可采用面谈、邮寄问卷调查、电话调查、电子邮件调查、网上调查等方法。

6) 预调查

对设计好的问卷进行预调查,采用面谈或电话采访形式,了解客户对产品或服务的态度,以及对调查表的看法,继而进行修改。

5. 客户满意度的量化

客户满意度测评的本质就是一个定量分析的过程,即用数字去反映客户对测量对象的属性的态度,因此需要对测评指标进行量化。

客户满意度测评了解的是客户对商品、服务或商家的看法、偏好和态度,通过直接询问或观察的方法来了解客户的态度是非常困难的。因此,对客户满意度的测评需要依靠特殊的测量技术,即"量表"。使用量表可以使那些难以表达和衡量的"态度"被客观、方便地表示出来。

量表的设计包括两个步骤:一是赋值,根据设置好的规则给不同的态度赋予不同的数值;二是定位,将数字排列或组成一个序列,根据受访者的不同态度,将其在这一序列上进行定位,如表3-4所示。量表中使用数字来表征态度的特性有两个原因,其一是因为数字便于统计分析,其二是因为数字可以使态度测量活动本身变得更加容易、清楚和明确。

表3-4 客户对某商品质量的满意度测评

测评指标	很满意	满意	一般	不满意	很不满意
商品外观					
商品质量					
商品性能					
商品使用					

3.3 提升电子商务客户满意度的方法

提升客户满意度,必须从两个方面着手:一是把握客户期望;二是提高客户的感知价值。如果能够把握客户期望,让客户感知价值超出客户期望,就能实现客户满意。把握客户的期望不仅要了解客户当前的预期,还要对客户期望进行引导。让客户感知价值超出客户期望要通过降低客户总成本和提高客户总价值来实现。

3.3.1 把握客户期望

从图 3-1 可以看出客户期望和客户满意成反比例,如果客户期望过高,一旦企业提供给客户的产品或服务的感知价值没有达到客户期望,客户就会感到失望,导致客户不满;但是,如果客户期望过低,可能客户没有兴趣来购买产品或服务。所以,客户期望过高或过低都不行,企业必须把握好客户期望。

1. 不过度承诺

在一定的感知水平下,如果企业的承诺过度,客户的期望就会被抬高,从而会使客户感知与客户期望存在差距,降低客户的满意水平。可见,企业要根据自身的实力进行适当承诺,只承诺能够做到的事,而不能过度承诺,更不能欺骗客户。承诺如果得以实现,将在客户中建立可靠的信誉。正如 IBM 所说:"所做的超过所说的且做得很好,是构成稳固事业的基础。"

2. 留有余地地宣传

如果企业在宣传时恰到好处并且留有余地,使客户的预期保持在一个合理的状态,那么客户感知就很可能轻松地超过客户期望,客户就会感到"物超所值"而"喜出望外",自然对企业十分满意。

日本美津浓公司销售的运动服里,有张纸条写着:"此运动服乃用最优染料、最优技术制造,遗憾的是还是做不到完全不褪色,会稍微褪色的。"这种诚实的态度既赢得了客户的信赖,又使客户容易达到满意——因为期望值不高。假如运动服的褪色不明显,客户还会很满意。因此,这家公司每年的销售额都达 4 亿日元。

迪士尼乐园作为全球三大娱乐服务品牌之一,也非常善于在各个环节设定客户期望,而后往往给客户以超值惊喜。例如,依照广播通知,客户要玩某种娱乐项目需要等待 45 分钟,这时选择等待的客户就会对等待 45 分钟产生期望。然而,迪士尼乐园总是能够在不到 45 分钟时就提前让客户达成心愿,对于这样的结果,客户总是很满意。

3. 引导客户期望

企业要提高客户满意度,必须采用相应的措施来引导,甚至修正客户对企业的期望,让客户的期望值保持在对企业有利的恰当的水平上,这样既可以吸引客户,又不至于让客户因为期望落空而失望,从而产生不满。

(1) 对客户坦诚相告。针对企业认知的客户需求和企业能够提供的服务状况,客观地描述自己的产品和未来的发展前景。客户对企业了解的最初目的是建立对企业产品的信任。

(2) 控制客户对产品的感受。这种感受可能来自客户的想象,但更主要的是来自企业的广告宣传、政府及一些社会传媒的信息。这种信息源的多样性导致了客户感受的不确定性。

(3) 期望值会随着感受的变化而变化。企业要适当地为客户调整期望值,达到双方认可的水平,最后达到"双赢"。

(4) 分享客户的期望值。企业在控制客户期望值时要争取客户的谅解、支持,使彼此的关系调整到都能够接受的程度。当客户提出过高的要求时,企业要主动为客户分析产品本身已经具备的功能,说明附加功能会增加额外成本、影响其他功能、使外观受到影响等。一旦客户决意要某种产品,企业还是要以满足客户的需求为宗旨。

3.3.2 提高客户感知价值

提高客户的感知价值可以从两个方面考虑：一方面，增加客户的总价值，包括产品价值、服务价值、人员价值、形象价值；另一方面，降低客户的总成本，包括货币成本、时间成本、精神成本、体力成本。

1. 提升产品价值

1) 不断创新

任何产品和服务都有生命周期，随着市场的成熟，原有的产品和服务带给客户的利益空间越来越小，因此，企业要顺应客户的需求趋势，不断地根据客户的意见和建议，站在客户的立场去研究和设计产品，这样就能够不断提高客户的感知价值，从而提高客户的满意度。

【阅读3-1】华为的自主创新发展

在过去的30年时间里，有太多关于中国民营企业崛起后衰落、倒闭的悲情故事出现，大多数中国民营科技企业逃脱不了"各领风骚三五年"的宿命。中国制造企业正面临着人力成本居高不下、产能过剩、高消耗等"内忧"，以及人民币升值、海外市场低迷、贸易摩擦案件增加等"外患"。普遍缺少品牌和技术的中国制造企业，转型和升级已经迫在眉睫。但是，华为技术有限公司却从2万元起家，用25年时间，从名不见经传的民营科技企业，发展成为世界500强和全球最大的通信设备制造商，创造了中国乃至世界企业发展史上的奇迹。

华为成功的秘密就是创新。"不创新才是华为最大的风险"，华为总裁任正非的这句话道出了华为骨子里的创新精神。"回顾华为20多年的发展历程，没有创新，要在高科技行业中生存下去几乎是不可能的。在这个领域，没有喘气的机会，哪怕只落后一点点，就意味着逐渐死亡。"正是这种强烈的紧迫感驱使着华为持续产品创新。虽然华为和许多民营企业一样从做"贸易"起步，但是华为没有像其他企业那样继续沿着"贸易"的路线发展，而是踏踏实实地进行自主研发。华为把每年销售收入的10%投入研发，数十年如一日。

华为的创新体现在企业的方方面面，任正非说："科技创新不能急功近利，需要长达二三十年的积累。"中国企业要走出国门，融入世界，做大做强，就必须摒弃赚"快钱"的心态，舍得在技术升级和管理创新上花钱，转型和升级才可能实现。华为不赚"快钱"赚"长钱"的思想值得很多企业学习借鉴。华为不是为创新而创新，它是以客户需求、市场趋势为导向，紧紧沿着技术市场化路线行进的创新，这是一种可以不断自我完善与超越的创新能力，这样的创新能力才是企业可持续发展的基石。

2) 为客户提供定制的产品或者服务

根据每个客户的不同需求来制造产品或者服务，其优越性是通过提供具有特色的产品或超值的服务来满足客户需求，提高客户的感知价值，从而提高客户的满意度。

【阅读3-2】广交会企业大打"创新牌",以定制化服务揽客

随着成本优势逐渐趋弱,"中国制造"正尝试从"价格销售"到"价值销售"的角色转换。更优越的性能、多样化的设计、定制化的服务正成为广交会出口企业揽客的重要手段,新颖的设计和优质的服务已经取代低价,成为出口企业的竞争新优势。

"我们已经参加了很多届广交会,每年都会带来一些新产品,但今年我们带来的是新技术和新服务。"泉州莱斯恩陶瓷公司工作人员告诉记者。2015年以来,陶瓷行业竞争愈演愈烈,企业订单压力有所增加,为了提高产品竞争力,该企业从丝网印刷、辊筒印刷到喷墨印刷全面升级了生产线。"这就像陶瓷制作从'复印机'变成了'打印机',不但花纹图案更加精美,还使得为客户提供定制化服务提供可能。升级生产线后,只要客户拿出花纹图案要求,企业就能直接打印到建材上。"陶瓷企业如果单纯依赖价格,竞争成长空间只会越来越窄,反而是人性化的设计和服务最能吸引客户,"尽管上半年是建材行业的淡季,但广交会上前来咨询定制化陶瓷的外商客户也不少。"

同样通过定制化产品吸引客户的还有佛山一家卫浴企业。"今年在市场和产品战略上都进行了创新",该企业负责人表示,以前企业主要面对欧美大客户,但今年出口压力大,来自南美、中东的中小客户和订单也成为挖掘重点。"为了拓宽市场,企业必须增加产品种类,高中低端全档次、全品类的产品都要有,所以今年特别开发出适合中小客户、性价比高的产品。"面对中小客户多样化的产品需求,该企业很快发现,他们最需要的是个性化、定制化的服务。"中小客户不像大客户,自主设计研发能力比较薄弱,所以企业会一并提供设计服务,围绕他们的需求生产定制化产品。"不过,投入巨大的精力和财力打造一支专业的设计师团队,对企业而言也是一种挑战。"要让企业生存下去,升级产品和服务是必需的,也许投入10元的设计费用,能换取上百元的利润回报。"该负责人表示,价格未必是中小客户考虑的第一标准,如果企业提供的产品能满足客户的个性化需求,适当提高价格、收取设计服务费,大部分企业也乐于接受。

3) 产品质量是基础

产品质量是提高客户感知和客户满意度的基础,高质量的产品本身就是出色的推销员和维系客户的有效手段。企业如果不能保证产品的质量,或者产品的质量随时间的推移有所下降,那么,即使客户曾经满意,也会逐渐不满意。

客户对品牌的满意,在一定意义上也可以说是对其质量的满意。只有过硬的质量,才能提升客户的感知价值,才能使产品或服务真正在人们的心中树立起金字招牌,受到人们的喜爱。所以,企业应保证并不断地提高产品的质量,使客户满意建立在坚实的基础上。

我国电子商务在走向成熟发展的过程中,网络交易的信誉、网络交易的产品质量等,越来越突出地困扰着从业者和消费者。一项调查显示,无论是买家还是卖家,信誉度问题已经成为网络交易过程中最突出的问题。特别是买家,对商家提供的商品信息、商品质量保证、商品售后服务是否和传统商场一样存在忧虑。网络上山寨产品、仿冒产品、劣质产品比比皆是,成为制约电子商务发展的一个重要问题。所以,产品质量是商家和企业能保证客户满意的最基本因素。

例如,三星集团是世界有名的企业。三星总裁李健熙上任的第一件事就是大声疾呼:"三星人要摒弃重产量轻质量的落后观念,树立质量至上的意识,否则很难使企业生存下去。"此话绝不是危言耸听。他曾经飞往美国洛杉矶调查了许多电器商店，发现三星电器在价格上比日本电器要便宜，却仍不能吸引消费者。他立即找来三星的三位高级职员，首先把市场上最畅销的电视和录音机产品同三星产品摆在一起比较，三星产品相形见绌；然后让三位高级职员到商店去询问三星产品为什么不受欢迎，答案是设计粗糙、故障率高、售后服务差等。他并没有就此止步，而是进一步在企业内寻找原因。他发现：过去三星评估下属企业和职工的表现时，65%看产量，而质量却最多只占到35%。由此他提出：质量与产量的重要性之比应该是9∶1，甚至更高。三星人必须从观念上做根本改变，以使产品有可能成为真正的世界品牌。三星集团重视产品质量，才使三星这个品牌享誉世界。

4）塑造品牌

品牌可以提升产品的价值，可以帮助客户节省时间成本、精神成本和体力成本，可以提高客户的感知价值，进而可以提高客户的满意水平。任何一个有损品牌形象的失误，哪怕是微小的失误，都有可能严重削弱客户的满意度，因此，企业要坚持树立良好的品牌形象。

品牌核心价值是与品牌的发展相适应的个性化品牌形象，融社会价值、文化价值、企业存在价值于一体，具有独特的文化内涵，从而形成一种文化氛围，再通过这种文化氛围形成很强的客户满意度，这种满意度是将物质与精神高度合一的境界。

电子商务作为新一轮的商业文明，必定吸引了大量传统企业的涉足，但是互联网的营销套路与传统销售模式有很大的不同，首先它是建立在诚信、分享、开放、无边界的基础之上，需要根据互联网的特性来做营销的创新，否则就很容易"水土不服"。另外，做电子商务一定要研究消费者重复购买的动机，实际上，消费者愿意重复购买是基于3个条件：一是对商品品牌或者购物平台的充分信任；二是商品种类丰富、性价比高；三是服务到位，购物体验愉悦。客户的信任、性价比、服务都是品牌建立的内容。因此，塑造品牌对电子商务企业尤其重要。

例如，亚马逊经过不断的努力，成功地树立了自己的品牌核心价值。"亚马逊是一种时尚、一种潮流"，亚马逊代表了网络时尚和潮流，它改变了人们的生活方式，获得了网络购物者的青睐与忠诚。而阿里巴巴的品牌定位则是"让天下没有难做的生意"，它以"诚实正直，信守承诺"为经营准则，建立起"商机和诚信"的品牌核心价值，这使得阿里巴巴成为全球领先的贸易网。

【阅读3-3】塑造服务品牌，提升竞争力

海尔集团是一家全球知名的美好生活解决方案服务商。30多年来，海尔与时俱进，从产品品牌到平台品牌，始终站在时代与行业发展前列。在互联网和物联网时代，海尔从传统制造企业转型为共创共赢的物联网社群生态，率先在全球创立物联网生态品牌。海尔生态品牌将持续为全球用户创造美好生活体验，成为全球生态品牌引领者。

在"2019年BrandZ™全球最具价值品牌100强"榜单中，海尔成为该世界权威品牌榜单史上首个"物联网生态品牌"；海尔集团旗下子公司之一，海尔智家股份有限公司凭借智慧家庭生态品牌的全球落地蝉联《财富》世界500强。

"永远以用户为是，以自己为非"的是非观是海尔创造用户的动力。海尔人永远以用户为是，不但要满足用户需求，还要创造用户需求；海尔人永远自以为非，只有自以为非才能不断否定自我，挑战自我，重塑自我——实现以变制变、变中求胜。海尔通过客户服务创造一种品牌，而这种品牌带动了高价产品的销售，弥补了在市场当中的劣势，体现出服务竞争的优势。

2. 提升服务价值

随着购买水平的提高，客户对服务的要求也越来越高，服务的质量对购买决策的影响越来越大，能否给客户提供优质的服务已经成为提高客户的感知价值和客户满意度的重要因素。这就要求企业站在客户的角度，想客户所想，在服务内容、服务质量、服务水平等方面提高档次，从而提升客户的感知价值，进而提高客户的满意度。

售前、售中、售后的服务也是提升客户感知价值的重要环节。例如，售前及时向客户提供充分的关于产品性能、质量、价格、使用方法和效果的信息；售中提供准确的介绍和咨询服务；售后重视信息反馈和追踪调查，及时处理和答复客户的意见，对有问题的产品主动退换，对故障迅速采取排除措施或者维修服务。

【阅读3-4】618辉煌的背后 京东云用技术提升服务价值

2016年6月23日，在中国互联网行业年度盛会——第15届中国互联网大会闭幕式上，京东集团副总裁何刚应邀发表了题为《从实践者到服务者》的主题演讲。内容涉及京东云的创新技术、领先优势、开放心态和成功案例等话题。

2016年京东618大促的数据很亮眼——618促销季中6月1日至6月18日京东累计订单量过亿，618当日下单量同比增长超过60%。面对大量秒杀订单瞬时爆发所形成的巨大流量洪峰，京东的系统一直稳如泰山，保证了用户流畅的购物体验。而这一切，均离不开京东云的技术支持。618大促惊艳成绩的背后，京东云是真正的幕后英雄，保证了海量交易和网站的稳定运行。事实上，京东是云计算最忠实、最彻底的实践者，此次618大促，整个京东商城的核心系统都建立在京东云平台之上，支撑着从用户下单到商品配送的所有环节。京东以自身业务为"炼金石"，让京东云在内部应用中进行"磨炼"，京东云随着创新技术的使用、资源的投入，以及经验的全面积累而更加成熟完善。

经过充分实践的京东云，现已作为公司未来发展的三大核心战略业务之一被推向社会。其最独特之处在于，利用京东积累的电商、物流、金融等经验，帮助传统企业进行升级转型，实现互联网化。目前，基于京东集团的优势实践，京东云已经推出"两个基础平台+四个行业解决方案"，其中成熟的解决方案包括电商云、物流云、智能云、产业云。

3. 提升人员价值

提升人员价值包括提高企业最高决策者、管理者及全体员工的经营思想、工作效益与作风、业务能力、应变能力及服务态度等。优秀的人员在客户中享有很高的声望，对于提高企业的知名度和美誉度、提高客户的感知价值及客户的满意度都具有重要意义。

企业可以通过培训和加强管理制度的建设来提高员工的业务水平，提高员工为客户服务的娴熟程度和准确性，从而提高客户的感知水平，进而提高客户的满意度。提高员工满意度也是提升人员价值，进而提升客户感知价值和客户满意度的手段。因为员工满意度的增加会促进员工提供给客户的产品或者服务的质量提高。

"请"和"谢谢"是与客户建立密切关系，以及提高客户满意度的有力言辞，这些话不仅容易说出口，也非常值得努力去说。与客户创造一种互相愉悦的环境，多说"请"和"谢谢"就是一种非常好的方法。在成交后除了要给客户寄一封感谢信之外，还要在次日上午打电话给客户再次表示谢意。另外，也可以在成交的当天回到办公室，马上给客户传真一份感谢信，感谢信要设计得非常精美，带给客户温馨愉悦的感觉。

世界销售训练大师汤姆·霍普金斯平均每天要寄5～10封感谢信给那些没有参加他的研讨会的人、给那些没有投资购买他们录音带训练课程的老板，还有其他人。每天寄10封感谢信给客户，那么一年要寄3 650封，10年就是36 500封。汤姆·霍普金斯说："我每寄出100封感谢信，就能做成10笔生意，也就是每100个潜在客户在我表示感谢的情况下有10个会成为我忠诚的客户。"因此，作为一个优秀的市场人员，不仅要感谢现在购买你的产品或服务的人，而且还要感谢没有购买你的产品或服务的人。因为，每个人都是值得感谢的。你要感谢他们抽出时间与你见面，感谢他们能接听你的电话，感谢他们听你的产品介绍，感谢他们让你知道了他们不要你的产品的原因，让你找到你与别人的差距在哪里。

4．提升形象价值

企业是产品与服务的提供者，其规模、品牌、公众舆论等内在或外部的表现都会影响客户对企业的判断。企业形象好，会形成对企业有利的社会舆论，为企业的经营发展创造良好的氛围，也提升了客户对企业的感知价值，从而提高对企业的满意度，因此，企业应高度重视自身形象的塑造。

企业形象的提升可通过形象广告、公益公告、新闻宣传、赞助活动、庆典活动、展览活动等方式来进行。

(1) 形象广告。形象广告是以提高企业的知名度、展示企业的精神风貌、树立企业的美好形象为目标的广告。

(2) 公益广告。公益广告是企业为社会公众利益服务的非营利性广告或者非商业性广告，它通过艺术性的手法和广告的形式表现出来，营造出一种倡导良好作风、提高社会文明程度的氛围或声势。公益广告具有极强的舆论导向性、社会教育性，是体现发布者对社会、对环境关怀的一种最有效的表达方式，可以提升发布者的形象。

(3) 新闻宣传。新闻宣传是企业将发生的有价值的新闻，通过大众传播媒介告知公众的一种传播形式。由于新闻宣传具有客观性、免费性、可信性等特点，所以对提高企业的知名度、美誉度十分有利。

(4) 赞助活动。赞助活动是企业以不计报酬的方式，出资或出力支持某项社会活动或者某一社会事业，如支持上至国家、下至社区的重大社会活动，或支持文化、教育、体育、卫生、社区福利事业。赞助活动可使企业的名称、产品、商标、服务等得到新闻媒介的广泛报道，有利于树立企业热心社会公益事业、有高度的社会责任感等形象，从而扩大企业的知名度和美誉度，赢得人们的信任和好感。

例如，阿里巴巴联合杭州市政府举办每年一次的"西湖论剑"论坛，先后参与的嘉宾有美国前总统克林顿、雅虎创始人杨致远、百度创始人李彦宏、作家金庸等，每届论坛都是媒体报道的焦点，促进了阿里巴巴品牌的传播。阿里巴巴被哈佛大学作为管理类的经典案例，其创始人马云在哈佛大学交流的时候趁机向美国人把阿里巴巴宣传了一番，无论是哈佛案例还是公共交流都为阿里巴巴在美国建立了良好的品牌形象。

(5) 庆典活动。庆典活动，如开业典礼、周年纪念、重大活动的开幕式和闭幕式等，由于其隆重性能够引起社会公众的较多关注，因此，借助庆典活动的喜庆和热烈气氛来渲染企业形象，往往能够收到意想不到的效果。

(6) 展览活动。展览活动通过实物、文字、图片、多媒体来展示企业的成就和风采,有助于公众和客户对企业进行了解。

以海尔赞助"中国少年儿童海尔科技奖""海尔之星——我是奥运小主人"等活动为例,这些活动使得中国 7.19 亿网民(截至 2016 年 6 月底),可以迅速地得到最新信息,并通过网络快速传播,在论坛或聊天室发表论点、交换观点、参与讨论。通过网络一系列密集式的宣传和赞扬,大大提升了企业的美誉度和消费者的忠诚度,获得了服务社会、推广产品和提升公司形象的多重效应。

电子商务时代的到来,给企业的生存和发展提供了新的挑战和机遇,企业要在激烈的市场竞争中谋求发展,必然要顺应时代的要求,通过企业网络形象对企业形象的有关要素(理念、行为、视觉)进行全面系统的策划,完善企业形象,以塑造出独特的、优良的、诚信的企业网络形象,实现企业的良好运作。

5. 降低货币成本

仅有产品的高质量仍然不够,合理地制定产品价格也是提高客户感知价值和满意度的重要手段。因此,企业定价应以确保客户满意为出发点,依据市场形势、竞争程度和客户的接受能力来考虑,尽可能做到按客户的"预期价格"定价,并且千方百计地降低客户的货币成本,坚决摒弃追求暴利的短期行为,这样才能提升客户的感知价值,提高客户的满意度。

降低客户的货币成本不仅仅体现在价格上,还体现在提供灵活的付款方式和资金融通方式等方面。当客户规模小或出现暂时财务困难时,企业向其提供延期付款、赊购等信贷援助就显得更为重要。

企业还可以通过开发替代产品或者低纯度产品,以及使用价格低的包装材料或者使用大包装等措施,不断降低产品的价格,降低客户的货币成本,从而提高客户的感知价值和满意度。

【阅读3-5】京东网站降低成本策略

京东商城是中国市场很大的网上购物专业平台,是中国电子商务领域最受消费者欢迎和最具影响力的电子商务网站之一,是中国最大的电脑、数码通信、家用电器网上购物商城,产品包括家电、手机、电脑配件等。买"3C产品",很多人的第一反应是到京东网站上查产品价格、型号,到实体店测试性能,然后回到京东网上商城下订单。京东的低价及连环促销让其赚足了人气和商气。

对于降低成本,京东的做法有些"苛刻"。一个简单的包装机设备的调整、纸箱包装替代物的改变等降低成本的做法,可能需要一个主管甚至一个团队用半年甚至更长时间去改进,而且在这段时间他们只做这一件事情。"经过一年半的试验,我们把邮包的泡沫填充物改为气泡塑料袋。这一改变,每个包裹可以省下两毛钱,但是,一天按5万个包裹计算,就可省下1万元成本,一年就能降低365万元的包装成本。一个小小的包装填充物的改变,一年省下来的钱,就可以让京东卖的商品价格比别人低,并且还能赚到钱。"京东节省包装成本带来非常可观的数值,这只是京东降低成本的一个缩影。

京东推出了"211限时达"极速配送,率先在北京、上海、广州等12个城市实现服务配送提速。消费者上午11点前提交现货订单,可以当日送达;夜里11点前提交的现货订单,在第二天14点前送达。不过,与快递"用金钱换时间"不同,物流提速并没有给消费者带来额外费用,京东的成本也并没有提高。"211限时达"推出3个月，初期的成本有所增加，没有多久"211限时达"的配送成本已经降到未提速前的水平。

能够做到提速不增加投入，依靠的是严密的流程监管。京东运输车辆的递送时间是以分为单位计算的，几点几分应该在几号库房前也是有严格规定的；车辆的行进线路也是固定的，除非遇到严重堵车等突发事故，否则配送员不得随意更改行车线路。

物流投入、售后服务投入都可以提高企业的信誉度和服务水平，从而赢得更多客户。

6．降低时间成本

在保证产品与服务质量的前提下，尽可能减少客户的时间支出，从而降低客户购买的总成本，提高客户的感知价值和满意度。

电子商务使企业之间的沟通与联系更加便捷，信息更加公开与透明，极大地降低了企业间的交易成本。在传统的商务运作中，高的通信成本、购销成本、协作成本大大增加了企业的负担，成为阻碍企业组织间协作的主要因素。在这种状况下，企业倾向于采用纵向一体化战略扩张其规模，以此来替代横向协作，从而降低交易成本。电子商务的发展，使得企业可以与主要供应商之间建立长期合作伙伴关系，并将原材料采购与产品的制造过程有机地配合起来，形成一体化的信息传递和信息处理体系。

电子商务还使得贸易双方的交流更为便捷，大大降低了双方的通信往来费用，简化了业务流程，节约了大量的时间成本与传输成本。除此之外，通过电子商务，供应链伙伴(供应商、制造商、分销商等)之间更加紧密地联系在一起，使以往商品生产与消费之间、供给与需求之间的"时滞"变为"实时"，大大改善了销售预测与库存管理，降低了整个供应链的库存成本，并节省了仓储、保管、行政等多方面的开支。

7．降低精神成本

降低客户的精神成本最常见的做法是给出承诺与保证。对安全性、可靠性要求越高的购买行为或者消费行为，承诺就越重要。

企业要积极、认真、妥善地处理客户投诉，从而降低客户的精神成本。这是因为客户常常凭借企业处理客户投诉的诚意和成效来评判一个企业的优劣，如果客户投诉的处理结果令客户满意，他们会对企业留下好印象。据 IBM 公司的经验，若对产品售后所发生的问题能迅速而又圆满地加以解决，客户的满意程度比没发生问题时更高。

客户投诉的成功处理还可以带来回头客业务。美国 TRAP 公司研究表明：不投诉的客户只有9%会再上门；投诉的客户有15%会再上门；投诉得到解决的客户则有54%会再上门；如果投诉可以迅速解决，则有82%的客户会再上门。

美国运通公司副总裁马利安·雷斯浮森提出了这样一个等式：

更好的投诉处理=更高的客户满意度=更高的品牌忠诚度=更好的企业业绩

因此，企业要把处理投诉看作一个弥补产品或者服务欠佳，以及挽回不满意客户的机会，把处理投诉看作恢复客户对企业的信赖、避免引起更大的纠纷和恶性事件的大好机会，把处理投诉看作促进自身进步和提升客户关系的契机。

【阅读3-6】网约车公司积极处理投诉

2015年6月30日,滴滴快的、神州专车、优步等多家网约车软件公司表示,对于发生的纠纷,乘客都可以拨打公开投诉热线,它们也会积极处理投诉。

滴滴快的相关负责人表示,公司有多个投诉方式,例如,客服电话:400-000-0999、400-000-0666,客服QQ:400-000-1999(出租车),客户也可以通过新浪微博@滴滴打车客服。

"接到投诉我们会在24小时内查明情况,一经查实,驾驶员的奖励会被取消,违规严重的会被封号。"滴滴快的相关负责人表示。

神州专车的相关负责人表示,如果乘客不满意,首先可以通过评价体系反馈,驾驶员一旦出现差评,每月的绩效会大打折扣。乘客还可以拨打全国热线10101111投诉,公司会在一周内解决。长沙的乘客,还可以拨打17607316556投诉。

8. 降低体力成本

如果企业能够通过多种销售渠道接近潜在客户,并且提供相关的服务,就可以减少客户为购买产品或服务所花费的体力成本,从而提高客户的感知价值和满意度。

对于装卸和搬运不太方便、安装比较复杂的产品,企业如果能为客户提供良好的售后服务,如送货上门、安装调试、定期维修、供应零配件等,就会减少客户为此所耗费的体力成本,从而提高客户的满意度。

【阅读3-7】沃尔玛全国推广免费送货服务

2014年1月7日,沃尔玛中国公司表示将进一步提升服务,除了升级客户热线,"一次性买满188元,2 km内免费送货"的便民服务也正在逐步向全国推广。

沃尔玛原800服务热线升级为400-830-1366,更将服务时间调整为周一至周日8时—20时,周末及节假日不休,服务时间较之前延长了84%。在客服热线接听工作时间外,顾客还可通过400客服热线留言,沃尔玛的客服专员会在24小时内予以回应。

同时,为了进一步增强顾客购物的便利性,一方面,沃尔玛在各地门店推广免费巴士服务,每天有超过800条线路的沃尔玛免费巴士服务150多家门店周边的顾客与社区;另一方面,沃尔玛也正从部分门店向全国逐步推行"一次性买满188元,2km内免费送货"的服务(暂不含生鲜及冷冻品),消费者在收银台结账后,只需将商品和购物小票放于免费送货区,登记需送货的地址及联系方式,即可轻松回家坐等收货。

3.4 典型案例

案例描述

海底捞"变态"服务文化

在成为中国餐饮百强之前,作为"火锅之乡"的川渝本地人,也很少听说四川有一家知名火锅叫"海底捞"。直到它在京沪两地红透半边天、媒体长篇累牍地报道、各种研究文章纷至沓来之前,它只在四川简阳开了一家店。在许多人看来,海底捞颇有些"一夜暴富"的味道。却很少有人知道,它已经在"服务胜于产品"这条道路上默默坚持了15年。海底捞的服务有一些专属名词：极致服务、肉麻式服务、变态服务……

海底捞每150个顾客中就有130个回头客，超高的顾客满意来源于海底捞近乎偏执的为顾客服务的理念，如"预先考虑顾客需求""质量好坏由顾客说了算""尽可能为顾客提供方便""满足顾客的尊荣感和自我价值感"，等等。卓越服务的力量是海底捞区别于一般火锅店的根本所在。

在海底捞，顾客能真正找到"上帝的感觉"，甚至会觉得"不好意思"。甚至有食客这样点评："现在都是平等社会了，让人很不习惯。"但他们不得不承认，海底捞的服务已经征服了绝大多数的火锅爱好者，顾客会乐此不疲地将在海底捞的就餐经历和心情发布在网上，越来越多的人被吸引到海底捞，一种类似于"病毒传播"的效应就此显现。

凡是在饭点，几乎每家海底捞都是一样的情形：等位区里人声鼎沸，等待的人数几乎与就餐的相同。这就是传说中的海底捞等位场景。

等待，原本是一个痛苦的过程，海底捞却把这变成了一种愉悦：手持号码等待就餐的顾客一边观望屏幕上打出的座位信息，一边接过免费的水果、饮料、零食；如果是一大帮朋友在等待，服务员还会主动送上扑克牌、跳棋之类的桌面游戏供大家打发时间；顾客可在等位时到餐厅上网区浏览网页；另外，他们还可以享受免费美甲、擦皮鞋等服务。

凡是提供的免费服务，海底捞一样都不曾含糊。一名食客曾讲述她的经历：在大家等待美甲的时候，一个女孩不停地更换指甲颜色，反复地折腾了大概5次。一旁的其他顾客都看不下去了，但为其服务的阿姨依旧耐心十足。

待客人坐定点餐的时候，围裙、热毛巾已经一一奉送到眼前了。服务员还会细心地为长发的女士递上皮筋和发夹，以免头发垂落到食物里；戴眼镜的客人则会得到擦镜布，以免热气模糊镜片；服务员看到你把手机放在台面上，会不声不响地拿来小塑料袋装好，以防油腻。凡是到过海底捞的顾客，都能切实感受到这些特色服务。

但上述这些特色服务的可贵之处并不在于其自身提供给了顾客什么，而在于这些服务是由第一线的员工于服务的过程中在现场自发做出来的，并不是管理者闭门造车凭空想象出来然后要员工强行执行的。由于这些创意确实能够感动顾客，并具备了较大的普适性，才被整个海底捞选中，成为一种标准化的操作规范。

服务最大的特点是不可复制。在服务过程中，会随机出现种种的意外情形，哪种制度与规范也不可能事先穷尽所有的情形。只有秉持某一定性原则，相机发挥，随机应变，才有可能给出完美的解决方案。而这种因应顾客不同需求的完美与贴切，才是海底捞的服务被冠以"变态"的真正原因。

比如，有一次，海底捞的一位服务员在为一对刚刚恋爱的客人服务时，看出那个男孩在拼命追女孩。女孩顺口说了一句，天真热，要是能吃凉糕多好。服务员向领导报告后，领导立即让她打出租车去给他们买回凉糕。顾客无意间的一句话(也不能算是对海底捞提出的要求)，被海底捞奉为"重要指示"，不但第一线的服务员敏锐地捕捉到这是一个取悦顾客的好机会，而且有决策权的领导者也当机立断,不惜代价(服务员打车外出购买,不但会"浪费"宝贵的服务时间,还要增加成本,即来回的打车费用),让顾客满意。这个女孩在感动于海底捞服务的同时,也对男孩倍增好感。后来,这两个顾客修成正果。他们结婚时,专门给海底捞送去了喜糖以示感谢。这个举动表明,海底捞的善意之举,确实是促成这桩美事的催化剂。这样的服务案例是随机发生的。也许,海底捞即使再接待一万名顾客,也不可能遇到类似的顾客、类似的情形。所以,这样的案例并不能像前面所述的送手机袋、送眼镜布、免费美甲、免费擦鞋等特色服务那样具备普适性。但无论是普适性的服务还是个性化的服务,其内涵都是一致的,就是要为顾客提供远远超过他们预期的服务。

案例分析

海底捞每150个顾客中就有130个回头客,超高的顾客满意来源于海底捞近乎偏执的为顾客服务的理念,如"预先考虑顾客需求""质量好坏由顾客说了算""尽可能为顾客提供方便""满足顾客的尊荣感和自我价值感",等等。海底捞把"服务好每个客户"作为一种信念,并切实践行,通过差异化的理念与服务满足消费者没有被满足的"隐性需求",所以海底捞想不盈利都很难。卓越服务的力量是海底捞区别于一般火锅店的根本所在。

思考题:
(1) 海底捞服务被冠以"变态"的真正原因是什么?
(2) 海底捞的客户服务策略为什么得到大家欢迎?
(3) 海底捞的成功对其他企业有什么启示?

小 结

客户满意是企业客户关系管理的目标,有助于提高企业的利润率,有助于抵御竞争对手,有助于降低企业的成本。本章首先介绍客户满意的定义、重要性、分类以及影响因素;接着介绍电子商务客户满意度的衡量因素及衡量指标,该指标除CSI提出的8个二级指标外,还需要加上网站特性、网络安全、网店情况、物流配送4个二级指标,形成由12个二级指标、42个三级指标组成的完整电子商务客户满意度衡量指标。本章最后一节讲解提高电子商务客户满意度的方法,企业需要通过技巧和方法从把握客户期望和提高客户的感知价值两个方面来实现。

关键术语

客户满意 客户满意度 客户满意度衡量 客户感知 客户期望

习 题

一、填空题

1. 客户满意度是在客户消费形态发生改变后，用以衡量_____的指标。
2. 市场营销系统满意是客户对市场营销系统与运行状况和从中所获得的所有利益所做的_____。
3. 客户满意的衡量指标是_____。
4. 客户期望和客户满意成_____。
5. _____是提高客户感知和客户满意度的基础。
6. 电子商务使企业之间的沟通与联系更加便捷，信息更加_____，极大地降低了企业间的交易成本。
7. 从企业层面看，_____直接影响客户忠诚度，并最终影响企业的利润水平和竞争能力。

二、简答题

1. 简述客户满意的重要性。
2. 客户满意分为哪几个层次？
3. 简述客户期望和客户感知的关系。
4. 影响客户满意的客观因素有哪些？
5. 简述客户满意度测评的操作流程。
6. 在引导客户时，如何防止客户预期过高？

三、分析题

空调行业的竞争趋于白热化，谁能最终占有市场，不在于行业规模，也不在于价格之战，而在于服务的竞争。因此，许多空调生产厂家都把服务作为企业生存发展的目标策略。空调行业巨头美的公司更是将为顾客服务标准化、信息化的进一步提升作为突破口，"以顾客服务为中心，以市场为目标"，切实做到"顾客满意100分"。美的空调在服务管理信息化方面是行业内起步最早的。美的公司深知，服务质量的好坏，关键在于管理，服务水平和能力实际上是企业管理水平和综合实力的体现。只有良好的顾客服务，才能使顾客拥有超值的满足感，而满意的顾客又是企业制胜的保障。随着竞争日益激烈，市场空间越来越有限，企业发展面临更严峻的考验，美的空调承诺，"将让用户真正享受到更完美的产品和服务"。

阅读上面的资料，试对下面的问题做出分析。

(1) 美的公司的客户满意度管理策略有哪些？
(2) 美的公司还可以采取哪些策略提升客户满意度？

四、课程实训

任务1：客户满意度的测评

要求：1. 设计某智能家电的商品客户满意度测评表。
   　　 2. 要有5个满意级度，7个以上的测评指标。

任务2：观察一个网络购物网站，根据教材中的"电子商务客户满意度测评指标体系"设计评价该企业的测评指标

要求：1. 给出一级和二级测评指标
   　　 2. 设定满意度测评级度

任务3：分组实战完成引导客户的期望

要求：1. 分角色：客户和店员，多次交流直到交易达成。
   　　 2. 引导技巧：向客户说明其忽视的因素、修正对方的经验和思维方式。

第 4 章

电子商务客户忠诚度管理

◎ 知识目标：
1. 了解客户忠诚的基础知识。
2. 了解客户忠诚和客户满意的关系。
3. 掌握电子商务客户忠诚度衡量指标。
4. 熟悉客户忠诚计划。

◎ 技能目标：
1. 提高电子商务客户忠诚度的方法。
2. 掌握电子商务客户忠诚度的管理策略。
3. 制订电子商务客户忠诚度计划。

技巧性降低客户期望——某照相馆的真实情境

某照相馆经常接到一些旧照片的翻拍和放大的业务。旧照片大都是褪色的、年头有点久的，且图像模糊看不清，有的甚至有褶皱。每当接待这些客户的时候，老板总是先和客户说明："这照片太差了，翻拍和冲扩的效果可能不太好，我们尽力帮您处理一下。"一听这话，很多客户都显得着急："那怎么办？你这儿要是弄不好，干脆我到别家去了。"这时，老板就会拿出一个效果一般的作品："你看看这张翻拍出来的照片吧！你的照片比这张照片的原始图片稍微差一点，不过差不太多，你看看这张照片的效果，再拿主意。"一看老板拿出的照片，本来打退堂鼓的客户顿时眼前一亮。虽然老板口中说效果一般，但在客户眼里，陈旧照片经过精心处理，几乎和新的一样。等到客户来取照片时，老板通常把效果处理最好的作品拿出来，颜色搭配均匀，画面干净清晰，人物栩栩如生……客户十分满意，并且还会主动向其他人推荐。时间一长，翻拍和扩大旧照片业务成了该家照相馆的"招牌"，很多客户慕名而来，照相馆的生意自然也越来越红火。

通过这个照相馆经营者的沟通技巧，适当降低客户期望，当实际效果比期望高时，客户满意度自然提高，长此以往，可以形成客户忠诚。

资料来源：宗学哲. 降低客户期望值[J]. 现代营销，2006(08).

思考：如何熟悉客户，提高电子商务客户忠诚度？

客户关系的维护是十分必要的，高度忠诚的客户是企业最宝贵的财富。有效的客户关系管理带来的最大收益就是提高客户忠诚度，提高客户忠诚度被认为是企业取得长期利润增长的途径。老客户保持的时间越长，购买量就越大，企业所获得的利润则越多。尤其在电子商务环境下，商家、客户、竞争对手距离缩短，市场竞争透明度高，客户选择机会多，客户非常容易流失，保持和建立忠诚的客户群是企业利润的重要保证。因此，可以说电子商务企业的核心竞争力是企业建立和发展忠诚客户的能力。

4.1 电子商务客户忠诚

客户忠诚通常是指客户购买行为的持续性，是客户对企业产品和服务的信赖和认可，坚持长期购买和使用该企业的产品和服务，在思想和情感上所表现出的是一种高度信任和忠诚的程度，是客户对企业产品在长期竞争中所表现出的优势的综合评价。

4.1.1 客户忠诚的含义

客户忠诚理论是在 20 世纪 70 年代的企业形象设计理论和 80 年代的客户满意理论的基础上发展而来的，主要内容为：企业应以满足客户的需求和期望为目标，有效地消除和预防客户的抱怨和投诉，不断提高客户满意度，促使客户忠诚，在企业与客户之间建立起一种相互信任、相互依赖的价值链。

客户的忠诚是企业通过多年向客户提供优质的产品和服务培养出来的。忠诚的客户对企业品牌情有独钟，即使其他同类企业出现了价格更为低廉的产品，客户也不会轻易选择其他品牌的产品。

通常客户忠诚可以分为 4 层。

(1) 无忠诚感。客户对企业漠不关心，仅凭偶然性因素，根据产品外形、价格、服务、宣传等原因而购买。

(2) 满意感。客户熟悉企业的产品和服务，并对其留有良好的印象，有消费需求时，比较习惯性地选择去购买。

(3) 偏好感。客户了解企业品牌，从心理上对企业的产品和服务高度认可，在同类产品中特别偏好企业品牌的产品，与企业之间建立了一定的感情联系，可以说有一定的忠诚度。

(4) 忠诚感。客户对企业品牌有强烈的偏好和情感寄托，对企业的产品和服务特别喜爱，有强烈的情感寄托，对企业品牌忠贞不渝。

从以上 4 个层次可以看出，客户的忠诚度越高，购买行为越稳定，所以提高客户的忠诚度，是企业的重要任务。其渐进过程如图 4-1 所示。

图4-1 客户忠诚度渐进层次

4.1.2 客户忠诚的重要性

国际顶尖管理大师佩珀斯和罗杰斯博士指出，根据客户对企业的价值，把客户分为 3 类：最有价值客户、最具增长性客户和负值客户。忠诚客户无疑是属于最有价值的客户。

在电子商务环境下，商务信息的公开化、透明化，产品竞争同质化、全球化，使企业在已有的传统环境中的垄断地位被打破，竞争对手越来越多，客户变得越来越挑剔，企业只有形成使客户满意的核心价值观，客户才能与企业之间形成一种长期、持续、忠诚的关系。因此，对电子商务企业来说，建立和保持客户忠诚、预防客户流失是十分重要的。其重要性体现在以下几个方面。

1. 客户忠诚是企业持续稳定的利润来源

利润是企业追求的最终目的，客户忠诚则是企业利润的主要来源。忠诚的客户与企业建立了良好关系，他们是企业最有价值的客户，对企业的稳定发展具有不可低估的作用。

忠诚客户的利润会随着时间的增加而逐步增长。忠诚的客户对企业的价值度很高，企业只需要很低的成本就能够获取和保持这部分客户。忠诚的客户对于企业十分重要，他们身上有很大的利润空间，企业要十分珍惜这部分客户，进一步建立他们对企业的信任和依赖关系。通常情况下，这部分客户的产生来自企业长期的优质服务建立起来的高度忠诚度，公司已经在先前的客户服务中投入大量的资金，目前正是从他们身上收取回报的黄金时期。

2. 客户忠诚帮助企业节约客户管理成本

企业开发一个新客户的成本高于维持一个忠实客户的成本。为了吸引客户，每家企业都得先行投入资金，如广告宣传费用、推销人员的佣金、销售人员的管理费用等。比如，美国的信用卡公司的第一笔大的开支往往就是广告费用。为了得到 1 000 个申请人，公司需要寄出 3 万～5 万份宣传品，加上信用评估、信用卡发行、开立新账户等费用，每个新客户投入的成本为 50～100 美元。在美国，对于网上购物来讲，获得一个在线客户的成本为 30～90 美元。客户逐渐熟悉一个企业及各种产品后，客户就不需要过多地依靠企业员工来了解情况和获得咨询，这可以减少企业成本。

经济学家在调查世界 500 强企业时发现：忠诚客户不但会主动重复地购买企业的产品和服务，还能为企业节约大量的广告宣传费用。因为他们在日常生活中会自愿地、下意识地担当"义务宣传员"，向熟悉的或身边的人推荐企业的产品和服务，为企业传播品牌。而且，往往这种口耳相传的宣传比企业花钱进行的商业广告更具感染力和说服力，能为企业赢来更多的客户，这就是所谓的口碑效应。而且，由老客户推荐来的新客户质量往往也比较高。

3. 网络为客户忠诚的建立提供便捷环境

电子商务环境与传统环境相比发生了很大的改变，客户转移成本明显降低，网络口碑、客户个性化需求等因素影响和制约着企业的利润源。同时，在网络环境下，企业与客户存在比传统环境更多的接触点：电子邮件、呼叫中心、网站留言、竞争对手网站及合作伙伴网站等，方便了客户对企业产品和服务意见的反馈。企业也可以通过这些平台更多地了解客户信息，揭示客户意愿，使企业能更从容地面对客户需求。

因此，电子商务企业的客户忠诚的建立是企业发展的必要途径，网络又为客户忠诚的建立提供了便利条件。电子商务企业要善于运用新环境，积极展开和重视客户忠诚的建立。

4．客户忠诚有利于企业提高竞争力

在电子商务环境下，忠诚的客户能为企业提供有价值的信息。企业可以把与客户有关的信息全部记录入数据库中，通过数据库分析，企业可以从忠诚客户那里得到很多有利于企业发展的信息，比如，产品哪里需要改进？服务哪个方面需要完善？目前客户的需求是什么？客户满意程度如何？……

对电子商务企业来说，企业的业务基本都在网上开展，所以收集这些信息非常容易，而且忠诚的客户非常愿意与他信赖的企业分享产品和服务的意见或建议。这样建立的数据库非常有价值，企业可以随时观察市场变化，提出应对方法和措施，改善经营方式，不断创新，为客户提供更优质的服务。而客户的意见一旦被采纳，产生被尊重的感觉，就会进一步增加对企业的忠诚。长此以往，企业会在竞争中形成核心、稳固的竞争力。

可以看看戴尔的成功案例。独特的直销模式无疑是戴尔成功的重要因素之一，但许多人对直销模式为戴尔所带来的价值并不十分了解。戴尔公司总裁凯文·罗林斯(Kevin Rollins)曾表示：直销模式意味着消除中间商及其低效率和高成本，但直销模式最根本的目的是构建更紧密的客户关系和创造更高的客户价值——这就是戴尔取得成功的根本原因。正是得益于这种直接销售的商业模式，戴尔可以对市场及客户需求和反馈做出极为快速的反应，这一方面有助于戴尔更快、更为真切地感觉到市场的变化和机会，有效地推行相应的策略，另一方面也有助于戴尔提供及时快速的服务，从而获得最佳的客户满意度和忠诚度。

所以直销并不是戴尔成功的关键，忠诚客户群才是戴尔商业模式的核心价值源，直销只是手段，关键是去找到忠诚客户群、了解忠诚客户群、倾听忠诚客户群，通过直销去接触他们，为其服务，为其量身打造，所有一切都是围绕忠诚客户群而展开的。

4.1.3 电子商务客户忠诚的分类

客户忠诚是一种心理活动，电子商务环境下的客户具有复杂和易变的特性，所以，电子商务企业需要充分了解客户忠诚的类型，采用相应策略建立客户忠诚。

对于客户忠诚的类型，不同的行业对客户忠诚的分类有所不同，比较常见的有以下几种。

1．根据消费者对于产品和品牌的态度和满意度进行的分类

全球著名的战略咨询公司麦肯锡对客户忠诚提出了多维度细分的方法，即根据消费者对产品和服务的需求，对于品牌的态度和满意度，按照客户忠诚度由高到低，将客户忠诚细分为6种类型。

1) 感情型忠诚客户

感情型忠诚客户喜欢公司品牌，认为其符合自己的品位、风格，所以很少再去推敲消费决策。

2) 惯性型忠诚客户

惯性型忠诚客户消费习惯固定，较少推敲消费决策。

3) 理智型忠诚客户

理智型忠诚客户经常重新对品牌进行选择，反复推敲消费决策。

4) 生活方式改变型客户

生活方式改变型客户自身需求的改变，改变了消费方向。

5) 理智型客户

理智型客户通过理性的标准选择新的品牌，经常反复比较消费。

6) 不满意型客户

不满意型客户因曾经的不满意购买经历而对品牌进行重新考虑。

2. 凯瑟琳·辛德尔博士对客户忠诚的分类

凯瑟琳·辛德尔博士把客户忠诚分为垄断忠诚、惰性忠诚、潜在忠诚、方便忠诚、价格忠诚、激励忠诚、超值忠诚7类。

1) 垄断忠诚

垄断忠诚是指某一产品和服务为某一企业垄断，客户别无选择。比如，一个城市里的自来水公司、供电公司等，客户不得不重复购买它们的产品和服务，因为他们没有其他选择。

2) 惰性忠诚

惰性忠诚是指客户由于惰性不愿意去寻找其他供应商。这些客户是低依恋、高重复的购买者，他们对企业并不满意。如果其他的企业能够让他们得到更多的实惠，这些客户便很容易被挖走。拥有惰性忠诚客户的企业应该通过产品和服务的差异化来改变客户对企业的印象。

3) 潜在忠诚

潜在忠诚客户希望不断地购买产品和服务，但是企业的一些内部规定或者其他的环境因素限制了他们。

4) 方便忠诚

方便忠诚类似于惰性忠诚。同样，方便忠诚的客户很容易被竞争对手挖走。某个客户重复购买是由于企业的地理位置比较方便，如附近的便利店。

5) 价格忠诚

对于价格敏感的客户会忠诚于提供最低价格的零售商。这些低依恋、低重复购买的客户是不能发展成为忠诚客户的。

6) 激励忠诚

企业通常会为经常光顾的客户提供一些忠诚奖励。当企业有奖励活动的时候，客户都会来此购买；当活动结束时，客户就会转向其他有奖励的企业。

7) 超值忠诚

超值忠诚是一种典型的感情或品牌忠诚。这种忠诚对很多行业来说都是最有价值的。客户对于那些使其从中受益的产品和服务情有独钟,不仅乐此不疲地宣传他们的好处,而且还热心地向他人推荐。

3. 根据客户对企业的态度和行为进行的分类

根据客户对企业的态度和行为,可将客户分为态度忠诚和行为忠诚。客户的态度忠诚是指客户内心对企业及其产品和服务的积极的情感,是客户对产品和服务的相当程度的依恋;而客户的行为忠诚是指客户对企业的产品和服务的不断重复购买。

根据客户态度和行为上忠诚程度的高低,可将客户忠诚分成以下 4 个层次,如图4-2 所示。

图4-2 根据客户对企业的态度和行为划分客户忠诚类型

1) 非忠诚——低态度忠诚、低行为忠诚

由于许多原因,某些客户对一定的产品和服务不会产生忠诚感,这种客户不能发展成为公司的忠诚客户。一般来说,企业要避免把目光投向这样的客户。

2) 潜在忠诚——高态度忠诚、低行为忠诚

这种类型的购买者对公司的产品和服务情有独钟,但是由于购买的产品属于耐用品,或消费的次数不多,需要重复购买的次数不多。但他们会对此广为宣传,极力推荐给亲戚、朋友和家人。这类客户会成为公司的业余营销员,因而他们对公司而言也很有价值。

3) 惯性忠诚——低态度忠诚、高行为忠诚

其忠诚来自外在因素,一旦外在因素(如价格、地点等)发生变化时,他们就不再购买企业的产品和服务。企业也可以通过积极地与客户搞好关系,同时尽量显示出产品和服务有竞争对手没有的优点或长处,来争取将这种客户发展成为绝对忠诚的客户。

4) 绝对忠诚——高态度忠诚、高行为忠诚

真正的忠诚,既包括态度上的认同感,又包括行为上的持久性。这是一种典型的感情或品牌忠诚,这种忠诚对很多企业来说是最有经济价值的。客户对其产品和服务不仅情有独钟,重复购买,而且乐意宣传它们的好处,热心地向他人推荐其产品和服务。

4. 根据客户忠诚程度进行的分类

1) 认知忠诚

认知忠诚是指经由产品品质信息直接形成的,认为产品优于其他产品而形成的忠诚,这是

最浅层次的忠诚。

2) 情感忠诚

情感忠诚是指在使用产品持续获得满意之后形成对产品的偏爱。

3) 意向忠诚

意向忠诚是指客户十分期望再次购买产品，不时有重复购买的冲动，但是这种冲动没有化成行动。

4) 行动忠诚

行动忠诚是指将意向忠诚转化为行动忠诚，甚至客户愿意重复、持续购买产品。

这 4 个层次如图 4-3 所示。

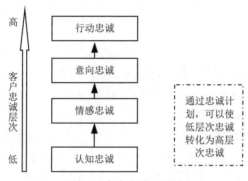

图4-3　客户忠诚层次图

4.1.4　电子商务客户满意与客户忠诚

客户忠诚是从客户满意概念中引出的，是指客户满意后而产生的对某种产品品牌或公司的信赖、维护和希望重复购买的一种心理倾向。客户忠诚实际上是一种客户行为的持续性，客户忠诚度是指客户忠诚于企业的程度。

美国汽车制造业曾经投入大量资金并制定了一系列奖励制度，促使员工提高客户满意程度，以便与外国汽车制造厂争夺市场。现在，美国汽车制造厂的客户满意率超过90%。然而，只有30%～40%的满意客户会再次购买美国汽车。也就是说，虽然企业的客户满意度不断提高，但是市场占有率和利润却不断下降。可见，满意也可能不忠诚。

1. 市场竞争程度影响客户满意和客户忠诚

美国学者琼斯和赛斯的研究结果表明，客户满意和客户忠诚之间的关系受到了市场竞争情况的影响，具体表现如图 4-4 所示。

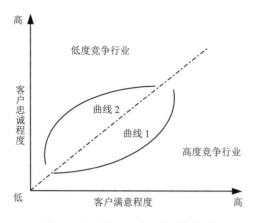

图4-4 客户满意与客户忠诚的关系

1) 高度竞争行业

如图4-4中的曲线1所示,在高度竞争的行业中,非常满意的客户远比满意的客户忠诚。高度竞争行业的特征是行业相似性强,差别小,消费者转换成本低,转换风险低,替代品多。在这样的行业中,企业竞争激烈,客户可选择的机会多。

从曲线1可以看出,在曲线右端,只要客户满意程度稍稍下降一点,客户忠诚的可能性就会急剧下降。因此,要培育客户忠诚度,企业必须尽力使客户非常满意。如果客户没有遇到产品和服务问题,接受调查时他们很少会做出不好的评价,而会表示满意。但是,如果企业的产品和服务过于一般,客户并未感到获得了较高的消费价值,就不易吸引客户再次购买。

2) 低度竞争行业

在低度竞争的行业中,图4-4中的曲线2描述的情况是客户满意度对客户忠诚度的影响较小。低度竞争行业的特征是垄断行业或者缺少替代品行业,具有强大的品牌影响力,客户转换成本高,往往有长期客户计划或者大客户奖励机制,具有某种专有技术的行业。

在低度竞争的情况下,不满的客户很难跳槽,他们不得不继续购买企业的产品和服务,然而,一旦有更好的选择,他们将很快跳槽。这种表面上的忠诚是虚假的,带有一定的欺骗性。所以,当限制竞争的障碍消除之后,即垄断地位被打破或者品牌影响力下降时,客户很快会转投其他企业和供应商,客户不忠诚的态度就会通过客户大量跳槽表现出来,在图4-4中表现为曲线2很快向曲线1变化。

因此,处于低度竞争情况下的企业应居安思危,努力提高客户满意程度,否则一旦竞争加剧,客户大量跳槽,企业就会陷入困境。

2. 根据客户满意度和忠诚度划分的客户类型

客户的再次购买意向经常被用来衡量客户的忠诚度。在市场竞争激烈、客户转换成本小的情况下,它很难显示客户内心的真正态度。这时客户的再次购买意向主要是由外界因素决定的,一旦外界因素的影响减弱,无论竞争激烈与否,客户忠诚度与客户满意度的关系都十分密切,只有客户非常满意,他们才会有较高的忠诚度。根据客户满意程度和客户忠诚程度的关系可以将客户分为4个类型。

1) 传道者

传道者是指那些不仅忠诚,而且对服务非常满意并会向其他人推荐的人。一般来说,这类客户的满意程度是使其重复购买最重要的因素。当客户对企业及其产品和服务完全满意时,往往表现出对企业产品和服务的"信赖忠诚"。信赖忠诚是指客户在完全满意的基础上,对其满意的品牌企业提供的产品和服务情有独钟,并且长期、指向性地重复消费和购买。

信赖忠诚的客户在思想上对企业及其产品和服务有很高的精神寄托,在行为上表现为指向性、重复性、主动性、排他性购买。信赖忠诚的客户的购买行为是建立在对企业非常信任的基础上,他们相信企业能够以诚待客,有能力满足客户的期望,并且当企业出现一些失误时,信赖忠诚的客户更愿意谅解,也正因为如此,他们愿意主动为企业做免费宣传,甚至热心地向他人推荐,是企业的热心追随者和义务推销者。

信赖忠诚的客户一般不太在意价格,并且会抗拒竞争对手提供的优惠、折扣,而乐此不疲、一如既往地购买所信赖的品牌,他们是高依恋的客户,他们的忠诚是最可靠、最持久的。因此,信赖忠诚对企业最有价值,是企业最为宝贵的资源,是企业最渴求的。

2) 图利者

图利者是指那些为谋求低价格而转换服务提供商的人,尽管他们的满意度可能很高。当客户对企业及其产品和服务不完全满意,只是对其中某个方面满意时,往往表现出对企业及其产品和服务的"势利忠诚"。

例如,有些客户是因为"购买方便",有些客户是因为"价格诱人",有些客户是因为"可以中奖""可以打折""有奖励""有赠品",有些客户是因为"转移成本太高"等而购买。

总之,"势利忠诚"是客户为了能够得到某个好处或者害怕有某个损失,而长久地重复购买某一产品和服务的行为。一旦没有了这些诱惑和障碍,他们也就不再"忠诚",很可能就会转向其他更有诱惑的企业。

可见,"势利忠诚"的客户用势利的眼光决定忠诚还是不忠诚,他们对企业的依恋度很低,很容易被竞争对手挖走。

因此,企业要尽可能实现客户的"信赖忠诚",但是,如果实在无法实现客户的"信赖忠诚",也可以退而求其次——追求实现客户的"势利忠诚",这种忠诚对企业同样有价值,值得企业重视。

3) 囚禁者

囚禁者是指那些对产品和服务极不满意,但却没有或很少有其他选择的人。这里有两种情况:一是"惰性忠诚";另一种是"垄断忠诚"。

"惰性忠诚"是指客户尽管对产品和服务不满意,但是由于本身的惰性而不愿意去寻找其他供应商或者服务商。对于这种忠诚,如果其他企业主动出击,让惰性忠诚者得到更多的实惠,还是容易将他们挖走的。

"垄断忠诚"是指在卖方占主导地位的市场条件下,或者在不开放的市场条件下,尽管客户不满却因为找不到其他替代品,迫不得已只能忠诚。

例如,市场上仅有一个供应商,或者政府规定的,或者通过兼并形成的寡头垄断,在这些垄断的背景下,满意度对忠诚度不起什么作用——尽管不满意,客户也别无选择,仍然会保持很高的忠诚度,因为根本没有其他选择。

虽然"惰性忠诚"和"垄断忠诚"能够给企业带来利润，企业可以借势、顺势而为，但是，企业切不可麻痹大意、掉以轻心，因为不满意的忠诚是靠不住的、很脆弱的，一旦时机成熟，这类不满意客户会毫不留情地流失。

4) 破坏者

破坏者是指有选择余地并加以利用的人，他们利用每一次机会来表达对以前服务提供商的不满情绪，并转向其他供应商。

一般来说，让不满意的客户对企业的产品和服务忠诚的可能性非常小。在某种程度上企业的某些做法可能引起客户的反感。例如，客户不满意企业污染环境，或者不承担社会责任，或不关心公益事业等，企业对客户的投诉和抱怨处理不及时、不妥当，客户就会对企业不满。这种不满情绪长时间积累，客户就成为破坏者，他们可能不仅自己不满，还可能到处散播对企业形象不利的情绪，促使他们身边的人也对企业的产品和服务不满。

这种类型的客户如果让其满意或者忠诚，必定需要花费更大的经营成本，而且即便满意度提高了，这类客户也有可能随时受到外界因素影响而放弃忠诚，转投其他竞争对手。

这 4 种类型的特点及其关系如图 4-5 所示。

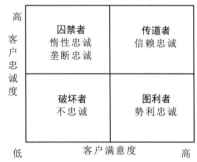

图4-5 根据客户满意度和忠诚度划分的客户类型

4.2 电子商务客户忠诚的衡量

客户忠诚是针对企业提供的产品和服务所表现出的一种信任程度，是对企业综合优势的认可。客户的忠诚是可以培养的，但也会受到很多因素的影响。当外在的环境和条件变了，客户的忠诚也会随之改变。所以，对电子商务企业客户忠诚度的衡量首先要考虑客户忠诚的影响因素，然后确定客户忠诚度评价指标，再选择评价模型进行分析评价。

4.2.1 电子商务客户忠诚的影响因素

当今的社会，市场竞争越来越激烈，谁获得了消费者，谁就占据了市场。而对于消费者的选择及建立客户对企业的忠诚度，有着诸多方面的影响因素。

目前对电子商务客户忠诚的影响因素和衡量指标没有确切的统一定论。综合现有研究结果发现，电子商务客户忠诚的影响因素主要有以下几个方面。

1. 客户期望

在电子商务环境下，客户通过网络平台，可以详细了解关于企业的一切信息，对感兴趣的产品和服务提前拥有了一个期望；有的客户需求进一步提高，要求产品和服务专业化、个性化、便利、快速响应等。所以，在电子商务环境下还考核其他媒体和客户的推荐或口碑、网站详细的相关产品信息质量和数量、网站交互性(搜寻信息时间和便利性)、产品和服务的专业化、产品和服务的个性化、产品和服务的快速响应,以满足网络时代的客户个性化和快速响应的需求。

2. 客户信任

营销信任理论认为,信任是忠诚的直接基础,要成功地建立高水平的长期客户关系必须建立客户信任,因此信任也是客户忠诚的一个决定因素。客户信任是指客户对可信的交易伙伴的一种依赖意愿,包括可信性和友善性两个维度:满足需求的实力、诚实性和公平性等。在电子商务环境下,网站的安全可靠性包括支付安全、隐私保护和安全政策、信用制度和法律环境等,这是通过网络交流、沟通和互动的基础。

研究显示,信任是构成客户忠诚的核心因素,信任使购买行为的实施变得简单易行,同时也使客户对企业产生依赖感。

3. 客户满意

满意是人的一种感觉状态的水平,来源于对一件产品和服务所感知的绩效或产出与人们的期望所进行的比较。客户满意主要是客户对现有供应商的总的售后评价:对销售人员的满意,对售后、技术支持、培训等各方数据人员的满意和情感因素(心情愉悦等)。在电子商务环境下,企业还应额外考核各项在线服务(咨询、帮助、申请、注册、搜寻和更改等),以满足网络时代客户快速、便利的需求。客户满意度是一种感觉状态水平,源于客户对产品和服务可感知的绩效与期望进行的比较。当实际绩效高于期望值时,客户满意度就高;当实际绩效不如期望值时,客户就会不满意。比如,客户听说某品牌商品非常好,于是前往购买该公司产品,但购回后却发现使用效果比想象中差,客户自然而然会觉得不满意。因此,企业能否满足客户的个性化需求、为客户提供优质的服务,是当今企业能否保持竞争力的主要因素,客户满意度也成为企业经营管理过程中最为关注的问题。

4. 客户认知价值

客户认知价值是客户对供应商提供的相对价值的主观评价,主要包括:产品的功能特点、产品价格、产品质量、产品品牌、客户服务和其他无形成本(折算费用、使用费用、时间成本、精神成本、体力成本等)。在电子商务环境下,虽然客户感到了网络带来的众多便利,但是也感受到了传统商务中所没有的风险,所以,还应额外考核客户的感知风险:产品风险(客户不能亲身感受产品质量,不能亲身检查产品质量与区分产品种类)、安全风险(网络交易行为所带来的在开放的网络中交换数据,很有可能遭到损害或被泄露隐私)。

5. 转移成本

转移成本是指客户结束与现供应商的关系和建立新的替代关系所涉及的相关成本,它是客户与原企业保持关系的过程中投资于产品、服务和关系中的时间、精力、知识、感情和物质资本的结果。转移成本具体包括以下内容。

(1) 关系利益。关系利益即由于企业与客户建立的关系给客户带来的特殊利益,客户发生转换后短期内竞争者不能为客户提供相同的利益。

(2) 资源成本。资源成本包括与现供应商终止服务的成本和与新的供应商发生交易的资源损失,这些资源耗费主要包括金钱、时间、精力、财产的耗费。

(3) 心理成本。客户在转换产品和服务供应商时所承受的心理压力,主要包括人际情感冲突和转换风险感知。

(4) 替代限制。客户可选择的服务或产品供应商的数量也可能影响到客户的转换行为,这是客户在转换时面临的客观障碍。

(5) 额外的服务或服务恢复。它包括针对客户个性化需求提供的专业化服务,服务组织为了弥补客户在经历服务失败后感到的损失而采用的所有行动和努力,优秀的服务恢复能够为客户创造价值,可以有效地阻止因为服务失败而造成的客户流失。

在与企业的交往中,老客户通常会发现,如果自己想要更换品牌时,会受到沉没成本和只能从现在的供方获得的延迟利益的限制。这种现象在软件工业中更为明显,各公司竞相向客户免费提供网络软件,这样做使得客户学习所花的时间成为沉没成本,当在别的选择不能体现显著的优越性时,客户在更换品牌和卖方时感到转移成本太高,客户便自愿重复使用,这样可以加强客户的忠诚。

---知识窗---

沉 没 成 本

沉没成本是指客户过去在关系中投入的、在终止关系时将损失的关系投资。对客户来说,这种关系投资只有在特定的关系中才有价值,一旦关系终止,所做的投资都将失去其价值。这些沉没成本一般包括学习特定的产品使用而花费的时间、精力及培训费用,为了使用某种产品和服务而进行的投资等。

例如,企业实行累计优惠计划,频繁、重复购买的忠实客户就可以享受奖励,而如果客户中途背叛、放弃,就会失去得奖的机会,并且其原来积累的利益也会因转移而失效,这样会激励客户对企业保持忠诚。

6. 客户情感

企业与客户建立一种牢固的联系,并对这种联系的维持进行情感投资,使客户对企业产生感情。这种投资包括对客户详细资料的了解、建立客户资料库(包括客户的性格、购物习惯、个性爱好和重要日期记录等),以及对客户进行关系维持的具体措施(如定期与客户交流,建立便捷的购物搜索及安全的付款方式,利用客户档案投其所好等)。例如,招商银行针对其金葵花信用卡客户,专门举行了中秋联谊活动,邀请金葵花信用卡使用者及其家人参加,这一活动大大拉近了招商银行与客户之间的距离,增强了客户对企业的信任。

各因素及因素之间的关系可以从图4-6看出。6个因素对客户忠诚有着直接影响,同时,客户期望、客户信任、认知价值、客户情感是直接影响客户满意的因素,通过影响客户满意,进而影响客户忠诚。

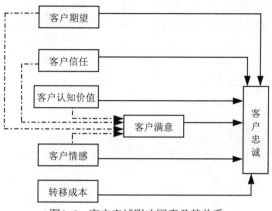

图4-6 客户忠诚影响因素及其关系

4.2.2 电子商务客户忠诚度评价指标

在电子商务环境下,保持较高的客户忠诚度是企业长期的利润源泉,是每个企业追求的目标。因而,客户忠诚度的测评应该是一个经常性的工作。通过开展客户忠诚度测评,企业不但可以了解客户的动向,还可以考核企业在提高产品质量和客户服务质量等方面所做出的努力是否达到了目标,如表4-1所示。

表4-1 电子商务客户忠诚度评价指标

评价指标	指标说明
客户期望	产品口碑 网站对产品质量、数量等信息的说明 网站的交互性 网站的便利性 网站搜索时间 产品和服务的专业化 产品和服务的个性化 产品和服务的响应速度
客户信任	满足需求的实力 企业的公平性 网络的安全性 网络的可靠性
客户满意	销售人员的服务质量 售后服务、技术支持等人员的服务质量 咨询、帮助、申请、注册等板块的操作便捷、说明清晰 增值服务

(续表)

评价指标	指标说明
客户认知价值	产品功能的特点 产品价格 产品质量 产品品牌 产品风险
转移成本	利益关系 资源成本 心理成本 替代限制 附加服务成本
客户情感	对产品价格的敏感度 对竞争品牌的态度 对企业失误的承受能力 对产品的挑选时间的长短

4.3 建立和提高电子商务客户忠诚

在市场竞争日益激烈的今天，忠诚客户的数量是衡量企业占据多少市场份额的主要指标，是企业长期获利高低的决定性因素。客户忠诚除了有利于企业巩固现有市场、降低营销成本、使企业拥有长期盈利能力外，还能使企业在激烈的竞争中得到更好的保护。因此，每个企业都很关心如何培养忠诚客户。

在电子商务领域，因为网络交易的用户多、信息量大、交易快捷等特性，以及客户的相对隐蔽性等，培养客户的忠诚要比传统客户相对困难。电子商务企业要具体分析影响其客户忠诚的原因，制定培养客户忠诚的策略并采取相应的措施，保持竞争优势。通常电子商务环境下客户忠诚的策略主要包括提高客户满意度和提高转换成本两个方面。

4.3.1 建立电子商务客户忠诚

只有与核心客户建立关系，企业的营销资源才会得到最有效的配置和利用，从而明显地提高企业的获利能力。从图4-1客户忠诚度渐进层次可以看出，客户一开始并非完全忠诚的，而是一个循序渐进的过程。所以，对电子商务企业来说，建立客户忠诚可以通过以下策略实现。

1. 建立客户资料库

借助网络技术，企业可以建立客户的资料数据库。将曾经购买过企业商品的客户，以及未来的可能购买企业商品的潜在客户的相关资料，存入企业的数据库，利用数据挖掘等技术，探寻客户的消费需求和消费心理，了解客户的购买动机。然后，根据大多数客户或优质客户的主要购买动机来调整企业的商品、服务或宣传策略,使企业的商品和服务能真正满足客户的需要。这样,企业和客户之间能形成一种良好的合作伙伴关系,促使企业的客户成为忠诚的客户。

企业可以根据客户的资料库,进行市场细分和份额统计。为提高客户忠诚而建立的数据库应具备整合性、动态性、可识别、可分类利用等特征,以便企业统计、分析、利用,从而明了客户的喜好和购买行为习惯,提供更具针对性的个性化服务。

2. 细分客户

企业首先应对客户进行细分,根据客户带来的利润把客户分为高利润、中利润、低利润和无利润的客户,或者根据客户带来的交易量把客户分为大客户、中客户和小客户。高利润和大客户应是企业关注的焦点。针对不同客户群的特点,企业可制定一对一的营销策略,争取客户忠诚。电子商务环境下有这样的优势:利用网上高效率、低成本的特点分析客户购买行为。采用在线调查或者电子邮件等方式对网络消费市场进行调研和分析,了解和分析客户类型,准确进行网站定位和确定网站经营项目,并有针对性地设计网站版面形式和内容,吸引客户访问网站。

【阅读4-1】麦当劳市场细分

麦当劳刚进入中国市场时大量传播美国文化和生活理念,并以美国式产品——牛肉汉堡来征服中国人。但是中国人爱吃鸡,与其他洋快餐相比,鸡肉产品也更加符合中国人口味,更加容易被中国人接受。针对这一情况,麦当劳改变了原来的策略,推出了鸡肉产品。在全世界只卖牛肉的麦当劳也开始卖鸡肉了。这一改变也正是针对地理要素而做出的。

麦当劳主要根据年龄及生命周期阶段对人口进行细分,其中将不到开车年龄的顾客划定为少年市场,将20~40岁的年轻人界定为青年市场,还划定了老年市场。人口市场划定后,麦当劳还分析不同市场的特征与定位,例如,麦当劳以孩子为中心,把孩子作为主要的消费者,十分注重培养他们的消费忠诚度。在餐厅用餐的小朋友,经常会意外获得印有麦当劳标志的气球。在中国,还有麦当劳叔叔俱乐部,参加者为3~12岁的小朋友。麦当劳叔叔俱乐部会定期开展活动,让小朋友更加喜欢麦当劳。这是相当成功的人口细分,抓住了该市场的特征与定位。

根据人们生活方式的划分,快餐业通常有两个潜在的细分市场:方便型和休闲型,麦当劳都做得很好。针对方便型市场,麦当劳提出59秒快速服务,即从顾客开始点餐到拿到食品离开柜台标准时间为59秒,不得超过一分钟。针对休闲型市场,麦当劳对餐厅的布置非常讲究,尽量做到让顾客觉得舒适自由。麦当劳努力使顾客把麦当劳当作一个具有独特文化的休闲好去处,以吸引休闲型市场的消费者群体。

3. 差异化营销

忠诚客户才是最有价值的客户,他们的忠诚表明企业现有的服务是有价值的,企业一定要重视来自他们的反馈信息,以便保持企业的服务永远充满吸引力;潜在忠诚客户有较高的忠诚度,只是由于一些客观的原因而妨碍了他们频繁购买,企业服务的重点是清除妨碍他们频繁购买的客观原因,帮助他们成为忠诚客户;虚假忠诚客户大多受购买便利性、优惠条件及环境的影响,也可能是因为缺乏替代品,客户的情感忠诚度很低,企业在提供服务时要设法吸引他们的购买力,让这类客户在利益的驱动下保持忠诚;不忠诚客户几乎长期与企业没有业务关系,情感忠诚度很低,但是不排除产生忠诚的可能,企业可以采用物质和服务双管齐下的策略,在他们之间发现可能的忠诚客户。

这种差异化表现在以下几个方面。

(1) 产品和服务。网络的互动性使得客户可以直接与企业沟通，从而使其个性化需求得到很大程度的满足。在互联网时代，客户已不再只是产品和服务的购买者和消费者，他们还是参与设计者。

(2) 价格。根据客户的需求差异，在保证盈利的前提下，企业可以针对不同客户实施价格歧视。这可以利用企业与客户之间排他性的沟通渠道来完成。

(3) 分销。购买货品时，客户可以根据自己的需要选择邮寄、特快专递、送货上门等配送服务。"一对一"营销成功的核心就在于企业能满足客户的个性化需求，一旦客户个性化需求得到满足，他们自然会对企业产生忠诚。

【阅读4-2】宝洁公司市场差异化营销

宝洁公司的差异化营销主要表现在产品技术研究方面，如宝洁经过细心的化验发现东方人与西方人的发质不同，于是宝洁开发了营养头发的潘婷，满足亚洲消费者的需求。针对不同地区，其主推的产品也不一样，比如在偏远的山区，则推出了汰渍等实惠便宜的洗涤产品。洗发水有飘柔等实惠的产品。对于北京、上海、香港及更多的国际大都市则主推玉兰油、潘婷等高端产品。

宝洁公司旗下的吉列品牌剃须刀、刀片及其他剃须产品，将面对的整体市场按性别因素细分为男士和女士市场，专门为男士设计了锋速三、超级感应、感应、超滑旋转等系列产品，专门为女士设计了吉利女士专用刀架、刀片Venus、吉列女士超级感应系列等产品，深受消费者喜爱。

宝洁公司利用社会阶层这一特点，对不同的阶层进行营销战略。宝洁公司国际著名护肤品牌SK-II针对的就是社会地位较高的购买者，精华露定价从800元到1 200元不等，而OLAY的产品面对的是中低端消费者。

面对广大的家庭主妇型消费者，宝洁公司推出了桶装洗发水、沐浴露，适用于家庭；而对于大学生群体或者经常外出的人们，宝洁公司同时也推出了易携带的洗护二合一产品。对于白领一族，宝洁公司推出了亚洲第一彩妆品牌：ANNASUI(安娜苏)。

宝洁根据不同消费者群体，推出几种不同的洗发产品：海飞丝(去屑)、潘婷(维他命原B5营养发质)、飘柔(柔顺光滑)、沙宣(专业美发)、伊卡璐(草本精华天然)。

4.3.2 提高电子商务客户忠诚的策略

随着网络商家的层出不穷，目前的客户拥有许多选择，所以他们不会再像过去那样长期保持对某一商家的绝对忠诚。因此，如何牢牢地锁住客户、提高客户忠诚度便成为如今网络商家们关注的要点。

1. 创造以客户为中心的企业环境

电子商务的客户忠诚度计划，要树立"以客户为中心"的营销战略，这需要通过为客户提供超越其期望的价值来建立客户忠诚。客户期望对客户感知企业产品和服务的满意水平具有决定性的影响。如果企业过度承诺，客户的期望就会被抬高。尽管从客观角度来看客户体验到的内在价值很高，但是由于他们的期望更高，因此大大降低了客户感知的满意水平。管理和控制好客户期望，企业可根据具体情况来超越客户期望，使客户产生惊喜，这对于提高客户忠诚可以起到事半功倍的效果。

2．建立和巩固客户忠诚的思路

企业要加强与客户的交流，有效满足客户的需求，提高客户的满意度。建立客户忠诚的基础是客户满意。通过互联网快速地与客户进行沟通并听取他们的意见，进而创立稳定的客户关系，成为企业价值创造的重要手段。网络技术超越了烦琐的中间环节，在客户和厂商之间架起直通的桥梁，为两者之间的交互提供了良好的媒介，在客户关系上创造了更强的结合力，有助于提升客户满意度和忠诚度。

每个企业都要不断审视自身的战略方向。客户忠诚度的建立要和企业的发展紧密联系在一起，把客户的忠诚度作为企业的发展方向，把客户忠诚策略纳入企业发展策略。

3．通过员工忠诚达到客户忠诚

有些客户之所以保持和某家企业的往来，主要是因为与之联系的企业员工的出色表现，因此，如果该员工离开了这家公司，客户对企业的忠诚就会产生动摇。为了消除这种疑虑，企业要建立统一的员工形象，特别要强调企业所有的员工都非常出色。即使其中一个员工流失，其他员工也可以顺利接替他的工作，继续为客户提供优质的服务，而不至于导致客户跟着流失。

【阅读4-3】360公司提高员工满意度

360公司是一个成功的创业公司，公司成立后第6年在美国纽交所挂牌上市，第8年市值过100亿美元，进入民企"百亿美金"俱乐部，位列中国民营企业海外上市公司第四名。

360公司的成功得益于极具战斗力的员工团队。"以公司为家"，不仅是指员工对企业充满满足感、责任感，更要求企业为员工提供最大限度的物质保障、精神支持和个性化关怀，让员工有自豪感和归属感。

360公司建立了"薪资""福利""公司关怀"三位一体的员工保障体系。除提供行业领先的薪酬、福利外，公司还制订了长期激励计划，保持员工工资水平与企业经济效益水平相协调，使员工成为企业发展的受惠者。360公司员工是360公司的最大股东，持股比例达22%，甚至超过了创始人个人的持股比例，真正让员工成为公司的主人，这在国内外的互联网公司中也都属于首创。

"让办公室像家一样舒适"，在这一理念的指导下，360公司一直致力于改善公司的工作环境，从而有效提高员工的满意度和幸福感。他们在办公楼的7层和8层间建造了"南瓜屋"广场，在办公区中还设有滑梯、吊椅，真正集休闲、会议、娱乐、开放和创意于一体。公司特别招聘了一些下岗女工，作为"360妈妈"，每层有专人值守，为员工们解决各种生活上的琐碎问题，提供免费洗衣、缝衣钉扣、照看幼儿等人性化服务。在360公司2012年迁入的新址大楼中，设在办公楼6层的"儿童乐园"更是独特的风景线，"喜羊羊与灰太狼充气城堡"成为员工子女的最爱。

通过制度避免员工流动造成客户的流失，扩大客户与企业的接触面，减少客户对企业员工个人的依赖，可以通过建立轮换制度、组织客户服务小组、共享客户数据库等途径实现。

1) 轮换制度

轮换制度即每隔一段时间更换与客户联系的员工，这样当某个员工离职时，能保证仍有客户熟知的员工为其服务。同时，轮换制度是人力资源管理的一项重要措施，主要目的是使企业员工都能熟悉工作流程，而且可以避免员工在一个职位上时间过长而产生倦怠感，造成工作效率下降。

2) 以客户服务小组代替单位职员

由于团队的作用，单个员工对客户的影响被削弱，从而降低了因此导致的客户流失的可能性。服务小组可以采取多种形式，如宝洁的客户服务小组成员是由跨部门的人员组成，而海尔的客户服务小组成员则由同一部门不同级别的人组成。客户服务小组的形式要确保每个成员的信息一致性，并且具有相当强的团队合作精神。

3) 通过客户数据库在企业内部实现客户资源的共享

企业要把各个员工所掌握的客户信息在企业内部共享，同时建立知识共享的企业文化，为员工创建一种开放的工作环境，并组织开展一些交流活动，如员工经验交流会等，让他们可以自由沟通、分享信息，从而在企业内部共享客户资源。这样，任何员工都能在其他员工的基础上发展与客户的关系，而不会出现由于某一员工的离开造成客户流失的情况。

4．提升企业的信任度

客户信任关系到企业的发展，是企业的一种无形资产。诚信危机，会导致我国电子商务发展困难。商业信用制约着电子商务的发展，提升商业信用是提高电子商务客户忠诚度的关键环节。一个好的电子商务企业，有良好的信誉作后盾，才能吸引更多的忠诚客户。

1) 从客户角度

帮助客户改变传统的商业观念，提高其上网意识。通过媒体进行宣传和教育，改变客户的观念，对网上购物的消费模式予以肯定，提高客户对网络营销的认知和认同，同时提高全民的文化素质，形成守信的社会环境，促进电子商务的发展。

2) 从企业角度

企业作为经济活动的主体，良好的商业信用有利于形成良好的企业信用形象，赢得客户的信任。企业寻找一个具备法律效力的认证机构，对企业商业信用进行仲裁和保证，是提高可信任度和客户忠诚度的有力保障。在介入商务活动之前，企业应首先通过媒体加大宣传，努力建立一个有影响力的在线品牌。

3) 从政府角度

政府应出台相应的政策法规完善社会信用体系，解决电子商务法律建设问题。政府根据以往的经验和教训，制定电子商务法律来约束企业行为，研制和建设信息技术标准、信息安全标准、商品代码标准、服务代码标准、商务过程标准等电子商务的标准，规范市场的运行规则，减少网络犯罪，防范和杜绝假冒伪劣商品，调动银行的积极性，完成交易过程中的电子支付问题，规范电子交易法规。

5. 建立良好的品牌形象

创建网络品牌。网络广告、信息发布能使客户对企业产生认知、认可,以便使企业的品牌在网上延伸。品牌是一个承诺,是让客户识别、认同、忠诚的承诺。品牌使客户认知价值大于或远大于商品价格,这样对客户来说,消费成本比收益低很多,自然容易形成客户满意。一个品牌的建立过程通常是品牌认知、品牌满意、品牌美誉、品牌忠诚4个过程。这个过程的建立需要企业从多方面来实现,尤其电子商务企业面临网络品牌众多、易于比较、客户易流失等问题,其只有建立良好的企业品牌,才能解决上述问题。创立良好的企业品牌,可以通过以下几个方面共同实现。

1) 确保所提供的商品优质、及时、一致

市场竞争靠品质,企业应该有长远的目光,增强自律意识。在企业中应当推行符合国家标准甚至高于国家标准的内部生产标准,这样才能在激烈的市场竞争中凸现优势,甚至在与国外名牌产品的竞争中立于不败之地。

产品的质量、价格直接影响客户的忠诚。电子商务网站上描述的商品应与实际提供的商品是一致的,宣传信息、描述信息、说明信息要十分精确,包括形状、颜色、型号、生产日期等,如有与网站上描述不一致的商品,一定要先与客户商量,待客户同意购买时,才能寄送出去,否则,客户会有一种受欺骗的感觉,忠诚度也会下降。送货是否及时,同样也关系到客户的忠诚。

2) 电子商务企业的域名必须鲜明、简洁

域名作为企业在网上市场中进行商业活动的唯一标识,不但具有商标的识别企业功能,还具有传递企业提供产品或服务的品质和属性功能,因此,域名在本质上也是商标,是企业商标外延的拓展和内涵的延伸,是适应新的商业环境的需要。重新认识域名在商业环境中的价值和地位,对企业的发展是刻不容缓的事情。由于域名和企业名称基本是一致的,因此,域名的知名度和访问率就是企业形象在互联网商业环境中的具体体现,企业商标的知名度和域名知名度在互联网上是统一的,域名从作为计算机网上通信的识别标记提升为从商业角度考虑企业的商标资源,与企业商标一样,它的商业价值是不言而喻的。

例如,凤凰网域名由 http://www.phoenixtv.com 变更为 http://www.ifeng.com,含义为我的凤凰、互联网凤凰、爱凤凰,并且方便记忆。

3) 提升客户对品牌的归属感

客户忠诚的最高层次是"传道者"。这个阶段的客户通常对所钟爱的品牌方方面面了如指掌且津津乐道,自认为对这一品牌的产品最有发言权;他们有意把自己和其他品牌的拥护者区别开,甚至对其他消费群嗤之以鼻;他们会自我约束,目的是和品牌倡导的价值体系相匹配、靠拢;他们将该品牌提供的一系列满足感,包括物质的和精神的,不遗余力地向其他客户推荐。这就是"品牌崇拜"。

例如,每天有10亿瓶可口可乐被喝掉,有4 000万个汉堡包在麦当劳被吃掉,有82万人光顾迪士尼专卖店;每秒有1 252杯立顿热红茶被饮用,有119罐立顿冰红茶被消费,有3 600杯雀巢咖啡被喝下。

6. 与客户良好沟通

电子商务企业要充分利用网络平台，利用网络信息通信便捷、信息搜集快速等有利条件，及时地与客户沟通、交流。为客户创建在线社区，为客户提供免费的在线商品，定期与客户保持联系，都是很好地和客户沟通的途径，并且使客户便于和企业联系等。

例如，宝马通过品牌社区进行有效的客户关系管理。宝马为了更多地接触客户，在公司网站上开设了一个专区——"车主俱乐部"。在这里，车主们可以对车辆进行登记，输入车辆的主要信息(型号、个性化、购买或租用、拥有日期、租用方式)及他们的个人爱好。有了这些资料，宝马公司就可以通过车主比较偏爱的电子邮件方式，与车主沟通信息，包括车辆及其所需的服务、公司在相关领域举办的活动，以及车主们感兴趣的新车发布。正是因为这些看似不起眼的沟通，在美国每年有超过 2/3 的旧宝马用户变成了新宝马用户。

7. 建立完备的售后服务体系

售后服务已经成为电子商务最重要的环节之一。绝大多数客户对产品的售后服务体系非常重视。建立了完备的售后服务体系，解决了客户的后顾之忧，自然也就提高了客户忠诚度。

以网络购物为例，消费者对购物过程的满意度对网络购物的发展显得尤为重要。2016年，艾瑞网络用户在线调研数据显示，52.2%的中国用户有过网购不满意的经历。艾瑞分析认为，虽然中国网购市场整体规模增长迅速，但一些购物网站在商品质量、页面体验、配送速度等方面却达不到用户要求，整体服务水平仍有较大的改进空间。在网络购物中，C2C 购物的满意度较低，而 B2C 电子商务的满意度各项指标比例都高于 C2C，满意度较高的都是 B2C 网站。

【阅读4-4】苏宁帮客让消费者真正售后无忧

北京苏宁联合北京市消协、中国家用电器维修协会共同发布了《2018年家电售后行业蓝皮书》，从消费群体、服务产品、消费趋势、新型售后项目等角度出发，剖析2018年家电售后行业的现状与发展趋势。

蓝皮书显示，经过多年的发展，我国家电市场保有量已经达到70亿台，并且仍然保持着每年10%以上的增长率，这也给了家电售后服务市场生长的土壤。其中，生活电器高端产品持续增长，中央空调、中央热水、中央净水和新风系统成为中产标配，生活服务需求旺盛，产业化、高效率、好体验成为售后市场新标签。

作为苏宁售后服务品牌，苏宁帮客得到了央视等众多媒体的报道。不难看出，在服务产品上，家电净洗、维修依旧是主力，回收、空气治理、专业家政等新兴服务增速明显。苏宁帮客数据显示，2017年家电维修量同比增长72%，空气治理业务同比增长266%，专业家政服务同比增长452%。

随着我国家电市场保有量已经达到70亿台，家电回收业务成为新趋势，2017年，苏宁帮客双渠道家电回收业务同比增长129%，以旧换新的业务不仅促进了家电的更新换代，也为消费者带来了真正实惠。

值得关注的是，小狮净洗业务量同比增长94%，其中烟机灶具清洗占比最高。从数据中看出，一、二线城市对于家电健康关注度更高，在小狮净洗城市业务量排名中，南京、北京、重庆稳居前三。

在消费者购物服务产品渠道上，线下门店预约占比依旧是消费者预约的主渠道，移动端预约增速明显。苏宁帮客数据显示，2017年线下门店预约占比54%，移动端、Web端预约占比35%。

苏宁帮客相关负责人表示，家电售后服务市场日益呈现出年轻化、智能化、品质化的发展趋势，为给消费者体验保驾护航，苏宁帮客服务人员100%持证上岗、30分钟内响应当日作业、对外公示收费标准、全部系统扫码支付，让消费者真正售后无忧。

资料来源：凤凰科技[2018-03-19]

8．用户体验提升客户忠诚度

"用户体验"是指用户在访问网站的过程中，对网站界面、功能、相关信息的可读性、操作方便性、交互性等方面建立起来的心理感受。随着各行各业电子商务的不断发展，基于电子商务平台的市场竞争日渐加剧，电子商务网站应该把提升用户体验放在一个非常重要的位置来考虑。

例如，用户在与网站接触的过程中存在的安全顾虑，以及网站烦琐的操作流程使得用户不能顺利地完成购物等。以服装、鞋类市场的电子商务网站为例，随着服装、鞋类市场电子商务的开展和竞争的加剧，很多购物类型的B2C网站都有一个共同的疑惑：虽然通过各种形式的宣传推广使电子商务网站的访问量有所提高，但是有时成交量却并没有增加。暂不考虑各个电子商务网站的产品和服务本身的差异，网站用户体验往往是决定客户订单成交转化率的最主要因素。

电子商务当前还处于发展摸索阶段，用户的部分需求及体验往往容易成为被遗忘或忽略的一个因素，而这一因素恰恰是决定一个企业产品服务成败的关键因素。用户体验的提升固然需要增加运营成本，但是在电子商务业务发展到某一阶段时，这是必需的。作为网站运营者，增加任何一个让客户方便的功能、提供优化的用户体验，都可能需要更多的技术支撑，甚至更多的网下配合，但为此付出的成本有可能最终从更多的客户身上收回，当然这需要更多的分析和评估。

9．客户增值服务

网络经济时代用户，特别是中小企业用户，对IT产品的需求发生了变化，用户需求方面的巨大差异要求企业从以产品为中心转向以客户需求为中心，同时还要求商家提供新的服务内容来适应不同的需求。而这种新的服务内容，通常也就是企业新的利润增长点。

增值服务的重要性由此突显出来。增值服务是企业在制定整个供应链战略中重要的一环，良好的增值服务既可以培育新的利润增长点，又可以改善供应链的效率，填补服务领域的市场空白，从而为企业带来多方面的收益。

企业可以通过提供与企业产品相关的增值产品和服务来赢得客户，例如，打印机厂商可以经销打印纸，并可提供照片打印的技术培训等服务，这种服务为企业提供重要的利润。企业可以通过提供组合的产品和服务来使客户总体支出最小化，从而使产品的效用最大化。企业只有建立一套完整有效的网络营销策略，才能取得稳定的客户群，延长客户关系的生命周期。

【阅读4-5】阿里巴巴的"诚信通"

阿里巴巴以免费为核心，提供交易平台和信息查询服务。会员注册门槛极低，只需提交真实企业信息即可。网站上汇集了丰富的交易信息、市场供求信息、进出口信息，使买、卖双方可以迅速找到对方。同时，认真研究企业需求，将国内企业按行业进行综合的详细分类，加快了企业查找途径、扩大了企业宣传渠道，也就增加了成交概率。企业用户能免费获得第一手的有效市场信息、扩大盈利通道，自然是蜂拥而至。

诚信在市场交易中非常重要，特别是在一个完全虚拟的网络平台上进行交易，诚信问题就会更令企业担忧。而阿里巴巴精确地看到这一需求，打造了"诚信通"这一产品，以第三方的身份为企业提供诚信验证。这时，第一批在阿里巴巴上已经赚到钱的老会员们自然不会吝啬区区几千元，而新会员或者未赚到钱的企业会员，在交易时发现对方有"诚信通"而自己没有，自然是倍感焦虑。而且不购买"诚信通"，阿里巴巴很多增值服务不能使用，自然也就不加思考，买为上策了。这时的阿里巴巴挖出了第一座金矿，而且可以说是纯度为99.9%的金矿。

在免费会员中提取出交费会员，利用交费会员和免费会员的直接联系，促使所有会员成为交费会员。而且"诚信通"不仅仅是一种盈利手段，更是一种品牌象征，从那一刻起，阿里巴巴其实就已经垄断了B2B的半壁江山。在任何一个行业中，都会有领头企业或者实力派企业，他们的市场需求与同行业的中小企业相比，当然不可同日而语。这时，阿里巴巴对收费会员进行"二次提纯"。针对多数企业热衷于"外贸"业务的聚焦点，阿里巴巴提供了一张近6 000个外商采购企业的名单，可以说每一家外商企业都是影响着中国进出口贸易的大鳄，可以切实有效地帮助企业会员实现巨额"外贸"业务。当然，这些名单不是免费提供，在上万亿出口份额的吸引下，无数企业为这张名单买单。阿里巴巴因为投其所好，迅速挖出了第二座金矿。

阿里巴巴在外语网站上，也开辟了B2B的先河，针对贸易业务较多的国家开发了不同语言版本的阿里巴巴，使阿里巴巴一跃成为国际品牌。由于会员量的激增，针对某些大企业或者新企业要快速打开市场、要"鹤立鸡群"的需求，阿里巴巴开始了"三度提纯"，为稳定交费和未交费的会员们提供网站推广、贸易通等增值服务。但大多数增值服务都是在"诚信通"的基础上才能使用，再一次刺激着免费会员成为收费会员，并且花钱购买增值服务。这一模式使得阿里巴巴成为中国电商领域当之无愧的B2B帝国，其巨人地位无人能撼动。

10. 提高转换成本

转换成本是指当客户从一个产品的提供者转向另一个提供者时所产生的一次性成本。这种成本不仅仅是经济上的，也是时间、精力和情感上的，它是构成企业竞争壁垒的重要因素。如果客户从一个企业转向另一个企业，可能会损失大量的时间、精力、金钱和关系，那么即使他们对企业的服务不是完全满意，也会三思而行。

转换成本普遍存在于所有交易过程，不管是商业零售还是销售代理，原有的关系一旦建立，考虑转换新的交易对象都会付出转换成本，而下游的成本更会沿着供应链向上传导。比如，普通消费者已经习惯了某种品牌的感冒药，药店就不好再推荐其他牌子的同类产品。要提高转换成本，可以采用以下方法。

(1) 利用搜索成本低的优势构筑转换成本壁垒。
(2) 利用激励方案构筑转换成本壁垒。
(3) 利用特定品牌的培训构筑转换成本壁垒。

4.3.3 客户忠诚计划

近年来,随着以累计积分为主要形式的忠诚计划在各行各业的广泛应用,企业设立忠诚计划的模式有向纵深多方向发展的趋势。一些企业通过与其他行业合作伙伴的联盟,共享和扩大客户资源,分担积分压力;也有些企业通过与细分市场的互动沟通,加深与消费者的情感联系和对消费者的了解。

1. 客户忠诚计划的模式

实现客户关怀是为了更好地吸引客户,加深与消费者的情感联系和对消费者的了解,企业往往会制订忠诚计划来吸引和加深客户对企业的忠诚度。近年来,以累计积分为主要形式的忠诚计划在各行各业广泛应用。这些忠诚计划主要有独立积分、联盟积分、联名卡和认同卡、会员俱乐部几种模式。

1) 独立积分模式

独立积分计划是指某个企业仅为消费者对自己的产品和服务的消费行为和推荐行为提供积分,在一定时间段内,根据消费者的积分额度,提供不同级别的奖励。这种模式比较适合容易引起多次重复购买和延伸服务的企业。

在积分计划中,是否能够建立一个丰厚的、适合目标消费群体的奖励平台,成为计划成败的关键因素之一。很多超市和百货商店发放给客户的各种优惠卡、折扣卡都属于这种独立积分计划。

独立积分计划对于那些产品价值不高、利润并不丰厚的企业来讲,有很多无法克服的弊端。首先是成本问题,通过自行开发软件,进行数据收集和分析,这些都需要相当大的成本。其次,很多积分计划的进入门槛较高,能够得到令人心动的奖励积分的额度过高,而且对积分有一定的时效要求。这样做虽然比较符合 20/80 原则,将更多的优惠服务于高价值的客户,也有助于培养出一批长期忠实的客户,但也使许多消费水平没有达到标准的高价值客户流失了。另外,随着积分项目被越来越多的商家广泛使用,手里持有多张积分卡的客户会越来越多。这些客户在不同的商家那里出示不同的会员卡,享受相应的折扣或者积分优惠,却对每一家都谈不上忠诚。

2) 联盟积分模式

联盟积分是指众多的合作伙伴使用同一个积分系统,这样客户凭一张卡就可以在不同商家积分,并尽快获得奖励。相比较于企业自己设立的积分计划的局限性,联盟积分则更有效、更经济、更具有吸引力。

目前,世界上最成功的联盟积分项目是英国的 Nectar,积分联盟由 Nectar 这个专门的积分组织机构设立,组织本身并没有产品,只靠收取手续费盈利。项目吸引了包括 Barclay 银行、Sainsbury 超市、Debenhams 商场和 BP 加油站等很多企业加入。客户凭 Nectar 卡可以在特约商户消费,或者用 Barclay 银行卡消费,都可获得相应积分,并凭借积分参加抽奖或者领取奖品。Nectar 因此把消费者对项目的忠诚转变成对特约商户的忠诚,并由此向特约商户收取费用。在很短的时间内,Nectar 就将 5 880 万英国居民中的 1 300 万变成了自己的客户,并从中取得了巨大的收益。除此之外，航空业也普遍采用这种联盟形式，现在，更是出现了航空业、酒店业、租赁业等企业的联盟。

这种联盟最大的问题是联盟中商家实力不对等。例如，我国航空公司与国外战略伙伴在国际航线上的竞争力往往不对等，如果大量旅客在别国的国际航线上积累里程，而到我国的国内市场兑换免费机票，将对我国航空公司造成冲击。因此，企业在谈判联盟协议时，对这些问题要加以考虑。

企业是选择单独推出积分计划还是选择加入联盟网络，是由企业的产品特征和企业特征决定的。如果企业的目标客户基数并不是很大，主要通过提高客户的"钱包占有率"，最大限度地挖掘客户的购买潜力来提高企业的利润，则推出独立积分卡较合适；联盟积分卡可以通过互相为对方提供物流、产品、客户资料方面的支持，降低企业的各种压力，使企业能获得更多的新的客户资源。

3) 联名卡和认同卡模式

联名卡是银行与营利性机构合作发行的银行卡附属产品，其功能等同于信用卡。一般以某一特定群体为对象，较具商业导向。常见的有中华航空信用卡、百货公司联名卡等。例如，美国航空公司(American Airline)和花旗银行联名发行的 Advantage 卡就是一个创立较早而且相当成功的联名卡品牌。持卡人用此卡消费时，可以赚取飞行里程，累积一定里程之后就可以到美国航空公司换取飞机票。

认同卡是非营利团体与银行合作发行的信用卡。持卡人主要为该团体成员或有共同利益的群体。这类关联团体包括各类专业人员。持卡人用此卡消费时，发卡行从收入中提出一个百分比给该团体作为经费。运动协会(如美国橄榄球协会 NFL)、环保组织、运筹学管理科学协会的认同卡就是这方面的成功例子。

与前述积分计划联盟模式的不同点在于，联名卡和认同卡首先是信用卡，发卡行对联名卡和认同卡的信贷批准方式与一般的普通信用卡很接近，它们的运营和风险管理也有许多相通之处。在管理方式上，银行需要与合作的营利公司或非营利团体签有详细的利润分成合同。

从市场渗透的角度而言，针对有一定特殊共性的消费群体来设计品牌，是一个极好的市场细分的手法，对加强信用卡发行单位和签约单位的客户忠诚度非常有效。

4) 会员俱乐部模式

有的企业客户群非常集中，单个消费者创造的利润非常高，而且与消费者保持密切的联系非常有利于企业业务的扩展。他们往往会采取俱乐部计划和消费者进行更加深入的交流，这种忠诚计划能够比单纯的积分计划使企业更加易于和客户沟通，能赋予忠诚计划更多的情感因素。

作为忠诚计划的一种相对高级的形式，会员俱乐部首先是一个"客户关怀和客户活动中心"，但现在已经朝着"客户价值创造中心"转化。而客户价值的创造，则反过来使客户对企业的忠诚度更高。

2. 客户忠诚计划的成本

客户忠诚计划的最终目的是提高企业的利润，但是，随着其在各个行业和不同规模企业的普及，人们发现，缺乏差异化的忠诚计划很难引起消费者的兴趣，而更大的瓶颈是，忠诚计划的实施成本过高，越来越难得到企业决策者和财务管理人员的支持。企业不仅要清楚其在忠诚计划中的花费到底是多少，还必须清楚这些钱是怎么花出去的。

提高客户忠诚度是需要成本的。在实施客户忠诚计划的过程中，涉及的费用至少包括会员注册费、客户沟通费、管理行政费，以及计划维持所涉及的物资、活动费等。这些费用如果没有进行合理的计划并得到有效的控制，就会变成企业的负担。忠诚计划的最终目的是提高企业的利润，如果忠诚计划的实施成本过高，便脱离企业的初衷。所以，企业在制订培养忠诚客户的计划时，不仅要考虑忠诚度提高的有效性，也要考虑实施的成本。

客户忠诚计划实施过程中的主要成本包括以下几方面，企业需要了解和掌握并分析是否能尽量节约计划实施成本。

1) 会员注册和沟通费用

这部分费用主要是指企业为了吸引消费者加入忠诚计划以及和客户保持长期的关系，从而产生的相关费用，包括推广忠诚计划的广告费用、消费者注册的固定费用、计划实施过程中的促销费用和沟通费用等。

2) 管理和行政费用

管理和行政费用主要包括处理消费者数据的软件安装和实施费用、日常管理的固定费用和管理人员费用等。一般来说，一套较大的 CRM 软件可能就要花去企业上百万美元。随着忠诚计划的扩大，以及和其他企业建立联盟，管理和行政费用所占的比例会有一定的降低。通常，这部分费用大约只占到预算的 15%～20%，不过中小型的 B2B 企业运转费用要高一些。

3) 维持计划持续性的费用

维持计划持续性的费用主要是指企业为了兑现积分计划，提供给消费者的奖励费用。忠诚计划一旦启动，就有比较长的生命周期，维持计划持续性的费用一般不菲，计划一旦出现错误，往往也难以纠正，让企业有骑虎难下的感觉。

企业实施客户忠诚计划的结果，可能会促使"忠诚"的客户变得不忠诚了，而且大大增加了企业的促销成本，让企业利润锐减。由此看来，忠诚计划是一个提高忠诚度的计划，但有风险，做不好则会损害忠诚度，对企业的品牌造成很大的影响。

因此，忠诚计划的实施必须得到充分的保障。麦肯锡建议，即使优惠很低的忠诚计划也会对客户造成很大的影响，任何变动或终止都必须通知他们。某项忠诚计划一旦推出，即使客户没有积极参与，也往往会因为被"剥夺"了某些实惠而产生反感情绪。而且，计划的推出越成功，结束这项计划便越困难。消费者参与某项计划有"不愉快"的经历之后，会加深对日后跟踪计划的不信任感，而且可能会丧失对这家企业的整体信赖感。

3. 客户忠诚计划的类别

针对忠诚客户目标市场的细分情况，有些企业还根据不同的发展阶段，制订了分级忠诚计划，共分为三级。

(1) 一级忠诚计划。一级忠诚计划又称频繁营销。企业通过价格刺激(折扣)或额外的利益(累计积分、赠送商品、发放奖品等)奖励经常来光顾的客户。这个级别的忠诚是非常不可靠的，使用的方式容易被模仿，客户容易被转移，也可能会降低企业的服务质量。

(2) 二级忠诚计划。二级忠诚计划通过建立客户组织(客户档案、俱乐部、客户协会等)，了解消费者较详细的潜在需求，使企业能更好地提供适合客户的个性化需求的产品和服务，从而满足客户需求，培养忠实的客户。这个级别的客户忠诚度较高。

(3) 三级忠诚计划。三级忠诚计划通过花大力气为会员提供不能通过其他来源得到的有价值的资源，显示会员的特权，满足客户的特殊需求，增加对客户的吸引力。其客户忠诚度很高。

以上不同级别的忠诚计划，企业在实际情况中往往进行了灵活交叉运用。例如：既成立会员俱乐部，定期举办活动，又向每位会员派送积分优惠卡，让会员们享受财务和社会活动的双重优惠。

【阅读4-6】新加坡航空基于区块链的忠诚度计划

新加坡航空为长期客户开始提供基于区块链的忠诚度计划。由KPMG和微软联合开发的数字钱包，KrisPay可以让新加坡航空的客户将旅行里程换成支付积分，可以在新加坡的合作商户中使用。其推出的KrisFlyer活动使用了区块链技术来存储客户的积分。

注册这个活动的客户可以下载手机APP。这些客户然后可以将他们的里程转换为KrisPay积分，然后通过扫描二维码在合作商户处进行支付。

新加坡航空宣布了在新加坡的18个合作伙伴，包括餐馆、化妆品店、加油站及其他的零售店，如LEGO旗舰店等。之后，会有更多的合作伙伴签署，新加坡航空会为早期使用者提供折扣。

新加坡航空首次在2月宣布这项区块链服务，在和KPMG、微软完成了一次成功的可行性验证一星期后，新加坡航空就被宣布为世界上最好的航空，在伦敦赢得了世界航空公司大奖。2018年，新加坡航空超过了2017年的获胜者卡塔尔航空。

资料来源： 中金网．http://gold.cngold.com.cn/[2018-07-26]．

4.4 典型案例

案例描述

华为：客户接待也是生产力

开门办企业就一定会接待客户，如何接待客户，以及接待客户的能力在一定程度上反映了这家企业对"客户第一"价值观的实践程度。华为可以说是在客户接待方面做得最到位的一家企业，也可以说是把"客户第一"的价值观实现得最为彻底的一家企业。

首先来看看华为的参观接待流程，在华为负责客户接待的部门是客户工程部，华为希望把客户接待作为一项系统工程来对待。在客户参观华为的前两天，华为客户工程部工作人员会首先和客户电话进行行程安排，安排相关接待细节等事宜，以期让客户在走进华为之前对于整体安排有一个了解。在前期的沟通环节，华为工作人员会力求了解更多的关于客户的信息，如客户来访人员核心领导人员名单、性别、年龄及民族等信息，同时最重要的事情是必须了解客户此次参访最大的诉求，了解这些信息对于工作人员更有针对性地安排参访和讲解会非常有帮助，也会让华为工作人员能够对整个参访团队做到有的放矢。

当天的参观接待，华为会安排一辆礼宾引导车全程陪同引导，一般会是奥迪或奔驰等高档车。由于担心客户不太熟悉路程，华为的礼宾车会提前15分钟停靠在高速公路华为出口(从深圳市区前往华为基地需要经过梅观高速)，礼宾车司机都是经过严格选拔的，除了驾驶技术过硬之外，身高和长相也较出众，所以每次客户参访华为都会看到一位形象气质俱佳的帅哥司机在前方引导。这时候华为工作人员也会诚挚邀请参访企业带队领导乘坐礼宾车，华为期望通过这种方式显示出对于客户的尊敬和重视。华为基地很大，前往不同的参观地点必须用车，因此这辆礼宾车会在参访华为期间一直担任引导角色。华为的工作人员也会在不同的参观地点进行电话沟通和确认，以确保客户到了不同的地方总会有华为的接待人员微笑迎接。

客户参访华为的第一站是华为产品展厅，大家进入产品展厅看到的第一幅画面是显示有"欢迎某某莅临华为参观"的电子欢迎牌，这让每一个参访华为的人都有宾至如归的感觉，紧接着华为会安排全体参访人员合影留念，参观华为产品展厅主要是能够全方位了解华为的产品与服务，华为期望通过展厅的专业讲解能够让客户对于华为的产品和服务有直观的了解和感受。

华为在之前的运营商展厅的基础上增加了企业展厅，这和华为的战略转型息息相关，华为从2011年成立了和运营商业务事业部平级的企业业务事业部，此举一方面显示出华为对于企业业务的重视，另一方面也显示出华为期望能够给企业端客户提供更加贴身与及时的服务。华为企业展厅不仅仅是展示华为最新产品和应用的地方，而且在设计展厅时融入了更多和客户互动及体验环节，使客户通过自己的亲身实践与感受增进其对于华为产品的感知与良好印象。

华为展厅可以说是客户了解华为的窗口，当客户即将前往华为其他区域进行参观时，华为工作人员会将装有大家在展厅门口合影的相框送给每一位参访嘉宾，这个环节特别能够打动参访者。参访嘉宾拿到相片时无不感动和惊讶，惊讶于华为对于细节的关注，感动于华为对于客户的尊重。

随后华为会安排客户参访立体物流基地、华为大学、华为百草园等地方，无论在哪个地方参观，华为专业接待人员总能够提前在入口处微笑迎接客户，也总能够给予客户专业耐心的讲解，同时华为随同的接待人员也会不时询问客户是否还有其他的需求，只要客户提出的需求在合理的范围内，华为的工作人员都会尽力满足。

在客户接待方面能够做到这样的企业凤毛麟角，华为做到了，并且华为做到了超出客户的期望。华为的客户工程部其实不仅仅是在进行客户接待这样的简单工作，他们在展示公司产品的同时也在展示华为品牌和华为形象。华为通过客户接待工作成功与客户进行了互动，如果客户未来需要类似的产品或服务，他们的脑海浮现出的第一个画面一定是华为。从这一点来看，华为客户工程部与其说是一个客户接待部门，不如说是一个销售前沿部门更为贴切，因为客户工程部不仅成功地让客户认识和了解华为，同时做了一次华为产品的售前顾问，拉近了与客户的关系，加深了与客户的感情，为日后销售人员的工作做了良好的铺垫。

华为凭什么能够在竞争激烈的电信设备领域步步为营？华为凭什么能够击败世界巨头成为世界第二？从华为对于客户的接待工作已经能够看出端倪。当然华为对于客户接待工作只能说是华为对客户提供产品和服务的一个环节，但从这个环节可以看出华为对于客户的关注和尊重，也可以看出华为是如何实践客户第一的价值观。

"接待也是生产力"在企业界也是一句大实话。

案例分析

通过本案例可以看出华为也和大多数企业一样,把"以客户为中心"这句话作为其六大核心价值观之一,也经常在各种场合向华为人和客户传达这样的观点:"客户是华为的衣食父母,天底下唯一给华为钱的只有客户,华为之所以能够活下来,其中很关键的因素就是坚持以客户为中心,并且也只有不断坚持以客户为中心才能让华为活得更久一些。"华为超越竞争对手的秘诀就是三句话:以客户为中心,以奋斗者为本,长期坚持艰苦奋斗。

资料来源: 世界经理人互动专区 [EB/OL]. (2015-03-27)[2016-09-16]. http://blog.ceconlinebbs.com/.

思考题:
(1) 案例中华为公司的客户接待流程是什么?
(2) 为什么说客户也是生产力?
(3) 案例中华为公司的客户接待如何体现了"以客户为中心"的核心价值观?

小 结

客户忠诚度和企业经济效益的提高有助于改善员工的工作条件,提高其满意度,员工忠诚度也随之提高,进而可以提高工作效率,降低招聘和培训费用,减少员工流失所造成的损失,又进一步使总成本降低。这就是关注客户关系管理、强化客户忠诚而形成的良性循环。

本章介绍了客户忠诚的含义及分类,分析了客户满意和客户忠诚的关系,接着通过对电子商务客户忠诚度影响因素的分析,阐明了电子商务客户忠诚的衡量指标,详细阐述了电子商务客户忠诚度管理策略,最后介绍了电子商务客户忠诚计划。客户忠诚计划是电子商务企业客户忠诚度管理的主要方法和手段,也是颇有收效的策略。

关键术语

客户忠诚　电子商务忠诚　客户忠诚计划　客户忠诚度衡量

习 题

一、填空题

1. 生活方式改变型客户是指客户_____的改变,改变了消费方向。
2. 客户认知价值是客户对供应商提供的_____的主观评价。
3. 在电子商务环境下,保持较高的_____是企业长期的利润源泉,是每个企业追求的目标。
4. 企业往往会制订_____来吸引和加深客户对企业的忠诚度。
5. 转换成本是指当客户从一个产品的提供者转向另一个提供者时所产生的_____。

6. _____ 是指用户在访问网站的过程中，对网站界面、功能、相关信息的可读性、操作方便性、交互性等方面建立起来的心理感受。

二、简答题

1. 什么是客户忠诚？
2. 简述客户忠诚的重要性。
3. 凯瑟琳·辛德尔博士把客户忠诚分为哪几类？
4. 电子商务客户忠诚的影响因素主要有哪几个方面？
5. 企业可以通过哪些策略建立客户忠诚？
6. 简述提高电子商务客户忠诚的策略。

三、分析题

创建客户忠诚——上海希考瑞认证服务公司的 CRM 之路

上海希考瑞电气技术服务有限公司为SIC认证集团中国总部，专注于为国内外电子设备、机械设备、半导体设备、电机、低压电器厂商提供一站式产品认证服务，把"创建客户忠诚"作为公司的战略，也作为公司最重要的企业文化。

（1）通过CRM系统充分细分客户并了解客户需求。销售机会来自销售人员主动外呼，找到目标客户，电话沟通，遇到意向客户就深入报价。销售机会还来自网站的访客、老客户的需求等，如何把这些销售机会全部管理起来，而不是散落在每个销售人员手里，避免造成销售人员之间相互抢单，这是关键问题。

通过CRM的系统查询，可以清楚了解到每一个客户的历史情况，系统中不允许重复的客户名字出现，无论新老客户，任何一笔合同都记录在系统中，有据可查。

公司严格规定，只要给客户报过价，就一定让其成为一个销售机会，记录在CRM中，进入整个公司的视线中。对于一些进行过咨询的意向客户，公司应将其直接标注成为"热点客户"，使其进入管理者和销售人员的CRM的工作平台中，这让销售人员和管理者很容易查看新的需求的跟进情况。

（2）优化每一个客户接触点，促进客户满意度提升。客户是否满意，实际上体现在与每一个客户的每一个接触点上。有很多对于接触点的提升满意度的方法，在这里举一些例子。

在公司各种服务项目中涉及很多的服务产品，各个测试都有不同的测试成本，对客户报价，就是基于CRM的产品管理展开的。

一旦给客户报价，就确定成了一个销售机会，高层管理者能够看到自己团队目前进展的所有销售机会，并很容易知道哪些是需要紧急跟进和处理的。如果客户确认报价，主管负责人会轻点鼠标，一份根据报价单转成的订单就可以提供给客户，这样客户就感受到了"希考瑞"的速度，这依赖于CRM强大的易用功能。

对于客户来说，他们最希望知道认证的进展情况，有些客户很着急拿到测试报告，并愿意为加急付出更多，对此主管负责人就可以统筹安排整个测试的进程。客户满意度在于能否在约定的时间完成对客户的产品测试，并提供认证报告。CRM再加上个性化的测试流程表成为公司保证客户满意的最重要的工具和武器。

客户忠诚是公司业务增长的主要源泉。通过客户忠诚计划，上海希考瑞不断发展，短短六年取得了美国、欧洲、中国、日本、澳大利亚等多项授权，是UL、CSA、TUV、CSI、SIQ等机构的认可实验室和合作伙伴，同时实验室具有中国CNAS授权，并且是美国最具公信力的实验室认可组织NVLAP的会员。

根据上面的资料，试对下面的问题做出分析。

(1) 上海希考瑞的发展关键战略是什么？

(2) 从本案例可看出客户忠诚对企业发展有什么作用？

(3) 上海希考瑞的客户忠诚计划是从哪些方面实现的？

四、课程实训

任务1：撰写电子商务企业客户忠诚度管理方案

要求：1. 选择一个B2C网站，对其进行充分调研和分析。

    2. 给出该电子商务企业的客户忠诚度管理方案。

任务2：撰写客户忠诚计划

要求：1. 在网络中搜索"客户忠诚计划"案例，收集相关资料。

    2. 分小组讨论忠诚客户的培养策略。

    3. 写出书面分析报告。

任务3：针对某电商企业完成积分系统设计方案

要求：1. 结合客户忠诚计划的建立，选择一种积分模式。

    2. 明确积分动作、积分规则、结算周期。

第 5 章

电子商务客户服务管理

◎ 知识目标:
1. 了解电子商务客户服务的组织、服务流程。
2. 了解客户服务人员管理团队的组建。
3. 掌握电子商务客户服务的内容。
4. 掌握客户服务人员的素质要求。
5. 掌握客户服务人员的潜能。
6. 重点掌握大客户服务管理的方法和策略。
7. 掌握网络客户服务人员的服务沟通技巧和处理投诉的技巧。

◎ 技能目标:
1. 掌握客户服务过程中的客户心理分析。
2. 掌握电子商务环境下客户服务流程分析。
3. 掌握电子商务背景下的客户售前、售中、售后沟通。
4. 掌握客户投诉的应对方法及处理策略。
5. 掌握客服团队的组织与设计。
6. 掌握大客户的挖掘和管理。
7. 掌握跨境电商的客户服务特点。

引导案例

通过与客户建立良好的关系来确保自己的竞争优势

在美国中西部,有一家大型商业印刷公司,该公司利用帮助客户提升竞争力形成企业新的竞争优势,为重要的客户,也为自己创造出全新的价值。大批量的印刷业务,如产品目录或黄页的印刷,常被等同为一般的大宗货物买卖进行:谁的报价低,谁就能赢得生意。但该公司却非常了解它的几个重点客户的业务及其经营理念,通过向其提出一系列财务变革的方法,帮助客户降低了经营成本。

公司在和一个客户为时三个月的合作过程中,依次完成了下面五个阶段的工作。

第一,分析了客户的核心业务:向消费者提供何种产品和服务?如何提供产品和服务?怎样推广这些产品和服务?以什么方式购买印刷产品和服务?等等。

第二,该公司发现:在双方的一些业务交往中,客户并没有很好地利用印刷公司特有的灵活性和速度优势,而有效地利用这些优势为用户提供更多的服务,有可能为客户带来更高的利润。

第三,对于客户所进行的新产品开发活动,公司为其研发项目提供检测和资金方面的帮助,之后该公司就成了唯一能满足整个项目需求的厂商。

第四,监控客户新业务所带来的销售反馈,并了解顾客满意度,公司成为推动客户新业务发展的幕后动力。

第五,这次成功的合作强化了公司与客户的关系,同时扩展了自己的业务范围。

资料来源:爱客户等于爱自己[EB/OL]. [2018-04-18]. https://max.book118.com

思考:"爱客户等于爱自己"对现代化企业有何意义?

随着经济全球化步伐的加快,越来越多的企业转变了经营观念,以服务客户为中心的理念开始在国内发展并被企业所接纳。许多优秀的企业,尤其是国际著名企业,纷纷通过与客户建立良好的关系来确保自己的竞争优势。满足客户的需求已成为企业成功的关键,不仅可以为客户提供更高附加价值的产品与更多的增值服务项目,而且可以帮助企业与客户形成战略伙伴关系。

5.1 电子商务客户服务管理规划

面对日益激烈的市场竞争,越来越多的企业在营销中开始关注人的因素,最大限度地满足客户需求。电子商务环境下的客户关系管理重点在"以客户为中心"的理念,这个理念促使电子商务客户服务必将上升到企业战略的高度,从战略角度对客户服务管理进行规划,全局动员起来,提升服务质量,提高客户满意度,从而帮助企业实现利润最大化的目标。

5.1.1 电子商务客户服务

客户服务是指企业通过营销渠道,为满足客户的需求,提供的包括售前、售中、售后等的一系列服务。客户服务的目的是满足客户的服务需求,客户是否满意是评价企业客户服务成败的唯一指标。只有客户满意,才能引发客户对企业的忠诚,才能长期保留客户。

1. 客户服务层次

客户所需服务按顺序可划分为4个层次。

1) 产品和服务信息的需求

为满足个性化的需求,客户需要了解产品和服务信息。企业应在网站上提供详细的产品和服务资料,利用网络信息量大、查询方便、不受时空限制的优势,满足客户的需求。企业网站应拥有一套完善的网站服务体系,如网页回拨、在线客户等呼叫功能,方便客户更好地与企业沟通。

2) 在线咨询的需求

客户在进一步研究产品和服务时,可能遇到问题需要在线帮助。选购产品时或购买产品后,客户还会遇到许多问题,这些问题主要包括产品的安装、调试、试用和故障排除等,需要企业帮助解决。

3) 直接接触的需求

对于难度较大或者网络营销站点未能提供答案的较复杂的问题,客户希望能与企业人员直接接触,寻求更深入的服务。

4) 个性化服务的需求

客户还有可能愿意积极参与到产品的设计、制造、配送、服务或整个过程,追求更符合个性要求的产品和服务。

客户需求服务的 4 个层次之间相互促进,客户得到满足的层次越高,满意度就越高,与企业的关系就越密切。客户需求层次的提高过程,正是企业对客户需求的理解逐步提高的过程,也是客户对企业关心支持程度逐步提高的过程。

---小资料---

客户服务座右铭:
(1) 广东移动佛山分公司——"让人感到新鲜而奇特";
(2) 麦德龙——"你如何对待别人,别人也就如何对待你";
(3) 三海达电池公司——"全面满足、不断超越客户期望";
(4) 沃尔玛公司——"客户是上帝""尊重每一个员工""每天追求卓越";
(5) 上海波特曼丽嘉酒店——"以绅士淑女的态度为绅士淑女们忠诚服务";
(6) 北京吉野家快餐有限公司——"良心品质、健康美食";
(7) 上海中体奥林匹克花园物业管理有限公司——"乐在服务、规范服务"。

2. 电子商务客户服务管理与传统客户服务的区别

在传统方式下,商务企业与客户的交流最典型的是柜台的、面对面的交流。客户必须在固定时间亲临店面。而企业为了争取更多客户,必须在交通方便的繁华地段开设多个服务网点,负担巨额的房租并雇用大批的售后支持人员,否则无法保证服务质量。也有不少企业设立了服务电话,但这些电话多数是永远的忙音或无人应答。

在电子商务环境下,客户服务可以依据互联网或者呼叫中心的平台,企业采用多媒体的方式为客户提供 7×24 小时在线交流,这样不仅提高了员工工作效率,减少了雇员数量,免除了不必要的房租,还可以更接近客户市场,了解客户需求,提高客户满意度。

电子商务环境下的客户服务管理与传统的客户服务管理存在区别。

1) 主动性不同

客户关系管理的原则是积极主动,要时刻询问、跟踪客户对于企业产品的使用情况,主动与客户联络,促使客户再度上门。客户关系管理认为,主动与被动的差别,就是客户忠诚与游离的差别。

传统方式的企业对客户的服务是被动的,要客户找上门来,而且服务的内容也是被动地去满足客户要求,即出现问题、改正问题的问题驱动方式。而电子商务客户服务中心能为客户提供 7×24 小时个性化、永不停顿的服务,它可以根据客户的资料,如购买年限、产品型号、购买地区等情况，有预见性地推测客户可能会出现的情况，并通过多种渠道满足客户需求。由于客户服务中心能为客户提供个性化的服务，它超越了被动式满足客户需求的阶段，即在客户满意的基础上让客户为企业说好话，做宣传。

2) 对待客户的态度不同

传统客服认为客户打电话过来是找麻烦，因为客户打来电话不是因为产品有问题，就是他们对产品的使用有疑问，甚至想投诉。但在电子商务客户关系管理观念下，客户没反应、不联络、不响应是疏离的表现，比抱怨还可怕。疏离，则代表客户对产品、对企业完全漠视，难以挽回。客户关系管理强调的是，不但要在客户抱怨阶段就化解客户的不满与失望，更要在不断接触联络的过程中，同时提高客户对新产品的兴趣，创造其对新产品的期望，最终使客户对新产品的购买行为形成。

3) 营销的关系不同

传统客户服务与营销是分开的，营销单靠拥有说服技巧的业务人员，客户服务大多是维修工程师或总机。电子商务客户关系管理是将营销与客户服务合为一体，将客户服务视为另一种营销通路，自身也变成了一种营销工具。把新产品推销给老客户，或依照老客户的各种需求创造新产品，都可以通过客户服务中心处理。以客户关系管理观念建立的客户服务中心，通过网络、电话等低成本操作，成为企业的协调中心、新产品的开发中心。

从以上客户关系管理与传统客户服务的比较来看，在新时代，客户服务成为另一种获利来源。在如今以服务客户为主体的营销环境中，售后客户被视为一种商机。

3．电子商务客户服务管理的特点

电子商务环境下的客户服务管理是在传统商务环境下，以信息技术和网络技术为平台的一种新兴的客户服务管理理念与模式。在电子商务环境下客户服务主要有以下特点。

1) 高效的信息沟通

互联网及时的沟通方式，有效支持客户随时、准确地访问企业信息。客户只要进入企业网站，就能了解企业的各种产品和服务信息、寻找决策依据及满足需求的可行途径。同时营销人员借助先进的信息技术，及时、全面地把握企业的运行状况及变化趋势，以便根据客户的需要为其提供更为有效的信息，改善信息沟通效果。

2) 较低的客户服务管理成本

在电子商务模式下，任何组织或个人都能以低廉的费用从网上获取所需要的信息。在这样的条件下，客户服务管理系统不仅是企业的必然选择，也是广大在线客户的要求。因此，在充分沟通的基础上，相互了解对方的价值追求和利益所在，以寻找双方最佳的合作方式，无论对企业还是对在线客户，都有着极大的吸引力。

3) 企业较高的信息化水平

企业信息化水平、企业管理水平的提高都有利于客户服务管理的实现。现在，信息化、网络化的理念在我国很多企业中已经深入人心，很多企业有了相当的信息化基础。电子商务正改变着企业做生意的方式，通过 Internet，企业可开展营销活动，向客户销售产品，提供售后服务，以很低的成本收集客户信息,给客户带来更优质的服务。

4) 管理理念的更新

互联网带来的不仅是一种手段,还触发了企业组织架构、工作流程的重组,以及整个社会管理思想的变革。在引入客户服务管理的理念和技术时,不可避免地要对企业原来的管理方式进行改变,变革、创新的思想将有利于企业员工接受变革,而业务流程重组则提供了具体的思路和方法。当前,一些先进企业的管理重点从以产品为中心向以客户为中心转移。与客户建立共同获胜的关系,达到"双赢"的结果,这也是在电子商务环境下存在的客户服务特点。

5.1.2 电子商务客户服务环境分析

随着市场经济的深入发展,企业对市场和客户的依赖已经逐步提高到关系企业生存的高度,谁能满足客户对产品的需求,谁就能赢得市场。企业要想拥有长期的客户,必须要做好客户的服务与管理工作。以客户为本,不但是同类产品市场竞争的焦点,也是市场营销的实质。如果企业认识不到这一点,就无法长期拥有客户并最终赢得市场。因此,企业要想做好客户服务工作,首先要对客户服务的综合环境进行分析,这样客户服务与管理才能做到有的放矢。

客户服务环境是指与企业营销活动有潜在关系的所有外部力量和相关因素的集合,它是影响企业拓展客户、稳住客户的各种外部条件及内部因素。而客户的服务环境内容既广泛又复杂,不同的因素对企业提供的客户服务活动也不尽相同,同样的环境因素对不同的企业所产生的影响和形成的制约也会大小不一。

1. 宏观环境要素

客户服务的宏观环境要素主要包括影响企业环境的巨大社会力量,包括市场人口、经济环境、技术环境、社会文化环境、政治法律环境等方面的因素。

1) 市场人口

(1) 人口是构成市场的第一要素。

(2) 市场是由那些想购买商品同时又具有购买力的人构成的。

(3) 人口的多少直接决定市场的潜在容量,人口越多,市场规模就越大。

(4) 人口的年龄结构、地理分布、婚姻状况、人口密度、人口流动性及其文化教育等特性对市场均有影响。

(5) 企业要想做好客户的服务与管理工作,必须重视对市场人口环境的研究。

(6) 市场人口结构主要包括人口的年龄结构、性别结构、家庭结构、社会结构以及民族结构等。

2) 经济环境

(1) 经济环境是指企业营销活动所面临的外部社会条件,其运行状况及发展趋势会直接或间接地对企业客户服务活动产生一定的影响。

(2) 企业的市场营销活动要受到一个国家或地区的整个经济发展水平的制约。

(3) 经济发展水平比较高的地区，消费者强调产品款式、性能及特色，品质竞争多于价格竞争。而在经济发展水平低的地区，消费者则较侧重于产品的功能及实用性，价格因素比产品品质更为重要。

3) 技术环境

(1) 科学技术是社会生产力新的和最活跃的因素。

(2) 科技环境不仅影响企业客户服务的具体内容，还同时与其他环境因素互相依赖、相互作用。

(3) 新技术革命不但给企业市场营销造就了机会，而且为企业的客户提供了使用新技术的机会。

4) 社会文化环境

(1) 社会文化环境一般是指在一种社会形态下已经形成的信息、价值、观念、宗教信仰、道德规范、审美观念及世代相传的风俗习惯等被社会所公认的各种行为规范。

(2) 企业的客户服务部应研究和了解社会文化环境，不同的地区、不同的市场、不同的客户的文化背景是不相同的。

5) 政治与法律环境

(1) 政治环境是指企业经营的外部政治形势和状况，以及国家方针政策的变化给市场营销活动、客户服务活动带来的影响。

(2) 政治与法律是影响企业经营的重要的宏观环境因素，相应地，也影响着企业对客户服务的决策。

(3) 企业在开展各种客户服务活动时，一定要遵守国家的有关政策、法律、法规。只有依法进行的各种客户服务活动，才能受到国家法律的有效保护。

2．微观环境的分析

企业要进行对客户服务的战略管理，必须全面、客观地分析和掌握外部环境的变化，即微观环境分析。微观调研不足会造成企业倒闭。贝塔斯曼在中国市场上失利的主要原因就是它的服务和定位没有跟上市场的变化。更具体地说，贝塔斯曼的商品价格不占优势，服务的灵活性不占优势，消费者的定位也比较混乱。特别是它的会员制度，刻板、缺乏人性化。"一个季度买一本书""消费额度不够要降级"等，颇有强买强卖的味道。因此，贝塔斯曼的败走与微观调研不足是分不开的。

对企业客户微观环境分析主要包括对企业的营销环境、销售环境、竞争环境、服务环境等的分析。

1) 营销环境的分析

(1) 营销环境是指在一定的时间和空间上发生的对企业营销活动有影响的各项因素。

(2) 企业对客户所提供的服务活动也要随着营销大环境的变化而变化，这样才能使客户满意。

(3) 市场营销环境通过其内容的不断扩大及其自身各因素的不断变化，对企业营销活动产生影响。

2) 销售环境的分析

销售环境是指由企业产品的销售中介机构、协助企业销售产品、提供销售促进和实体分配的组织及其与企业关系所构成的环境因素。在进行客户服务策划时，要从以下几方面分析销售环境对客户服务的影响。

(1) 产品销售环境。

(2) 销售推广与促销机构。

(3) 销售新环境的分析。

3) 竞争者环境的分析

(1) 企业了解并掌握了竞争对手的情况，才能在激烈的客户竞争中立于不败之地。

(2) 企业的竞争者主要有4类：愿望竞争者、普通竞争者、产品形式竞争者、品牌竞争者。

(3) 企业通过对竞争对手的环境分析，就能确认自己在什么地方应加强防守、在什么地方应主动退让、在什么地方应集中优势进攻、进攻哪个竞争对手等问题。

4) 服务环境的分析

(1) 在当今经济环境下，客户随处都可以体验到企业对服务的重视。

(2) 售后服务，从内容和形式看，比售前和售中服务更有广泛性，不限于行业，也不拘于一种形式。就当前发展来看，其主要包括送货上门、安装服务、包装服务、维修和检修服务、电话回访和人员回访等。

(3) 现在企业提倡的是一种"大服务"，不再局限在售后服务，而是为客户提供售前、售中和售后的全方位服务。之所以有些企业要在服务上投入这么大的精力，与企业间的竞争焦点发生转移密切相关。

【阅读5-1】Callnovo CRM——跨境电商卖家海外售后服务最实用的通信云客服CRM

Callnovo CRM拥有16年硅谷创业与通信研发经验，专注跨境电商领域的全球多渠道智能云客服CRM平台，采用了世界领先的WebRTC通信与IT技术，全面集成了电话呼叫中心、邮件、短信、社交媒体、工单、亚马逊卖家后台等，操作简洁，功能易用，大大提高了客服工作效率。

亚马逊弹性云部署，扩容无忧，轻松应对高峰客服需求。

(1) 中文、英文、西班牙文、俄文等20种语言界面，跨境电商各国不同国籍团队成员轻松操作。

(2) 完善灵活的权限管理，轻松实现多角色多组群；一位(一组)客服可同时服务多个跨境电商品牌。

(3) 120多个国家的800号码和本地城市号码，双向短信号码，跨境电商全球售后客服一站通信解决方案。

(4) 领先的WebRTC技术集成浏览器软电话，用户无须下载和安装任何软件。

(5) 来电自动弹屏，客服3秒钟一览客人及订单背景资料；一键拨号，快速通话；全程录音存档。

(6) 顾客电话按键服务评分，CRM每日自动生成服务满意度报表。

(7) AI语音人工智能对话应对常见问答，释放人力。

(8) 邮件智能转工单，一个平台上多用户高度自动化协同处理，全球每一位买家消费者都被悉心呵护。

(9) 集成亚马逊卖家后台，高效一键查询订单详情，无须切换平台，客服当场一次性解决问题。

(10) 工单创建，回复，分配，完结，评论，自动化工作流，历史信息完善稳健；服务流程行云流水。

(11) 报表导出，丰富的图形报表，定时自动报表一应俱全，让卖家全面、及时洞察买家行为，发掘商业价值。

(12) 中国一对一客户经理和IT经理贴心服务，进行买家客服体验全旅程设计，确保成功。

资料来源：Callnovo全球通讯-云客服CRM-跨境电商CRM-外贸管理软件-思路网 [2020-02]. https://www.siilu.com/service/14908.html.

5.1.3 电子商务客户服务的流程

高效的服务(Service)意味着电子商务企业能够用低成本、高效率的方式为客户提供更大的价值，获得更高的客户满意。无论是高薪资深的销售经理，还是刚入门的销售代表，他们都会有面对客户的关键时刻。对于组织来说，一方面需要将权力和权威授予那些与客户接触的层面；另一方面，为保证每个关键点的接触真正达到"互感互动"的目的，组织应该建立起一套完整的客户服务管理体系。

小资料

Service的扩展定义如下。
S——Smile for everyone. (向每个人微笑。)
E——Excellence in everything you do. (让自己成为本领域的专家。)
R——Reaching out to every customer with hospitality. (态度亲切友善。)
V——Viewing every customer as special. (每个客户都是特殊的。)
I——Inviting your customer to return. (争取回头客。)
C——Creating a warm atmosphere. (创造温馨的环境。)
E——Eye contact that show we care. (用眼神传达关心。)

客户服务管理流程如图 5-1 所示。其核心包括如下内容。

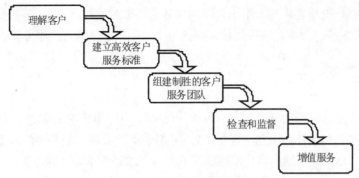

图5-1 客户服务管理流程

1. 理解客户

除非完全理解所提供的商品或服务的特性，完全明白客户需要什么，完全清楚一开始他们的看法，否则，就根本无法管理高效客户服务的运作。

2. 建立高效客户服务标准

只有确定清晰、简洁、可观测和现实可行的服务标准，客户服务的质量才是可靠的。高效服务包括互为一体的两个方面：一是程序面，涉及服务的递送系统，包括工作的所有程序，提供了满足客户需求的各种机制和途径；二是个人面，客户服务中人性的一面，涉及人与人之间的接触和交往，涵盖了服务时每一次人员接触中所表现出来的态度、行为和语言技巧。在客户服务的管理过程中，如果要对通向成功的各种因素加以陈述，那就是细节、细节、细节。

3. 组建制胜的客户服务团队

完成这项工作有以下几个步骤。
(1) 设计高效客户服务岗位，将质量融入客户服务岗位设计。
(2) 高效客户服务团队的岗位描述。
(3) 根据高效客户服务选拔应聘者。
(4) 高效客户服务技能培训。
(5) 实施高效客户服务领导技能。高效客户服务的领导应该是个优秀的沟通者、成功的决策者，为服务团队提供恰当的回报。对客户服务的管理者而言，重要的不是在场时发生了什么，而是不在场时发生了什么。

4. 检查和监督

评定客户服务团队的服务质量主要有3个评价系统。
(1) 服务审核系统。服务审核其实就是根据前面列出来的服务标准，对其执行状况进行审核。服务审核要遵循两个原则：不做"警察"，也不秋后算总账。企业可以通过审核表来衡量自己在客户服务方面做得有多好，而不是有多糟。
(2) 客户反馈系统。大多数的客户不喜欢抱怨，更不用说提出建议。绝大多数客户不愿花费时间和精力来提供积极的反馈，因为他们不相信反馈有作用，还有一点是他们不容易接近客户服务人员，所以，打通客户与本组织之间的信息通路至关重要。

(3) 员工反馈系统。对客户服务质量有利的员工反馈系统强调客户服务行为、信息共享、思想交流。

5. 增值服务

首先，为客户服务问题的解决创造一种支持性的气氛(给出建议)；其次，利用客户服务团队来确定客户到底遇到了什么问题，需要什么样的帮助，并使客户服务团队成为改善服务的源泉，将客户服务中遇到的问题和客户的抱怨当成与客户改善关系的契机；最后，真正为客户提供增值服务。

【阅读5-2】为高端客户提供增值服务成功营销私人银行客户

1. 案例简介

客户经理日常关注系统客户时，发现一位客户有一笔大额理财产品即将到期，该客户不仅持有工行借记卡，还有一张外地卡，而这笔理财产品正是在外地卡上，于是客户经理致电提醒客户理财到期，并向客户推荐工行收益较高的私银理财产品，约客户见面详谈，客户以工作繁忙为由拒绝。营销未果，但客户经理没有气馁，依然经常与客户保持良性互动。

一个月后，客户打电话询问有没有保管箱业务，在上级行的帮助下，客户经理及时为其申请了保管箱，客户非常满意。在跟客户接触一段时间后，客户经理通过自身资源为该客户优惠办理了电信宽带、优惠购买了山地车等，客户非常认可客户经理的贴心服务，他们成了很好的朋友。客户陆续将外地卡的资金1 300万元转入本地卡，并签约成为私人银行客户，购买了私银理财产品。

2. 案例分析

客户经理系统包内客户的梳理是客户经理日常工作的主要部分，要时刻关注系统异动情况，特别是中高端客户的资金情况，如理财到期、大额异动、资金配置等。本案例中，客户经理善于发现包内客户的资金配置情况，捕捉客户心理，提供的不仅仅是银行金融服务，更多的是其他增值服务。

3. 案例启示

(1) 善于关注系统，提供增值服务。市场竞争激烈，银行高端客户屡屡被其他银行挖转，大额资金异动频繁既给网点营销带来压力，也给网点营销带来机会，如何化解压力，把握机会，需要客户经理有耐心和信心。客户经理要有善于与客户沟通的能力，除了银行的金融服务，还需要给客户提供其他增值服务。

(2) 团队通力合作，获得客户肯定。这次营销的成功，除了客户经理的努力，还得益于上级行的帮助和支持，让客户能够体验到银行的贴心服务，为挽留客户打下基础。客户经理及时跟进营销，让客户感受到其服务是想他所想，急他所急，最终获得客户的认可和肯定。

资料来源：南昌新闻网. [2018-08-02]. https://www.ncnews.com.cn/.

5.2　电子商务客户服务管理的内容

电子商务企业的服务质量是一个主观范畴。一般来讲，客户通常从企业为自己提供的售前问题解答的专业程度、售中产品的配送速度、配送质量、产品质量，售后问题处理情况来衡量企业的整体服务质量。所以，电子商务客户服务管理包括售前服务、售中服务、售后服务、投诉处理等方面。

5.2.1　售前客户服务策略

对商务活动来说，售前阶段是交易双方的准备阶段。对客户来说，就是要千方百计地搜索自己所需要的商品信息；对供货企业来说，就是千方百计地宣传自己的商品信息，让更多的客户知道、了解、认识本企业的商品。也可以说，售前阶段是一个商品信息发布和查询的过程。在这个阶段，客户服务人员可以做以下工作。

1. 提供商品搜索和比较服务

现在网上有几十万家商店，而且每天都有新的在线商店加入。而每一家商店，特别是大型零售商店中又有许多种类繁杂的商品。为了方便客户购物，网上商店应提供搜索服务，使客户可以快捷地找到想要的东西。另外，在网上购物不像在传统商店那样可以直观地了解商品，所以网上商店还应提供一些有关商品的详细信息，以方便客户做出购买决策。

2. 为客户提供个性化的服务

网上商店应根据上网客户的不同身份、爱好和需求，将每一个客户视为特殊的一员对待，自动提供不同的商品信息和服务，方便客户购买商品，让客户有宾至如归的感觉。根据客户的行为，网站可为客户提供不同的信息。

3. 建立客户档案，对老客户进行消费诱导服务

当客户在网上商店注册时，会填写自己的基本资料，这时网上商店应把客户的资料保存在档案库中，当客户再次光顾时，也要把他(她)浏览或购买的信息存入档案库，并以此为依据，有针对性地开发或刺激其潜在的需求，不断开拓市场。

例如，企业在客户的档案中记载了客户在 2015 年和在 2016 年的 10 月都买了一份礼物，就可以推测此客户在 10 月左右有一个比较特殊的日子。等快到当年 10 月时，企业就可以自动发一封 E-mail，向客户推荐比较合适的礼物。客户收到这样的 E-mail，一定非常高兴，因为客户认为企业非常重视自己，再者客户也不需要耗费时间到处选购礼物了。但企业要掌握好推荐时机和推荐对象，不要让客户认为你是在发垃圾邮件，干扰其生活。

5.2.2　售中客户服务策略

售中阶段是交易双方磋商的过程，交易双方就具体商品交易进行磋商，是谈判双方就贸易

细节相互交流并达成共识的一个过程。在这个阶段，企业要尽力地满足客户的各方面需求，可以从以下几方面展开。

1. 提供让客户定制产品的服务

产品定制，是指企业所提供的产品不再只局限于统一的产品，用户通过互联网在程序引导下，可对产品或服务进行选择或提出具体要求，企业可以根据客户的要求和选择，及时地进行生产并提供及时服务，使得客户得到满足要求的产品和服务。这样一方面可以提高客户的满意度，另一方面企业还可以及时了解客户需求，并根据客户要求及时组织生产和销售。

2. 提供客户跟踪订单状态的服务

当客户在网上下单后，企业应该提供订单状态的服务，让客户了解什么时候能拿到商品。例如，客户在戴尔企业订购了一台计算机，戴尔的销售代理会把预计的交货时间传达给客户。客户提交订单并收到订单编号后，就可以通过戴尔的网上订单状态跟踪系统从网上跟踪订单的状况。在这个跟踪系统中，客户可以登记申请戴尔的 Order Watch 服务，在所订货物出厂后得到通知。

3. 提供多种方便、安全的付款方式

电子商务网站要提供灵活多样的付款方式以方便客户。例如，在亚马逊网上书店，客户可以选择信用卡、现金汇款、支票结算的方式。对于让许多人顾虑重重的信用卡结算，亚马逊做了专门的"安全消费保证"，以保障信用卡结算的安全性。用户可以为自己的支付渠道设置密码。亚马逊表示绝不在网上公开客户的卡号，卡号被存入专门的计算机中，以便于保密。此外，用户还可以在亚马逊中建立一个账户，预存一定额度的钱，这样每次订购完成之后，亚马逊会自动结账。

4. 提供应时配送服务

客户完成在线购物后，商务活动并未结束，只有商品或服务送达客户，商务活动才算完结。客户在线购物最关心的问题就是所购商品能否准时到货。客户在网上购买的，一种是实物产品，如服装、玩具、食品等；另一种是数字产品，如音乐、影视剧、软件、图片等。对于数字产品，可以通过网上下载服务直接实现商品的送货。对于实物产品，企业应把应时配送服务作为业务的重点。应时配送服务指的是在客户订货时就与客户协商以确定到货的时间，并按约定的时间将货物送达指定的地点，要求不能晚也不能早。

5.2.3 售后客户服务策略

售后阶段是企业非常重视的环节，越来越多的企业重视售后的持续性服务。因为到了售后环节，可以说客户才成为企业真正意义上的客户，并且企业通过售前、售中环节取得了一定客户信息，可以有针对性地对目标客户提供服务。另外，售后服务工作开展得好，才能保持客户，维系客户。

1．向客户提供持续的支持服务

企业可通过在线技术交流、在线技术支持、常见问题解答及在线续订等服务，帮助客户在购买后更好地使用商品。

例如，客户在网上购买了一台网络高清电视机顶盒后，可能在使用时需要了解如何和电视机相连，以及功能设置等问题，那么，企业可以通过在线帮助来解答客户的问题。

2．开展客户追踪服务

在电子商务环境下，企业对客户的售后服务应该是终身的。良好的售后服务永远是留住客户的最好方法。在电子商务环境下，企业对客户的服务不再是当客户提出某种要求时的被动反应，而是应该积极地为客户着想，这样才能使客户真正体会到"上帝的感觉"。

例如，阿里巴巴的工作人员会在客户购买完产品以后，及时打电话向客户致谢，同时询问客户对产品或服务是否满意。另外，在客户生日或者其他比较重大的日子里，他们会给客户打电话或发邮件表示祝贺。

3．提供良好的退货服务

由于在线购物时客户不能真实、直观地"触摸"商品，难免会出现客户对拿到的商品不满意的情况，需要退货。如果企业提供良好的退货服务，就可以增加客户在线购买此商品的信心。

例如，在亚马逊网上商店，客户在拿到订货的 30 天内，可以将完好无损的书和未开封的 CD 退回，亚马逊将按原价退款。如果是由亚马逊的操作失误而导致的退货，亚马逊的退款将包括运费。

5.2.4 客户投诉处理策略

当客户购买或使用产品和服务的时候，对产品本身和企业服务都抱有良好的期望，当期望和要求都得不到满足时，就会令客户心理失去平衡，由此产生抱怨和不满行为，甚至客户投诉。

投诉客户有 3 类：第一种是事务型，就事论事；第二种是态度型；第三种是意见型。意见型的客户本身都是很挑剔的，但是往往这类客户的投诉是最宝贵的。

小资料

(1) 在没有平息委屈和解决困难的客户中有89%不会再回来。
(2) 一个对商品或服务烦恼的客户平均会告诉9个人他的不满意。
(3) 如果积极地解决了客户的抱怨，75%的客户会再回来寻求帮助。
(4) 如果当场积极地解决了客户的抱怨，95%的客户仍会寻求帮助。

1．客户投诉处理解决阶段

客户投诉处理解决可分为 4 个阶段：接受投诉阶段、解释澄清阶段、提出解决方案阶段、回访阶段。对每个阶段的要求如下。

1) 对接受投诉阶段的要求

(1) 认真倾听，保持冷静、同情、理解，并安慰客户。
(2) 给予客户足够的重视和关注。
(3) 明确告诉客户等待时间，一定在时限内将处理结果反馈给客户。
(4) 注意对事件全过程进行仔细询问，语速不宜过快，要做详细的投诉记录。

2) 对解释澄清阶段的要求

(1) 不与客户争辩或一味寻找借口。
(2) 注意解释语言的语调，不要给客户有受轻视、冷漠或不耐烦的感觉。
(3) 换位思考，易地而处，从客户的角度出发，做合理的解释或澄清。
(4) 不要推卸责任，不得在客户面前评论企业、其他部门或同事。
(5) 如果确实是企业原因，必须诚恳道歉，但是不能过分道歉，注意管理客户的期望，同时提出解决问题的办法。

3) 对提出解决方案阶段的要求

(1) 可按投诉类别和情况，提出解决问题的相应具体措施。
(2) 向客户说明解决问题所需要的时间及其原因，如果客户不认可或拒绝接受解决方案，坦诚地向客户表示这是企业的规定。
(3) 及时将需要处理的投诉记录传递给相关部门处理。

4) 对回访阶段的要求

(1) 根据处理时限的要求，注意跟进投诉处理的进程。
(2) 及时将处理结果向投诉的客户反馈。
(3) 关心、询问客户对处理结果的满意程度。

2．客户投诉的应对方法

作为一名优秀的客户服务人员，只有掌握并灵活运用多种消除异议的技巧，才能在处理客户投诉的过程中得心应手。处理客户投诉的具体技巧主要有以下几种。

1) 让客户发泄

通常客户会带着怒气投诉或抱怨，这是十分正常的现象，此时服务人员首先应当温和地接受客户的投诉和抱怨，引导客户讲出原因，然后针对问题进行解决。这种方法适用于所有抱怨和投诉处理，是采用最多的一种方法。采用这种方法应把握三个要点：一听，认真倾听客户的投诉或抱怨，搞清楚客户不满的要点所在；二表态，表明对此事的态度，使客户感受到你有诚意对待他们的投诉或抱怨；三承诺，能够马上解决的立即解决，不能马上解决的给一个明确的承诺，直到客户感到满意为止。

2) 委婉否认法

使用委婉否认法可以避免自己陷入负面评价，即当客户提出自己的购买异议后，服务人员首先应肯定对方的异议，然后再陈述自己的观点。这种方法特别适用于澄清客户的错误想法，鼓励客户进一步提出自己的想法等，常常起到出人意料的显著效果。

3) 转化法

这种方法适用于误解所导致的投诉或抱怨,因此处理这种抱怨时,应当首先让客户明白问题所在。当客户明白是因为误解导致争议时,问题也就解决了。

应用此法应注意以下几点。

(1) 服务人员经验丰富。采用转化法的服务人员,必须经验丰富,精通促销和服务技巧,因为只有这样他们才能察言观色,当机立断,适时、巧妙地将客户误解转化。

(2) 转化方式轻松自然。这种方法运用恰当,客户会理解,若运用不当,则会弄巧成拙,使客户更生气,反而会增加阻力。因此,服务人员在用此法时应心平气和,即使客户异议明显缺乏事实根据,也不能当面驳斥,而应旁敲侧击去疏导、启发和暗示。

4) 主动解决问题,承认错误

如果产品有瑕疵或服务质量不能令客户满意,客户服务人员就应当承认错误,并争取客户谅解,而不能推卸责任,或者寻找借口,因为理在客户,任何推诿都会使矛盾激化。承认错误是第一步,接着应当在明确承诺的基础上迅速解决问题,不能拖延时间,在事发的第一时间解决问题成本会最低,客户会最认可。一旦拖延时间,客户就可能另生事端。

5) 转移法

转移是指对客户的异议不予理睬,而将话题转入其他方面。有时客户提出异议本身就是无事生非或者比较荒谬,这时最好不予理睬,而应当迅速地转移话题,使客户感觉到你不想与他加剧矛盾。

应用转移法,服务人员应注意以下几点。

(1) 只有服务人员认为客户的异议是无事生非或者比较荒谬时,才能使用这种方法。

(2) 服务人员对客户无关紧要的异议可以有不予理睬的念头,但外表应显得若无其事,不要让客户看出破绽,以免使客户产生被冷落的想法。同时,当服务人员认为客户异议已经不存在时,应适时自然地转入另一个话题。

(3) 客户再度提起时不可不理会。如果客户再度提起异议,服务人员就不能不理会了,因为既然再度提起,表明客户已经把该异议当真,也说明这个意见对其很重要,此时服务人员绝不能不理不睬了,应运用其他方法转化和消除客户异议。

5.3 客户服务人员管理

提供优质的服务最重要的是落实在实践中,实践中的服务都是通过企业的员工传递的。员工素质的高低、服务态度的好坏会直接影响客户对服务的满意度,影响客户对企业的评价。

5.3.1 客户服务团队的组织设计

客户服务工作,如果没有一支高效运作的团队进行支持,没有一个出色的服务职能部门做支撑,就不可能取得好的效果,所以企业必须组建高效的客户服务团队。

1．组建高效客户服务团队

一个高效的客户服务团队的建立应遵循以下原则。

1) 得到核心管理层的支持

客户服务部门是联系客户的重要环节，应该得到高层核心管理者的支持和指导。这个核心管理者必须有计划能力、分析能力、执行能力和控制能力，通过自上而下的管理，运用行政计划和命令等，加强职能控制。在团队建设中，应该注重核心管理者的培养和选拔，同时也要建立一种储备机制，从而不至于因组织人员的变故而使团队陷于被动。

2) 明确团队中各个成员的职能，制定工作流程

在客户服务工作中必须明确各个岗位的职能，要具体明确到每个人的工作目标、工作性质和工作范畴，杜绝工作的盲目性和无序性。

工作流程的制定从理论上为员工的工作指明了一条具体的路线。明确每个环节与员工的关联性，在很大程度上既减少了无序的工作所带来的混乱，也提高了工作效率。如果没有工作职能的界定，没有流程去指引其他服务行为，矛盾很容易在两个不同职能体系之间产生，而职能的界定和工作流程的明确是解决这个问题的有效方法。

3) 加强信息沟通与团队合作

加强信息在各部门之间的流动可以更好地为客户服务，有助于客户服务团队内部的分工与协作，提高组织工作效率。加强信息沟通要做到：团队之间协调配合；理解和信任他人；互相帮助；当出现问题时，快速做出反应。

4) 构建客户服务管理体系

客户服务管理体系是确保整个服务工作规范化的基础保障系统。没有这个体系的存在或者这个体系存在太多的问题，即便是一个强势的客服团队，也不会取得太好的业绩。

客户服务管理体系在保障服务工作规范化的同时，也在引领团队的服务工作向既定的目标运行，让团队的每一个成员认识到客户服务管理行为是企业行为的一部分，应以企业的行为作为主线，不偏离企业服务的中心思想。

2．客户服务团队的组织设计

打造一流的客户服务能力已成为企业竞争的新焦点，通过客户服务理念在战略层面的定位和员工对于服务的重新认识，构建合适的客户服务团队，将为企业设计科学的服务流程和服务标准，提升整体服务质量，进一步创造良好的内部服务环境与外部客户服务态度。

1) 客户服务团队的组织设计内容

组织架构是客户服务团队内部各组成部分之间关系的一种模式，它决定了客户服务团队中的指导系统、信息沟通网络和人际关系，最终影响企业组织效能的发挥。设计组织架构主要包括以下内容。

(1) 工作职务的专业化。

(2) 团队职能的划分。

(3) 确定直线指挥系统与职能参谋系统的相互关系等方面的工作任务组合。

(4) 建立职权、指挥系统、控制幅度、集权与分权等人和人相互影响的机制。
(5) 建立最有效的协调手段。

2) 客户服务团队的组织设计方法

(1) 客户服务团队组织分析的方法如下。

① 工作分析法：根据实际的工作需要设置工作机构系统。

② 决策分析法：不同的岗位有不同的决策权限，划分时要考虑决策内容的性质、影响幅度、影响深度和事件长短，如政策性决策、业务性决策、事务性决策等。

③ 关系分析法：关系分析与决定组织机构是密不可分的。

(2) 客户服务团队组织设计的方法如下。

① 以效率为主、结构为辅的设计方法。

② 以工作为主、层次为辅的设计方法。

3) 客户服务团队的岗位设置和职务设计

(1) 客户服务团队的岗位设置。岗位就是工作位置，是分工协作体系中的一个环节。岗位设置要因事设岗，规定适当的工作范围和工作量。

① 设置岗位结构：每个工作岗位都是由职务、责任、权力、利益构成的。

② 岗位分类：岗位可分为职系、职组、职级、职位等。工作岗位具有多样性，只有通过岗位分类才能从中找出规律，找到管理的依据，使岗位管理具有可操作性。

(2) 客户服务团队的职务设计。客户服务团队的职务设计是指为了有效地达到客户服务团队目标和满足与个人需要有关的工作内容、工作职能和工作关系的设计，规定职务的任务、责任、权力，以及在组织中与其他职务的关系。

① 客户服务团队职务设计的内容如下。

- 工作内容：确定工作的一般性质问题。
- 工作职能：指每件工作的基本要求和方法。
- 工作关系：指个人在工作中所发生的人与人之间的关系。
- 工作结果：工作成绩与效果和工作者的满意度。
- 工作结果的反馈：工作本身的反馈与外部评价。

② 客户服务团队职务设计的要求如下。

- 全部职务通过职务设计应能顺利地完成客户服务团队的总任务，使客户服务团队运行所需的每项工作都落实到职务规范中。
- 职务分工应有助于发挥个人的能力，提高客户服务团队效率。全部职务所构成的责任体系应能保证客户服务团队总目标的实现，不能出现责任落实不到位的情况。
- 每个职务规定的任务、责任，要与当时的人力资源条件相适应，不能离开资源约束而单方面考虑客户服务团队的需要。

③ 客户服务团队职务设计的常见方法如下。

- 工作扩大化：横向地增加员工职务工作内容，提高员工工作兴趣，降低生产费用，对员工的知识技能有更高的要求，给员工带来新的挑战，但并未从根本上解决员工内在驱动力问题。
- 工作丰富化：纵向地扩大工作范围，使工作内容更加丰富化，使职务设计本身更有弹性，有利于满足员工不同层次的心理需求，激发其工作热情，但对员工个人素质要求较高，增加了企业培训费用。

④ 工作分析。工作分析是指对某特定的工作或岗位的工作内容、职责、权限和与其他部门、其他岗位之间的关系等做出明确规定，并确定完成这一工作所需要的知识技能等资格条件的过程。工作分析由工作描述和工作说明书两大部分组成。

5.3.2 客户服务人员的素质要求

对电子商务企业来讲，服务质量是决定企业在激烈的市场竞争中能否生存的关键，而提高服务质量只能依靠广大员工不断提高自身的整体素质来完成。

心理素质、品格素质、技能素质和综合素质是客户服务人员的基本素质，只有充分了解了工作所要求的素质和技能，客户服务人员才有可能在工作中不断地提升自我，自觉地学习素质和技能方面的服务技巧，从而做好客户服务工作。

1. 心理素质要求

1) 处变不惊的应变力

应变力是指对一些突发事件的有效处理的能力。作为客户服务人员，每天都面对着不同的客户，很多时候客户会给客户服务人员带来一些真正的挑战。比如，一线的客户服务人员，如宾馆工作人员、零售店工作人员、电话接线员、电话客户服务人员等，都有可能遇到一些具有挑战性的事情。

2) 对挫折的承受能力

很多客户服务人员每天面对各种各样的客户的误解，甚至辱骂或者投诉。这些都是他们经常遇到的情况，所以，客户服务人员需要有承受挫折的能力。

3) 情绪的自我掌控和调节能力

情绪的自我掌控和调节能力是指什么呢？比如，一个客户服务人员每天接待100个客户，可能第一个客户就把他(她)骂了一顿，因此他(她)的心情变得很不好，情绪很低落。即使如此，他(她)也不能回避，因为后边99个客户依然在等着他(她)，这时候就需要调整自己的情绪。因此，优秀的客户服务人员的心理素质非常重要。

4) 满负荷情感付出的支持能力

满负荷情感付出就是对每一个客户都提供最好的服务，不能有保留。不能说，因为今天需要对100个人笑，所以一开始要笑得少一点。客户服务人员对待第一个客户和对待最后一个客户，同样需要付出非常饱满的热情。因为这是企业的要求，只有这样，才能够体现企业良好的客户服务。

5) 积极进取、永不言败的良好心态

客户服务人员在自己的工作岗位上，需要不断地去调整自己的心态，即使遇到困难和挫折也不能轻言放弃，要培养出积极进取、永不言败的良好心态，这些和团队有很大关系。如果整个客户服务的团队是积极向上的，员工处在这样的团队氛围当中，不好的情绪都能得到化解。

2. 品格素质要求

(1) 忍耐与宽容是优秀客户服务人员的一种美德。忍耐与宽容是面对无理客户的法宝，也是一种美德。客户服务人员需要有包容心，要包容和理解客户。真正的客户服务是完全根据客户本人的喜好来服务，从而使他满意。客户的性格不同，人生观、世界观、价值观也不同。即使客户服务人员和这个客户在生活中不可能成为朋友，但在工作中他是客户，因此要比对待朋友还要好地去对待他，因为这就是工作。客户服务人员要有很强的包容心，包容客户的无理和小家子气。因为很多客户有的时候就是这样，斤斤计较，蛮不讲理，胡搅蛮缠，什么样的情况都会有。

(2) 不轻易承诺，说到就要做到。对于客户服务人员，通常很多企业都有要求：不轻易承诺，说到就要做到。客户服务人员不要轻易地答应客户做什么，这样会使工作被动。但是客户服务人员必须要注重自己的诺言，一旦答应客户，就要尽心尽力去做到。

(3) 勇于承担责任。企业中各个部门的人员在工作中偶尔都会出现失误，出现问题的时候，同事之间往往会相互推卸责任。客户服务是一个企业的服务窗口，应该对整个企业对客户带来的所有损失负责。因此，不管出现的问题是哪个部门的责任，客户服务人员都要把它化解，这就叫勇于承担责任。

(4) 拥有博爱之心，真诚对待每一个人。这里的博爱之心是指"人人为我，我为人人"的思想境界，能做到这一点的人不是很多。企业在招聘客户服务人员的时候，应选择有博爱之心的人。

(5) 谦虚是做好客户服务工作的要素之一。拥有一颗谦虚之心是人类的美德。一个客户服务人员需要有很强的专业知识，什么都要懂，什么都要会，如此一来就有可能不谦虚，认为客户说的话都是外行话，特别是做维修的人员。比如，IT 行业的客户服务人员，多数都需要上门提供维修服务，他们靠专业知识、技能提供服务。在这个领域，客户服务人员可能是专家，客户可能会说出很多外行的话，如果客户服务人员不具备谦虚的美德，就会在客户面前炫耀自己的专业知识，揭客户的短，这是客户服务中很忌讳的一点。客户服务人员虽然有很高的服务技巧和专业知识，但不能去卖弄，不能把客户当成傻瓜。

(6) 要有强烈的集体荣誉感。客户服务强调的是团队精神，企业的客户服务人员需要互相帮助，必须要有团队精神。什么是一支足球队的团队凝聚力？人们常说某个球队特别有团结精神，特别有凝聚力，是指什么？团队凝聚力是指每一个球员在赛场上都不是为自己努力，所做的一切都是为了全队获胜。而客户服务人员也是一样，每个人所做的一切，不是为表现自己，而是为了能把整个企业客户服务工作做好。这里谈到的就是团队集体荣誉感，这也是品格方面的要求。

3. 技能素质要求

(1) 具备良好的语言表达能力。
(2) 具备丰富的行业知识及经验。
(3) 具备熟练的专业技能。
(4) 具备优雅的形体语言表达技巧。
(5) 思维敏捷，具备对客户心理活动的洞察力。

(6) 具备良好的人际关系沟通能力。
(7) 具备专业的客户服务电话接听技巧。
(8) 具备良好的倾听能力。

4．综合素质要求

"客户至上"的服务观念要始终贯穿于客户服务工作中，优秀的客户服务人员必须能独当一面，具备独立处理工作的能力。也就是说，客户服务人员要能自己去处理很多客户服务工作中的棘手问题。优秀的客户服务人员不但需要能做好客户服务工作，还要善于思考，提出合理化建议，有分析、解决问题的能力，能够帮助客户去分析、解决一些实际问题。综合素质要求主要包括以下几个方面。

(1) "客户至上"的服务观念。
(2) 独立处理工作的能力。
(3) 对各种问题的分析、解决能力。
(4) 人际关系的协调能力。

5.3.3 发挥客户服务人员的潜力

客户服务人员的潜力是巨大的，如何使他们发挥出最大的潜力？企业可以从3个角度来挖掘：责任(Responsibility)、承认(Recognition)和奖励(Reward)，简称动力"3R"。

1．赋予客户服务人员责任

赋予客户服务人员责任，即让客户服务人员把工作当作荣誉和幸福的来源。当他们被赋予责任时，就会增强对工作的参与感，并且能够获得一种满足感。在这种心理状态的驱使下，客户服务人员就会把工作做得更好。

企业可以授权给客户服务人员。客户服务人员经常会遇到一些不在企业现有政策范围之内，又没有处理经验的问题，通过授权，客户服务人员就被赋予了自主权，能够自己做出决策，进一步为客户提供更好的服务。

授权意味着一线员工被给予了更多的自由、控制力和决策权。授权使客户服务人员能够自主地决定是否同意客户的要求。当一个客户打电话到企业进行询问时，通常都会很详细地向接电话的人解释自己的问题。如果客户服务人员得到了授权，他们就能决定怎样来解决这个问题。

对客户服务人员授权，能使他们有责任心。企业向客户服务人员授权应注意以下几个方面。

(1) 让客户服务人员负责某项工作，以表示对他们能力的信任。
(2) 明确对质量的要求。企业要让客户服务人员知道工作应达到的质量标准，为他们提供所需的工具和支持。
(3) 从客户服务的角度向客户服务人员讲清楚，他们的工作会给其他员工和企业带来的正面或负面的影响。
(4) 限定客户服务人员的权限范围。企业一定要明确限定客户服务人员的权限，以便他们能在权限范围内发挥最大的潜力，但又不越过范围。

2. 肯定客户服务人员的成绩

每个人都希望自己的劳动被人肯定。承认客户服务人员工作干得出色有以下几种方法。
(1) 将客户赞扬客户服务人员热情服务的表扬信张贴出来。
(2) 让最出色的客户服务人员介绍方法和经验。
(3) 给出色的客户服务人员提供额外的受教育的机会。员工的再学习最终受益的仍是企业。
(4) 在企业内刊上刊登客户服务的范例，组织大家学习典型范例。

3. 适当给予奖励

企业应对工作优秀的客户服务人员给予相应的经济上的补偿，作为激励。企业要想激励客户服务人员，达到预期效果，应该做到以下几点。

1) 明确激励理念

客户服务人员要有为企业服务的思想，需要有一定的奉献精神。但人是社会人，客户服务人员也有自己的需求。因此，对于客户服务人员追求个人利益的要求，只要在不侵犯企业利益的前提下，企业应该给予其充分的尊重。因此，在保证客户服务人员个人利益的前提下再强调奉献，才是合情合理的，而完全不顾其个人利益，一味地强调让其奉献显然不现实。激励的基本理念一定要很清晰。

2) 激励力度适中

在激励客户服务人员的过程中，力度要适中：力度太小起不到激励的作用，达不到企业的目的；力度太大则过犹不及。正如设计一个目标，如果目标太容易达到，员工工作热情不饱满，员工的潜力就得不到发挥；而目标太高，员工怎么努力也达不到，就会产生厌烦情绪，长此以往，士气就十分低下，也达不到企业的目的。

3) 激励形式多种多样

激励并不等于奖励。对客户服务人员进行激励可以有很多种方式，包括物质激励和精神激励。物质激励包括长期收入、短期收入、稳定收入、风险收入、现金收入、实物收入等，精神激励包括口头表扬、书面表扬、职位升迁等。

4) 激励要因人而异

要针对客户服务人员个人情况给予激励。要想达到激励的最佳效果，应对客户服务人员的需求进行认真、具体的分析，不能采用"一刀切"的方法，对所有人采用同样的激励手段，达不到应有的效果。例如，对管理人员和普通员工就不能采用同样的激励方法，前者可能需要的不只是表扬和奖金，而是追求事业的成就感；同样，科技人员和工人的需求也是不一样的。因此，对于不同的人应具体分析，采取不同的激励方法。

5.4 大客户管理

每个客户对企业的价值是不同的，正因为企业的资源有限，所以企业的各项投资与支出都应该放在重点客户或者核心客户上。核心客户又称大客户,是指那些给企业带来最大利润的客户,是企业收益的主要来源。

5.4.1 客户的分级

客户从不同角度可以有不同的分级方法,常见的有客户金字塔和根据客户价值划分的金属级两种。

1. 客户金字塔

"客户金字塔"是一种相当实用的工具,能帮助企业清楚地区分与界定客户价值。客户金字塔是以销售收入或利润等重要客户行为指数为基准,而不是以使用次数为基准。

客户金字塔将客户分为 VIP 客户、主要客户、普通客户与小客户 4 种类型,如图 5-2 所示。

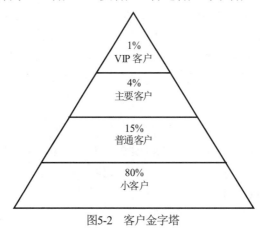

图5-2 客户金字塔

1) VIP客户

VIP 客户是指处于金字塔最上层的客户,也就是在过去特定期间内,消费金额最多的 1% 的客户。若客户总数为 1 000,则 VIP 客户是指消费金额最多的前 10 个客户。企业对这类客户要采取特殊的服务政策,把他们视为贵宾,使其享有企业最尊贵和优质的服务。

2) 主要客户

主要客户是指在客户金字塔中,除了 VIP 客户外,在此特定期间内,消费金额最多的前 4%的客户。若客户总数为 1 000,则主要客户是指除了 VIP 客户外,消费金额最多的 40 个客户。主要客户数目比较多,对企业的价值贡献率较高。企业要把重点放在他们身上,倾听他们的意见,研究他们的需求,以便紧紧地抓住他们。

3) 普通客户

普通客户是指除了 VIP 客户与主要客户外,消费金额最多的前 15%的客户。若客户总数为 1 000,则普通客户是指除了 VIP 客户与主要客户外,消费金额最多的 150 个客户。对于普通客户,企业也不能懈怠,要精心研究和培养。

4) 小客户

小客户是指除了上述 3 种客户以外，消费金额为其他 80%的客户。若客户总数为 1 000，则小客户是指除了 VIP 客户、主要客户及普通客户外，其余的 800 个客户。对于这类客户，企业没有必要花费过多的精力，只需要进行简单的维护。

2. 根据客户价值划分的金属级

在考虑客户为企业带来的利润和企业对客户的维护成本的基础上，将客户分为铂金级、黄金级、钢铁级、重铅级 4 种类别。

1) 铂金级

铂金级客户代表那些盈利能力最强的客户，他们对价格并不十分敏感，愿意花钱购买、试用新产品，对企业最为忠诚。

2) 黄金级

黄金级的客户盈利能力低于铂金级客户，他们希望价格能打折扣，没有铂金级客户的忠诚度高，但他们也有可能是重要用户。他们往往与多家企业而不是一家企业做生意，以降低他们自身的风险。

3) 钢铁级

钢铁级客户数量众多，他们能消化企业的产能，但消费水平、忠诚度、盈利能力不如黄金级客户，更不如铂金级客户。

4) 重铅级

重铅级客户不能给企业带来盈利。他们的要求很多，超过了与其消费支出水平和盈利能力对应的要求。有时他们会是问题客户，会向企业抱怨，消耗企业的资源。

5.4.2 大客户管理的意义

大客户是企业为自己的未来而向其投入时间、金钱及资源的客户。大客户管理是企业以客户为中心的思想和关系营销发展的必然结果。大客户管理是卖方采用的一种方法，目的是通过持续地为客户量身定做产品和服务，满足客户的特定需要，从而培养出忠诚的大客户。大客户管理不是短期销售的驱动力。大客户管理的核心是建立关系，而这需要时间。为此，大客户管理不应被视为一项销售计划，而应被看作一项与企业整体有关的计划。企业中的每个人都要理解为什么大客户管理如此重要，都要明白如何能最好地服务于这些大客户。大客户管理对企业竞争优势的意义主要体现在以下几个方面。

(1) 保证大客户能够成为销售订单的稳定来源。20%的客户带来企业 80%的业务。从企业的角度来看，80%的项目和收益来自只占其客户总数 20%的大客户，而数量众多的中小客户所带来的零散项目收益却只占其营业收益的 20%。当然，这些数字随着企业的具体经营范围和特点不同而有所差异，但大客户对企业而言具有重要意义则是毋庸置疑的。

(2) 使成功的应对大客户经验在行业客户中产生最大辐射效应。从行业客户角度看，每个行业中都有一些领军企业，这些企业的需求占该行业整体需求的绝大部分，这些企业就是被大多数企业所争抢的大客户。如果这些大客户在需求上发生大的变化，很可能将直接影响其所在的行业市场的整体走势。而企业对这些客户的成功应对经验将起到标杆作用，进而辐射到整个行业客户中。

(3) 通过发展大客户提高市场占有率。大多数大客户的自身组织体系复杂，覆盖地理区域广，业务种类丰富，这使得行业大客户的需求必然是一个整体性的、稳定性的和持续性的规划，而不似中小客户那样，需求具有零散性和相对独立性。同时，大客户对需求的投入数额可观，因此发展大客户不仅仅是整体提升销售业绩的最佳选择，更是提高市场占有率的有效途径。

(4) 促使大客户需求成为企业创新的推动力。传统企业在特定的经济环境和管理背景下，企业管理的着眼点在于内部资源管理，往往忽略对于直接面对以客户为主的外部资源的整合，缺乏相应管理。

在大客户经营战略中，更加重视外部资源的整合与运用，要求企业将市场营销、生产研发、技术支持、财务金融、内部管理这 5 个经营要素全部围绕着以客户资源为主的企业外部资源来展开，实现内部资源管理和外部资源管理的有机结合，保持不断的创新。

(5) 使大客户成为企业的重要资产。大客户是企业发展的动脉，当客户这种独特的资产与其他资产发生利益冲突时，企业应当首先留住客户资产。因为只要不断地使客户足够满意，客户资产就能够为企业带来长期效应。

企业通过实施大客户导向的经营战略，强化大客户的口碑效应，充分利用其社会网络，进一步优化企业客户资源的管理，从而实现客户价值最大化。

(6) 实现与大客户的双赢。在传统的市场竞争中，往往会形成一种以企业本身利益最大化为唯一目的的企业文化，这种企业文化因为能够有效地使企业各项资源围绕企业如何获取更多利润而展开，在很长一段时间内促进了企业的发展。在这一思想指导下，许多企业为获利会损害客户利益，而导致客户的满意度和忠诚度降低。以大客户为导向的经营战略将大客户作为企业重要的资产，因而企业应当更加重视客户满意、客户忠诚和客户保留，这样企业在与众多大客户建立稳定的合作关系的基础上，在为客户创造价值的同时，企业也能获得很大的利润，真正实现客户和企业的"双赢"。

大客户管理强调以共同利益为目标和与客户结成伙伴关系。这种伙伴关系的构建须遵循 3 个黄金规则：着眼于长期，寻求双赢方案，信任比金钱更重要。归根结底，大客户管理强调企业不是为客户做事情，而是和客户一起做事情。

目前，商业客户(机构、企业或者组织)对于企业的贡献额越来越大。例如，一家航空公司购买商用客机，一个订单就是十亿元或者几十亿元，电信部门购买交换设备，可能会付给厂家十几亿元或者上百亿元，就连洗发水，也有很多单位进行统一采购，一次购买量达上万瓶，这类商业大客户对企业起到了举足轻重的作用。

结合大客户的实际情况，提供有针对性的解决方案，可以让大客户深入感受企业的服务。对大客户业务流失原因的众多研究资料显示，相当一部分大客户流失的原因为企业的服务不到位，其中往往包括服务响应速度、产品质量保证、服务的便利性、服务承诺及其个性化、定制化的实施等不到位。由此可见，大客户服务的质量才是衡量各家企业能否赢得竞争的重要依据。因此，企业要想留住大客户，进而发展大客户，需要定期地进行大客户满意度调查，让大客户当裁判，让大客户来打分。企业只有弄清楚其产品和服务中存在的问题，提高产品、服务的质量才能有的放矢。对调查中发现的大客户不满意的事项，企业要采取有力措施立即进行整改，对影响较大的问题,可以跟踪回访,直至问题解决、客户满意。

【阅读5-3】 中信银行制定大客户信用风险分类策略和大客户细分标准

首先,中信银行要利用内部信用评价系统,对每个大客户进行信用等级评定,主要站在风险管理的角度,分析客户相关资料信息,综合评价客户的还款意愿、还款能力、市场风险承受能力等方面,对大客户进行信用风险高低的评估,最后用信用等级形式进行表达。其次,出台战略客户评定办法、营销管理办法及招投标办法,对分行级战略客户进行详细划分,将以下客户定义为大客户:辖内具有相对垄断优势的企业集团及其控股子公司;辖内乃至全国性综合企业集团;重点行业的市场领跑者;具有明显区域特点的优势企业;行业地位突出的跨国公司在华投资,对银行资产、负债和中间业务有重大贡献的机构客户和金融同业客户;其他对分行综合贡献度特别突出的客户。通过制度明确了大客户的评选标准,为大客户营销提供指引,并配备相应资源。

资料来源:道客巴巴. [2018-06-24]. http://www.doc88.com.

5.4.3 大客户服务管理

大客户的重要性已经被很多企业所认识和理解,但是许多企业的大客户管理还存在着问题,主要包括以下内容。一是许多企业偏重新业务、新客户的发展,而与老客户的沟通不够,对大客户的服务呆板,缺乏人情味,对大客户的需求不能很好地采集、反馈,致使提供的服务低于大客户的期望值,往往会导致大客户的满意度下降,这会增加大客户市场的不稳定因素。二是缺乏有效的管理方法,难以对大客户市场竞争做出准确的管理和预测。许多企业由于没有有效的管理系统与措施,难以对客户的资料进行整合分析、综合评价,更难发现某类客户、某项业务的变化趋势,无法对大客户做出准确预测和有效的防范,不能为高层经营决策提供科学依据,这往往造成大客户业务流失,而事后补救必将付出巨大的代价。所以,企业必须将大客户管理提高到战略的高度,才能保证其发挥应有的价值。

1. 大客户管理的战略规划

大客户管理的战略规划应立足于市场,利用系统的管理平台为大客户提供最优质的服务,企业依此建立客户对其的忠诚度,赢得相对其竞争对手持续的竞争优势。大客户管理战略规划的目的在于建立企业在市场中的地位,成功地同竞争对手进行竞争,满足客户的需求,获得卓越的业绩。

只有制定了长远的大客户管理战略规划,才有形成大客户导向的企业文化的可能性。从另一方面来看,企业在实施大客户管理战略规划时,又离不开组织变革、文化转变。同时,大客户管理战略规划所制订的中、长期的目标必须转化为短期(年度)的目标,才能够分期执行及考核。大客户管理战略规划的执行须通过目标管理才能加以落实,并发挥中、长期目标与短期目标整合的效益。

大客户管理战略规划的制定过程包括以下几个方面。

(1) 企业经营定位,业务使命陈述。

(2) 企业外部环境分析。分析企业外部环境,发现营销机会和所面对的威胁及挑战。

(3) 内部环境分析。通过对企业的资源、竞争能力、企业文化和决策者的风格等进行客观评估，找出相对竞争对手的优势和劣势。

(4) 目标制定。基于企业业务定位和内外环境的分析，制定具体的战略目标，如利润率、销售增长额、市场份额的提高，技术研发和品牌形象等。

(5) 企业战略制定。企业战略制定，包括企业总体战略的制定和营销战略的制定。企业战略制定主要解决下列几个问题：如何完成企业目标？如何打败竞争对手？如何获取持续的竞争优势？如何加强企业长期的市场地位？

(6) 大客户管理战略制定。根据企业战略规划的结果，对企业产品或服务、核心能力、产品的生产或安装基地、企业文化、使命目标、已确立的市场、品牌形象、技术开发等细分领域进行深入分析，进而制定适合大客户导向的大客户管理战略。大客户管理战略的制定要解决下列几个问题：谁是大客户？大客户想要什么？大客户如何被管理？大客户如何被长期经营？

(7) 确定大客户管理战略，可以综合考虑以下几点利益：利用市场趋势(行业趋势、特定客户发展趋势和技术趋势等)；为客户增值的机会(使客户更成功)；对客户进行优先排序(使企业更成功)；利用竞争对手的弱点；等等。

2. 大客户管理的内容

在内容上，大客户管理是在严谨的市场分析、竞争分析、客户分析的基础上，分析与界定目标客户，确定总体战略方向，实现系统的战略规划管理、目标与计划管理、销售流程管理、团队管理、市场营销管理和客户关系管理，为大客户导向的战略管理提供规范的管理方法、管理工具、管理流程和实战的管理图表。

大客户管理的内容主要包括战略与目标管理、市场与团队管理、销售管理、控制管理和关系管理等5个部分的内容。因企业所处环境和所拥有的能力、资源情况不同，大客户管理的内容在不同的企业也不尽相同，但一般包括以下几个方面。

(1) 明确大客户的定义、范围、管理、战略和分工。

(2) 建立系统化的全流程销售管理、市场管理、团队管理和客户关系管理方法。

(3) 统一客户服务界面，提高服务质量。

(4) 规范大客户管理与其他相关业务流程的接口流程和信息流内容，保证跨部门紧密合作和快速有效的相应支持体系。

(5) 优化营销或销售组织结构，明确各岗位人员的职责，完善客户团队的运行机制。

(6) 加强流程中各个环节的绩效考核，确保大客户流程的顺畅运行。

(7) 建立市场分析、竞争分析和客户分析的科学模型。

(8) 利用技术手段，建立强有力的客户关系管理支撑系统等。

3. 大客户的服务

要把对大客户的管理和服务工作放到客户关系管理工作最突出的位置来实施，有4项基础性的工作必须要配套开展起来。

(1) 建立大客户评价标准和定期评判机制。要实施大客户管理，首先要清楚哪些是大客户，什么样的客户是大客户。这就需要建立大客户的评价标准和定期评判机制。大客户评价标准可以解决什么样的客户属于大客户的问题。企业应结合多年的销售管理经验，综合考虑客户的合同量、单价、销售收入、回款率、利润水平、质量损失，以及客户行业影响力、商业信誉等因素，制定具有可操作性的量化评级标准，而后确定大客户，形成大客户清单。

由于市场是在不断变化的，客户也是在不断发生变化的，不同时期对客户的评价结果可能会发生变化：有的大客户可能退步，重要性等级降低，从而被排除在清单之外；有的非大客户在富有成效的营销工作及自身的良性发展双重作用下，可能被推荐而进入大客户清单。为了保证清单对销售工作的指导意义，企业应建立大客户定期评判机制，比如，可以每年对所有客户进行一次重要性评级，这样做就保证了清单与市场的同步变化效果，使清单的指导性、有效性更强。

(2) 建立大客户业务档案。大客户管理最基础的工作即建立大客户业务档案，是必不可少的工作。企业要通过认真、持续、长期的跟踪、调查和总结，对大客户的产量规模、产品结构、生产线状况、发展规划、主要业务人员和决策人员情况、同行业在客户的市场份额等信息有系统的掌握，并建立一整套规范的档案资料。这样的客户档案，是企业重要的商业秘密和无形资产，对企业在商战中的科学决策，以及赢得市场主动权有着非常重要的意义。

如果没有这样一套系统的档案，企业的商业信息在很大程度上就有可能被个人或少数几个人所掌握，这就使得在主要销售管理人员、业务人员变更或外流情况下，大量的业务和市场信息流失，从而使企业陷入业务风险，导致减少或失去已有市场。这样的例子，在各行各业已发生了不止一例。

(3) 建立大客户走访和跟踪服务机制。平时常说"跑业务"，所谓"跑"就是要接触客户，缩短与客户的距离，与客户进行有效的互动。这就要求企业建立一种科学、完善的大客户走访和跟踪服务机制，通过走访和跟踪服务机制的运转，来推进客户关系的发展，拓宽合作范围，加深合作层次，最终实现两家企业间的良好战略合作，成为共赢、互信的战略伙伴。

大客户走访和跟踪服务机制的建立，要从3个层面共同推进。一是领导层面的走访机制。建立企业级领导的客户走访机制，本身就体现了对大客户的重点对待。供需双方领导在会面与沟通时，可以就双方合作中的重大问题达成共识，从而在更长远和更广泛的层面推动供需双方的合作，对企业的发展具有战略性意义。二是技术层面的走访和服务机制。企业向客户提供的产品，对客户的生产或消费有着重要的影响。企业向客户提供了合格的产品，并不意味着业务活动的终结。用户使用产品后的效果，既影响本次业务合作的圆满程度，又影响下次能否实现业务延续。所以，建立技术层面的走访和服务机制，一方面可以及时发现和解决产品使用过程中发生的问题；另一方面可以收集客户的使用信息和潜在要求，促进企业自身的产品质量改善，有利于下次向客户提供更优良的产品。同时，通过技术交流可以夯实供需双方技术层面的合作基础，增进互信。三是业务层面的走访和服务机制。业务工作是企业合作中最大的交流平台和基础性工作，业务人员是促进供需双方合作的催化剂。加强对大客户的业务走访和服务，可以加强双方的了解，拉近感情，及时处理琐碎问题，畅通办事渠道，推进业务发展。

(4) 制定针对大客户的销售政策。大客户与一般客户对企业重要性的不同，决定了对两者的销售政策应有所区别。这种区别应能保证大客户资源的稳定和发展。对于合同量大、回款良好的大客户，可以适度地给予一定的价格优惠；对于价格较高、合同稳定的客户，可以在货款回收上适度地放宽；对于合作良好、无质量异议损失的客户，可以适当地增加销售费用，增加走访次数。业务员的销售费用提成比例也要根据客户的情况有所区别，大客户的提成比例要有别于一般客户，要在企业掌握主动权和调动业务员积极性两个方面寻求平衡，达到最佳效果。

只有建立一套科学、合理的系统方法，才能保护好大客户这一宝贵资源，稳固企业的经营基础，使之不至于流失或萎缩。

4. 提高大客户忠诚度的策略

对大客户的管理，要从以下 10 个方面着手，这也是抓住大客户的有效手段。

(1) 优先保证大客户的货源充足。大客户的销售量较大，优先满足大客户对产品的数量及系列化的要求，是大客户管理部门的首要任务。尤其是在销售上存在淡旺季的产品，大客户管理部门要随时了解大客户的销售与库存情况，及时就市场发展趋势、合理的库存量及客户在销售旺季的需货量进行商讨。在销售旺季到来之前，大客户管理部门要协调好生产及运输等部门，保证大客户在旺季的货源需求，避免出现因货物断档导致客户不满的情况。

(2) 调动内部与大客户相关的因素。许多营销人员往往陷于一个误区，那就是：只要处理好与客户的中上层主管的关系，就意味着处理好了与客户的关系，产品销售就畅通无阻了，而忽略了对客户的基层营业员、业务员的工作。充分调动客户中的一切与销售相关的因素，是提高大客户销售量的一个重要因素。

(3) 新产品的试销应首先针对大客户。新产品在大客户中有了良好的销售业绩之后，该产品在它所在的地区也就有了较强的商业影响力。新产品在大客户中的试销，对于收集客户及消费者对新产品的意见和建议具有较强的代表性和良好的时效性，便于生产企业及时做出决策。在新产品试销之前，大客户管理部门应提前做好与大客户的前期协调与准备工作，以保证新产品的试销能够在大客户中顺利进行。

(4) 支援或协助大客户的一切促销活动。大客户作为生产企业市场营销的重要一环，企业对其一举一动都应该给予密切关注，利用一切机会加强与客户之间的感情交流。如客户的开业周年庆典、客户获得的特别荣誉、客户的重大商业举措等，大客户管理部门都应该随时掌握信息并报请上级主管，及时给予支援或协助。

(5) 安排企业高层主管对大客户的拜访工作。一个有着良好营销业绩的企业的营销主管每年大约要有 1/3 的时间在拜访客户中度过，而大客户正是他们拜访的主要对象，大客户管理部门的一个重要任务就是为营销主管提供准确的信息、协助其安排合理的日程，以使营销主管有目的、有计划地拜访大客户。

(6) 根据大客户不同的情况，制订个性化促销方案。每个客户情况不同，如区域不同、经营策略不同、销售专业化的程度不同等。为了使每一个大客户的销售业绩都能够得到稳步提高，大客户管理部门应该协调营销人员、市场营销策划部门，根据客户的不同情况与客户共同设计促销方案，使客户感受到其是被高度重视的，是营销渠道的重要因子。

(7) 根据大客户对营销人员的意见进行调整。市场营销人员是企业的代表，市场营销人员的工作质量，是决定企业与客户关系的一个至关重要的因素。市场营销人员的文化水平、生活阅历、性格特征、自我管理能力等方面的差别，决定了市场营销人员素质的不同，大客户管理部门对负责处理与大客户之间业务的市场营销人员的工作，不仅要进行协助，而且要进行监督与考核，对于工作不力的人员要据实向上级主管反映，以便人事部门及时安排合适的人选。

(8) 对大客户制定适当的激励政策。生产企业对客户采取适当的激励措施，如打折扣、合作促销让利、返利等，可以有效地刺激客户的购买积极性和主动性。

(9) 保证与大客户之间信息传递的及时、准确。大客户的销售状况事实上就是市场营销的

"晴雨表",大客户管理部门很重要的一项工作就是对大客户的有关销售数据进行及时、准确的统计、汇总、分析,上报上级主管,通报生产、产品开发与研究、运输、市场营销策划等部门,以便其针对市场变化及时调整策略。这是企业以市场营销为导向的一个重要前提。

(10) 每年组织一次企业高层主管与大客户之间的座谈会,听取大客户对企业产品、服务、营销、产品开发等方面的意见和建议,并对未来市场的预测、对企业下一步的发展计划进行研讨等。这样的座谈会不但对企业的有关决策非常有利,而且可以加深与大客户之间的感情,增强大客户对企业的忠诚度。

凡是追求可持续发展的企业永远都不会在重要的大客户身上打折扣,因为对大客户打折扣就是对企业的未来安全打折扣。

5.5 网络客户服务的方法与技巧

电子商务客户服务不同于传统客户服务的一个重要方面,就是电子商务客户服务主要通过互联网与客户进行交流,更多的是通过即时通信工具与客户进行不见面的沟通。这其实对网络客户服务人员的素质有较高的要求,他们需要掌握一定的技巧。

5.5.1 网络客户服务礼仪

礼仪是社会人际关系中用以沟通思想、交流感情、表达心意、促进了解的一种形式,是人际关系交往中不可缺少的润滑剂和联系纽带。网络客户服务人员无法看到客户的真实面容,只能通过网络进行语言沟通,因此礼仪起着非常重要的作用。

1. 礼仪的基本概念

礼仪是人类社会为维系社会正常生活而共同遵循的最简单、最起码的道德行为规范与准则。它属于道德体系中社会公德的内容,是人们在长期共同生活和相互交往中逐渐形成的,并以风俗、习惯和传统等形式固定下来。由于各国的风俗习惯、宗教信仰不同,礼仪主要包括礼节、礼貌和仪表三个方面。

(1) 礼节。礼节是指在交际场合中,送往迎来、相互问候、致意、祝愿、慰问等方面惯用的形式。礼节是关于他人态度的外在表现行为规则,往往用于向他人表示敬意,如我国古代的作揖、跪拜,现代人们的点头致意、握手问好,以及一些国家和地区的合十、拥抱等,都是礼节的形式。

(2) 礼貌。礼貌是人们言语动作谦虚恭敬的表现,是文明行为的起码要求。礼貌的内容十分丰富,其中包括:遵守秩序,言必有信,敬老尊贤,待人和气,仪表端庄,讲究卫生等。礼貌体现了时代的风尚和人的道德品质,体现了人的文化层次和文明程度。

(3) 仪表。仪表指人的外表,如容貌、姿态、风度、服饰等。仪表是感性的、外露的东西,它无须用语言表达。仪表是人的精神状态、个性气质、品质情趣、文化修养和生活习惯的外在表现。仪表是外形,但它能反映出一个人内在的思想品德、道德修养、学识才能。

2. 客户沟通礼仪

与客户沟通时必须注意谈话技巧,措辞恰当能够提高客户的满意度,形成好的口碑,增强企业在电子商务业内的美誉度。

1) 声音运用
(1) 声调:应进入高声区,显得有朝气,且便于控制音量和语气。
(2) 音量:在正常情况下,应视客户音量而定,但不应过于大声。
(3) 语气:轻柔、和缓,但非嗲声嗲气。
(4) 语速:适中,每分钟应保持在 120 个字左右。

2) 通话行为规范
(1) 通话过程中始终保持微笑,并保持良好的服务态度。
(2) 话音清晰,精神饱满,自然诚恳,语速适中。
(3) 耐心、细致、诚恳地对待客户。
(4) 不把责任推给客户。
(5) 禁讲服务忌语,不粗暴对待客户。
(6) 不随意提供客户资料,不擅改客户数据。
(7) 不隐瞒差错,如发现回答客户的内容有误,应及时回拨,告之客户。
(8) 遇到当时不能解答的问题时要进行详细记录,给客户提供确切的回应时间。
(9) 对每一次的通话负责,对每一次的回答负责。
(10) 善于引导客户,挖掘客户潜在需求。
(11) 具备专业知识,全面、耐心地回答客户问题。
(12) 具备较强的解决问题的能力,能够详细、准确及迅速地处理客户的咨询与投诉。

5.5.2 网络客户服务沟通技巧

电子商务的最大特点就是交易双方通过电子平台交流和沟通,双方不见面,看不到交易物品实物,所以往往让人感觉比较虚幻。为了促成交易,客户服务人员必将扮演重要角色,因此网络客户服务沟通技巧的运用对促成订单至关重要。

1. 态度方面

1) 树立端正、积极的态度
树立端正、积极的态度对网站客户服务人员来说尤为重要。特别是在售出的商品出现问题时,不管是客户的错还是快递企业的问题,客户服务人员都应该及时解决,不能回避、推脱,要积极主动地与客户进行沟通,尽快了解情况,尽量让客户觉得他(她)是受尊重、受重视的,并尽快提出解决办法。除了与客户之间的金钱交易之外,还应该让客户体会到购物的满足感和乐趣。

2) 要有足够的耐心和热情
客户服务人员需要有足够的耐心和热情,要细心地回复,从而会给客户一种信任感,绝不可表现出不耐烦,就算对方不买也要说声"欢迎下次光临"。如果服务够好,这次不成也许还有下次。议价的客户也是常常会遇到的,议价是买家的天性,可以理解,在彼此能够接受的范围内可以适当地让一点,如果确实不行,客户服务人员也应该婉转地回绝。比如,"真的很抱歉,没能让您满意,我会努力改进",或者引导买家换个角度来看这件商品,让其感觉货有所值。总之,客户服务人员要让客户感觉自己是热情、真诚的,千万不可以说"我这里不还价"等伤害客户自尊的话语。

2.表情方面

微笑是对客户最好的欢迎方式,微笑是生命的一种呈现,也是工作成功的象征。所以,当迎接客户时,哪怕只是一声轻轻的问候,也要送上一个真诚的微笑。虽然说在互联网上与客户交流是看不见对方的,但只要客户服务人员是微笑的,客户可以从言语之间感受到。

现有几乎所有网络通信工具都有表情符号这种表达方式,例如,客户服务人员可以多使用淘宝旺旺的表情,能收到很好的效果。比如在说"欢迎光临""感谢您的惠顾"等时,都应该送上一个微笑,加与不加微笑的表情给客户的感受是完全不同的。

3.礼貌方面

礼貌待客,让客户真正感受到"上帝"应享受的尊重,如客户来了,先来一句"欢迎光临,请多多关照"或者"欢迎光临,请问有什么可以为您效劳的吗"。诚心诚意地"说"出来,会让人有一种十分亲切的感觉,并且可以先培养与客户的感情,这样客户的心理抵抗力就会减弱或者消失。

4.语言文字方面

(1) 尽量避免使用第一人称,多用"您""咱们"等词语,让客户感觉你是在全心全意地为他(她)考虑问题。

(2) 常用规范用语,例如,"请""欢迎光临""您好""请稍等""非常抱歉"等规范的交谈用语。很多交易中的误会和纠纷就是由语言表述不当而引起的。

(3) 在客户服务的语言表达中,应尽量避免使用负面语言,这一点非常关键。比如,"我不能""我不会""我不愿意""我不可以"等都叫负面语言。

5.通信软件使用方面

网络通信软件是客户服务人员和客户沟通的平台,客户服务人员应善用通信软件的各种功能,以促进沟通。客户服务人员在使用即时通信工具与客户进行沟通时,应注意讲话技巧,要态度谦和。例如,客户服务人员若没有及时回复客户询问,可以说"对不起,我现在比较忙,我可能会回复得慢一点,请理解",这样不会让客户觉得自己被忽略。

6.不主张客户服务人员过度贴近客户

通常客户服务人员和客户经过一定时间的接触后,会成为朋友,谈话时会涉及个人兴趣。因为共同的兴趣,他们之间的关系也会变得密切起来,从而建立亲密的友情。在很多情形之下,这种亲密的人际关系确实能够为后续的合作铺平道路，将其顺利地转化为生意关系；然而，在大多数情形下，出现这种情况却是弊大于利。

(1) 与某些客户过度亲密地交往会给企业带来昂贵的交际成本。客户服务人员一般会向关系密切的客户提供一流的也是最昂贵的娱乐活动，这些客户会逐渐习惯于享受最好的待遇，而客户服务人员一般会负担全部交际费用，这样企业的交际成本会大大增加。

与客户应酬或者培养友情并没有错，但是如果这种关系过于密切就不妥了，明智的做法是与客户保持一定的距离，明确双方的角色。如果这种关系处理不好，就很可能会出现不好的局面。

(2) 与某些客户过度亲密地交往会使各种关系难以平衡。一旦与某个买家建立了牢固的友谊，行业内的人很快就会知道。帮助朋友，以最优惠的价格给朋友提供最好的产品与服务是顺理成章的事情。只要在交易中为朋友提供了优惠的服务，其他客户服务人员就一定会知道。即便没有给朋友优惠，他们仍然会认为你的朋友占了便宜，这样有损团队的团结。

5.5.3　网络客户服务处理投诉技巧

客户投诉是客户针对商家的产品质量、服务态度等各方面的问题，向商家客户服务部门反映情况，并要求得到相应补偿的一种手段。投诉处理不好会使企业丧失一部分客户，如果投诉处理得当会快速提升客户满意度，效果显著。可以说，对客户投诉的处理是一把双刃剑，怎样才能处理得当，在于客户服务人员的态度、方法和技巧。

1. 应对投诉者时应注意的处理技巧

(1) 保持冷静，避免影响个人情绪。
(2) 向积极方面去想，并采取积极的行动。
(3) 只讲客户希望知道的，而不是你想讲的。
(4) 集中精力研究解决问题的办法，而不是运用外交辞令(熟记各种可行的办法，并向客户提出适当的建议)。
(5) 避免提供过多不必要的资料或假设。
(6) 要充满信心。
(7) 即使客户粗鲁无礼，也要保持关注和同情。
(8) 多用类似下列的语句："谢谢您提醒，我会注意的。""谢谢您告诉我。""我明白您的困难(问题)。""如果我是您，我也可能会这么做。""对于造成这样的结果我非常抱歉。"

2. 处理反对意见的技巧

客户提出反对意见是常见的情况，客户服务人员应把反对意见视作考验，对于一切反对意见，均应即时加以解决。反对意见的类型及处理方法如下。

1) 缺乏沟通造成误会

误会的起因在于缺乏沟通。
(1) 以发问方式重复客户所提出的反对意见，等待回答。

(2) 立即澄清(重复客户的意见可使对方知道你真正明白其反对的理由；只有聆听其意见，你才能更加了解对方的反对意见，也能体现你对客户的尊重)。

(3) 加强沟通练习，提高沟通成效。

2) 合理的反对意见

(1) 以有技巧的反问方式重复对方所提出的反对意见，等待回答。

(2) 强调适当的或对方曾经表示认可的效益。

(3) 每次均以商议或发问作结。(提出你的构思或解决方法，以降低反对意见的严重性。切不可与客户争辩，只可强调对方已经认同的效益，使他们着眼于这些效益，让客户知道你的建议充满热诚，而且你对该建议有信心。)

3) 不合理的反对意见

(1) 以发问方式重复客户所提出的反对意见，等待回答。

(2) 任由客户发表意见，切不可与对方争辩，只可重复对方已经认同的效益并加以加强。

5.6 跨境电商客户关系管理

跨境电子商务是基于网络发展起来的，网络空间相对于物理空间来说是一个新空间，是一个由网址和密码组成的虚拟但客观存在的世界。网络空间独特的价值标准和行为模式深刻地影响着跨境电子商务，使其不同于传统的交易方式而呈现出自己的特点。

5.6.1 概述

跨境电商是指分属不同关境的交易主体，通过电子商务平台达成交易、进行支付结算，并通过跨境物流送达商品、完成交易的一种国际商业活动，全称是跨境电子商务。

跨境电子商务作为推动经济一体化、贸易全球化的技术基础，具有非常重要的战略意义。跨境电子商务不仅冲破了国家间的障碍，使国际贸易走向无国界贸易，同时它也正在引起世界经济贸易的巨大变革。对企业来说，跨境电子商务构建的开放、多维、立体的多边经贸合作模式，极大地拓宽了进入国际市场的路径，大大促进了多边资源的优化配置与企业间的互利共赢；对于消费者来说，跨境电子商务使他们非常容易地获取其他国家的信息并买到物美价廉的商品。目前根据跨境电商模式的不同，平台提供支付结算、跨境物流送达、金融贷款的服务内容均有不同。

5.6.2 跨境电商分类

1. 根据产业终端用户类型分类

1) B2B 平台

B2B 类跨境电商平台所面对的最终客户为企业或集团客户，提供企业、产品、服务等相关信息。目前，中国跨境电商市场交易规模中 B2B 跨境电商市场交易规模占总交易规模 90%以上。在跨境电商市场中，企业级市场始终处于主导地位。

代表企业：敦煌网、中国制造网、阿里巴巴国际站、环球资源网。

2) B2C平台

B2C 类跨境电商平台所面对的最终客户为个人消费者，其针对最终客户以网上零售的方式将产品售卖给个人消费者。

C 类跨境电商平台同时在不同垂直类目商品销售上也有所不同，如炽昂科技主营 3C 数码电子产品，兰亭集势则在婚纱销售上占有绝对优势。C 类跨境电商市场正在逐渐发展，且在中国整体跨境电商市场交易规模中的占比不断升高。在未来，C 类跨境电商市场将会迎来大规模增长。

代表企业：速卖通、DX、兰亭集势、米兰网、大龙网。

2. 根据服务类型分类

1) 信息服务平台

信息服务平台主要是为境内外会员商户提供网络营销平台，传递供应商或采购商等商家的商品或服务信息，促成双方完成交易。

代表企业：阿里巴巴国际站、环球资源网、中国制造网。

2) 在线交易平台

在线交易平台不仅提供企业、产品、服务等多方面信息展示，并且可以通过平台线上完成搜索、咨询、对比、下单、支付、物流、评价等全购物链环节。在线交易平台模式正在逐渐成为跨境电商中的主流模式。

代表企业：敦煌网、速卖通、DX、炽昂科技、米兰网、大龙网。

3. 根据平台运营方分类

1) 第三方开放平台

平台型电商通过线上搭建商城，并整合物流、支付、运营等服务资源，吸引商家入驻，为其提供跨境电商交易服务。同时，平台以收取商家佣金及增值服务佣金作为主要盈利模式。

代表企业：速卖通、敦煌网、环球资源网、阿里巴巴国际站。

2) 自营型平台

自营型电商通过线上搭建平台，平台方整合供应商资源，通过较低的进价采购商品，然后以较高的售价出售商品，自营型平台主要以商品差价作为盈利模式。

代表企业：兰亭集势、米兰网、大龙网、炽昂科技。

5.6.3 跨境电商客户服务的特点

跨境电商客户服务大致有以下几个特点。

1) 全球性

跨境电商的客户是来自世界各地的，品牌方与消费者一般处于不同国家。

2) 直接性

跨境电商的客户服务人员直接接触全球各地的消费者群体，为其提供相应的客户服务。

3) 即时性

在线客服、电话客服等都是收到顾客的来电和信息后要立即响应并回复，邮件客服普遍也是要当天回复。

4) 高频性

顾客对于问题的咨询可能存在多次重复，对客户服务的需求频率较高。

5) 线上性

相对于实体店铺，跨境电商需要借助一定的互联网平台才能向世界各地的消费者展示商品，因此提供的服务也是线上服务，需要借助一定的媒介。

5.6.4 跨境电商客户分级管理

各个跨境电子商务平台为了方便卖家识别客户，对买家进行评级管理，买家等级制度是综合买家的购买行为、成交金额和评价情况等因素给每个客户设置不同等级，并做出相应标识。

企业在对客户调查后，对其进行初次分级。经过初次分级后，根据客户的后期表现，企业可对客户级别进行修改。每家企业可根据自己的实际情况来制定客户分类标准，下面以某家企业制定的客户分类和判断标准为例进行说明。

1. 一级：已成交客户、准客户

基本识别特征：

(1) 已经下过正式订单或样品单；

(2) 直接从海外来本企业参观过；

(3) 调查资料显示该客户在当地有一定的影响力。

2. 二级：有明确意向、明显兴趣的客户

基本识别特征：

(1) 对本企业产品进行过详细了解，如了解过企业的名称、图片、技术参数、包装运输等细节内容；

(2) 往返邮件不少于 6 封，且对本公司产品表现出明显的兴趣；

(3) 提供过完整的客户资料，包括正确的公司名称、地址、联络电话、传真、邮箱、即时通信工具等。

3. 三级：有明确意向的客户

基本识别特征：

(1) 在邮件中明确提到过本公司的产品；

(2) 有明确的产品或价格要求。

4. 四级：无明确意向的客户

基本识别特征具体如下：

(1) 没有明确提到具体产品，最多只是提到大行业名称；

(2) 没有表明任何要求；

(3) 没有提供资料，甚至连联系人都没有提供；

(4) 邮件行文非常不规范。

不同级别客户的处理方法如下。

(1) 针对一级客户的处理方法：必须全员配合，业务代表在部门主管的协助下，重点跟进；所有文件、邮件须经主管审查后才可以发送；必要时，集体商议获取客户订单的方法；动用一切可以利用的联络资源，包括邮箱、电话、传真、即时通信工具等，全面接触客户、深入了解客户。

(2) 针对二级客户的处理方法：业务代表重点跟进，有任何疑问须及时请求上级和同事协助；保持前期三天至少沟通一次，后期至少每周沟通一次，通过邮件、即时通信工具联络；通过邮件处理时优先于三级、四级客户。

(3) 针对三级客户的处理方法：24个小时内回复邮件；采用公司邮件标准模板，快速回复，关注客户后期反应。

(4) 针对四级客户的处理方法：在处理完一级、二级、三级客户邮件后，有时间再处理四级客户邮件；提醒客人要表明明确要求、提供详细客户资料；回复对方邮件时要采用公司邮件标准模板。

5.7 典型案例

案例描述

让顾客感动落泪的餐厅服务

泰国的东方饭店堪称亚洲饭店之最，几乎天天客满，不提前一个月预定是很难有入住机会的，而且客人大都来自西方发达国家。泰国在亚洲算不上特别发达，但为什么会有如此诱人的饭店呢？大家往往会以为泰国是一个旅游国家，是不是他们在这方面下了功夫？错了，他们靠的是真功夫，是非同寻常的客户服务，也就是现在经常提到的客户关系管理。他们的客户服务到底好到什么程度呢？不妨通过一个实例来看一下。

一位朋友因公务经常出差泰国，并住在东方饭店。第一次入住时良好的饭店环境和服务就给他留下了深刻的印象，当他第二次入住时，几个细节更使他对饭店的好感迅速升级。那天早上，在他走出房门准备去餐厅的时候，楼层服务生恭敬地问道："于先生是要用早餐吗？"朋友很奇怪，反问道："你怎么知道我姓于？"服务生说："我们饭店规定，晚上要背熟所有客人的姓名。"这令他大吃一惊，因为他频繁往返于世界各地，入住过无数高级酒店，但这种情况还是第一次碰到。朋友高兴地乘电梯下到餐厅所在的楼层，刚刚走出电梯门，餐厅的服务生说："于先生，里面请。"他更加疑惑，因为服务生并没有看到他的房卡，就问："你知道我姓于？"服务生答："上面的电话刚刚下来，说您已经下楼了。"如此高的效率让于先生再次大吃一惊。朋友刚走进餐厅，服务小姐微笑着问："于先生还要老位子吗？"他的惊讶再次升级，心想："尽管我不是第一次在这里吃饭，但最近的一次也有一年多了，难道这里的服务小姐记忆力那么好？"看到他惊讶的目光，服务小姐主动解释说："我刚刚查过电脑记录，您在去年的6月8日在靠近第二个窗口的位子上用过早餐。"朋友听后兴奋地说："老位子！老位子！"小姐接着问："老菜单？一个三明治，一杯咖啡，一个鸡蛋？"朋友现在已经不再惊讶了："老菜单，就要老菜单！"朋友已经兴奋到了极点。上餐时餐厅赠送了他一碟小菜，由于这种小菜朋友是第一次看到，就问："这是什么？"服务生后退两步说："这是我们特有的小菜。"服务生为什么要先后退两步呢，他是怕自己说话时口水不小心落在客人的食品上。这种细致的服务不要说在一般的饭店，就是最好的饭店里他都没有见过。这一次早餐给他留下了终生难忘的印象。

后来，由于业务调整，朋友有3年的时间没有再到泰国去，在他生日的时候收到了一封东方饭店发来的生日贺卡，里面还附了一封短信，内容是：亲爱的于先生，您已经有3年没有来过我们这里了，我们全体人员都非常想念您，希望能再次见到您。今天是您的生日，祝您生日愉快。朋友当时激动得热泪盈眶，发誓如果再去泰国，绝对不会到任何其他的饭店，一定要住在东方饭店，而且要说服所有的朋友也像他一样选择。朋友看了一下信封，上面贴着一枚6元的邮票。6元钱就这样买到了一颗心，这就是客户关系管理的魔力。

案例分析

东方饭店非常重视培养忠实的客户，并且建立了一套完善的客户关系管理体系，使客户入住后可以得到无微不至的人性化服务。迄今为止，世界各国的约20万人曾经入住过那里，用他们的话说，只要每年有十分之一的老顾客光顾饭店就会永远客满。这就是东方饭店成功的秘诀。

现在客户关系管理的观念已经被普遍接受，而且相当一部分企业都已经建立起了自己的客户关系管理系统，但真正能做到东方饭店这样的还并不多见，关键是很多企业还只是处在初始阶段，仅仅是上马一套软件系统，并没有在内心深处去思考如何去贯彻执行，所以大都浮于表面，难见实效。

客户关系管理并非只是一套软件系统，而是以全员服务意识为核心贯穿于所有经营环节的一整套全面、完善的服务理念和服务体系，是一种企业文化。在这方面，泰国东方饭店的做法值得我们很多企业去认真地学习和借鉴。

资料来源：红餐网：让顾客感动落泪的餐厅服务[EB/OL]．[2017-09-10]．http://www.canyin88.com.

思考题：
(1) 泰国东方饭店的客户服务有哪些特点？
(2) 案例中泰国东方饭店的客户服务通过哪些细节得以体现？
(3) 可以从泰国东方饭店客户服务的成功中得到哪些启示？

小　　结

客户服务是电子商务企业与客户沟通的主要桥梁，是企业客户管理重要的一环。本章首先介绍了电子商务客户服务的组织和流程，在此基础上介绍了电子商务客户服务包括售前服务、售中服务、售后服务、投诉处理四方面，这四方面都是企业客户服务管理部门需要精心处理和考虑的内容。接着介绍了客户服务人员的管理，包括客户服务团队的组建、客户服务人员的素质要求，以及客户服务人员所具备的潜力，从这几方面了解客户服务团队，以及人员的要求才能组建出一支真正高素质的客户服务团队，才能为客户服务提供优质服务。

本章重点介绍了大客户管理和网络客服人员的沟通技巧。大客户管理是客户关系管理战略的重点，是为越来越多的企业采用的一种策略性的管理方法。所以，大客户服务管理是企业客户服务管理的重点。本章主要介绍了大客户管理的意义和提高大客户忠诚度的方法。电子商务企业的客户沟通从潜在客户业务咨询开始，而与客户沟通是门艺术，需要一定的技巧才能处理得妥当和合理，才能留住客户，让客户满意。本章从网络客户服务人员应具备的素质到沟通技巧、投诉处理技巧等方面进行了介绍。

关键术语

电子商务客户服务　客户服务　大客户　大客户管理　网络客户服务　跨境电商

习　题

一、填空题

1. 客户服务是指企业通过＿＿＿＿＿＿，为满足客户的需求，提供的包括售前、售中、售后等的一系列服务。
2. 客户服务环境是指与企业营销活动有＿＿＿＿＿＿的所有外部力量和相关因素的集合，它是影响企业拓展客户、稳住客户的各种外部条件及内部因素。
3. 电子商务企业的服务质量取决于客户对企业服务的＿＿＿＿＿＿同竞争对手处体验质量的对比。
4. ＿＿＿＿＿＿是指那些给企业带来最大利润的客户，是企业收益的主要来源。
5. 当与客户电话接通时必须注意＿＿＿＿＿＿与谈话技巧。
6. 随着经济全球化步伐的加快，越来越多的企业转变了经营观念，＿＿＿＿＿＿的理念开始在国内发展并被企业所接纳和采用。
7. 电子商务环境下的客户服务管理是在传统商务环境下的客户服务管理的基础上，以＿＿＿＿＿＿为平台的一种新兴的客户服务管理理念与模式。
8. B2B 类跨境电商平台所面对的最终客户为＿＿＿＿＿＿客户，提供企业、产品、服务等相关信息。在跨境电商市场中，企业级市场始终处于＿＿＿＿＿＿地位。

二、简答题

1. 简述电子商务客户服务管理的特点。
2. 客户服务的微观环境要素有哪些？
3. 简述客户服务组织结构的设计原则。
4. 简述售前客户服务策略。

5. 简述售中客户服务策略。
6. 简述客户投诉的应对方法。
7. 建立一个高效的服务团队应遵循哪些原则？
8. 简述客户服务人员的技能素质要求。
9. 简述大客户管理对企业竞争优势的意义。
10. 简述跨境电商客户服务的特点。

三、分析题

仔细阅读，回答问题。

"蓝色巨人"IBM 的服务水平堪称世界一流。自从它诞生的那一天起，就把质量作为其一切活动的核心。如今，IBM 已经成为许多企业效仿的典范。IBM 采取了如下各种措施，全方位提高自己的服务质量。

(1) 大规模、全球化的广告宣传。
(2) 免费为客户送货上门、安装调试。
(3) "三包"服务。
(4) 举办社会性的公关服务活动。
(5) 热情地进行现场操作示范。
(6) 及时圆满地解决客户投诉。

可以毫不夸张地说，IBM 的服务已经涉及了可能的方方面面，而且，每一方面都做得非常棒。正是经过诸如此类的许多服务措施，IBM 的地位才更加牢固，"蓝色巨人"的称号才叫得更加响亮。

就上面的资料，试对下面的问题做出分析。
(1) 资料中，IBM 的服务措施中哪些属于售前服务？哪些属于售后服务？
(2) 你认为处理客户投诉的原则有哪些？

四、课程实训

任务1：电子商务环境下客户服务流程分析
要求：
1. 针对电子商务环境的客户特征，分析电子商务环境下客户服务流程。
2. 和同学进行角色扮演，一位是移动公司客服人员，一位是移动手机用户，用户自行设定所遇到的问题，客服人员针对用户的问题给出专业答复。
3. 试记录某次网购经历，包括与客户服务人员的售前、售中、售后的沟通，分析该客户服务人员在哪些方面做得好或哪些方面需要改善。总结电子商务背景下的客户服务售前、售中、售后沟通技巧，给出分析结论。

任务2：客服质量评价和客服进阶
要求：
1. 通过实训使学生了解客户关系管理中客户服务质量的评价标准，掌握如何提高客户服务质量，应对各类顾客、提升客单价、降低退款率，同时通过综合实训提升学生的实际操作技能。
2. 学生在教师的带领下，通过对特定情境的分析，判定情境内投诉是属于普通投诉、升级投诉还是疑难投诉。掌握各类投诉的处理技巧。

任务3：网店大客户数据分析

要求：1. 大客户识别：通过对不同客户资料的比对，准确地识别大客户。

2. 整理大客户资料：理解大客户对企业的价值，完成大客户资料的整理。

3. 制定大客户管理策略：制定相应大客户管理策略。

任务4：跨境客户信息的收集及管理

要求：1. 制订一个跨境客户信息收集的渠道计划。

2. 检索并实例分析如何进行跨境客户分级并有效管理各级跨境客户。

第 6 章

电子商务客户关系管理系统

◎ 知识目标:
1. 了解客户关系管理(CRM)系统的类型。
2. 了解电商客户关系管理系统影响因素。
3. 掌握电商客户关系管理系统的体系结构。
4. 掌握托管型CRM的体系结构。
5. 了解商务智能,掌握客户智能体系结构。
6. 掌握客户智能的本质和价值。

◎ 技能目标:
1. 运用智能技术对大量客户数据进行收集和分析,识别、区分客户。
2. 比较各客户细分群体的价值特征。
3. 归纳目前提供CRM系统的产品功能并比较其应用效果。

亚马逊书店长盛不衰的法宝

作为全球最大、访问人数最多和利润最高的网上书店,亚马逊书店的销售收入至今仍保持着1000%的年增长率。面对着越来越多的竞争者,亚马逊书店保持长盛不衰的法宝之一就是CRM。亚马逊书店采用Oracle的数据库、Internet技术平台及大量的Oracle电子商务应用程序。亚马逊书店在处理与客户关系时充分利用CRM的客户智能。当你在亚马逊购买图书以后,其销售系统会记录下你购买和浏览过的书目,当你再次进入该书店时,系统识别出你的身份后就会根据你的喜好推荐有关书目。你去该书店的次数越多,系统对你的了解也就越多,也就能更好地为你服务。显然,这种有针对性的服务对维持客户的忠诚度有极大帮助。CRM在亚马逊书店的成功实施不仅给它带来65%的回头客,也极大地提高了该书店的声誉和影响力,使其成为公认的网上交易及电子商务的杰出代表。

统计数字表明,企业发展一个新客户往往要比保留一个老客户多花费8倍的投入。而CRM的客户智能可以给企业带来忠实和稳定的客户群,也必将带来良好的收益。

资料来源:【快资讯】 [EB/OL]. https://www.360kuai.com/pc/. (2018-10-12)[2020-11-18].

思考：
1. 亚马逊书店的CRM系统应用了哪些技术？
2. 亚马逊书店在处理与客户关系时如何充分利用CRM的客户智能？

在网络环境中，互联网不再是专业 IT 人员的专有领域，非专业出身的网络用户不仅可以制作、创造互联网的内容，而且越来越多地参与博客、播客、论坛、社区等。这些不仅仅是个人行为(网络用户可以在网络上玩游戏、搜索信息、交互聊天)，同时对企业的经营行为、战略决策等产生重大影响。网络正在逐步渗透到企业经营管理的每个方面，同时，由于网络中的企业客户范围更广，背景更复杂，辨别能力及价格意识更强，因此他们的需求更多、更加个性化，同时也更加挑剔。这样的发展结果要求电子商务企业一定要重新审视自己与客户之间的关系，并处理好它。CRM 系统的出现可以帮助企业的客户关系管理更加方便、及时、准确，甚至对于更为复杂的客户信息分析、客户战略决策等都起到至关重要的作用。

6.1　电子商务客户关系管理系统体系

随着网络技术的成熟，电子商务已经逐渐深入人心，电子商务飞速兴起，在全球范围内急速改变着传统的商业模式。电子商务带来的冲击是革命性的，对传统企业提出了严峻的挑战：要求企业管理者以全新的思维来看待未来的客户、未来的竞争对手、未来的技术工具，仅仅实现传统商业流程数据处理的自动化，并不意味着可以在"新经济"时代取得成功。电子商务时代要求企业中的销售、市场营销和客户服务部门既是独立的工作实体，又同时保证各部门信息的互通、协调，形成一个各业务部门共享的客户通信和交流平台，这也是电子商务客户关系管理系统的主要目标和要求。

6.1.1　客户关系管理系统的组成及分类

现在网络环境快速、复杂、多变，如何才能在电子商务竞争中取胜，能够提供客户资源及相关数据分析的客户关系管理系统就成为焦点。作为专门管理企业客户的客户关系管理系统，应该能为企业提供一个收集、分析和利用各种客户信息的工具，帮助企业充分利用其客户管理资源，也为企业在电子商务时代从容自如地面对客户提供科学手段和方法。所以，首先要了解一下客户关系管理系统的组成和分类。

1. 客户关系管理系统的组成

客户关系管理系统一般由市场管理、销售管理和服务管理三部分组成。电子商务客户关系管理系统也由这三个主要部分组成，它们之间的相互关系是以客户为中心，把企业市场、销售和服务等活动连接起来，形成一个网链，先从市场寻找机会开始，然后从营销中找到商机，最后促成销售。在销售的过程中及销售完成之后都会有相应的服务，服务的信息又将反馈给市场，以达到留住老客户、吸引新客户、提高客户利润贡献的目的。客户关系管理系统的组成如图 6-1 所示。

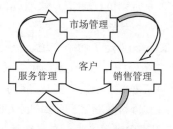

图6-1 客户关系管理系统的组成

1) 市场管理

市场管理能为市场人员识别和确定潜在客户和目标客户群,通过对人口、地理区域、收入水平、以往的购买行为等信息的分析,更科学、更有效、更精确地制定产品和市场策略,同时还可以提供企业业务为何出现盈亏的分析依据。

市场管理系统通过获取市场情报和已有的老客户信息,来组织开展市场营销活动,并在确定企业的具体目标客户后,通过市场计划完成销售线索的提供。这样就能有效地延长客户生命周期,更深地挖掘客户潜力,提升客户价值,最终实现企业的销售目标。

2) 销售管理

销售管理能为销售人员有效地跟踪所有销售过程,用自动化的处理过程代替原有的人工整理分析过程,将销售信息集成为数据库,使所有销售人员可以共享客户资料,这也最大限度地避免了因销售人员的离职而使客户发生损失的现象发生。同时,CRM还集成了每个时段的产品、定价、订货量、出货量等重要的信息,缩短了销售周期,也减少了销售过程中的错误和重复性的工作。

3) 服务管理

服务管理能通过强大的客户数据库把销售过程、营销宣传、客户关怀、售后服务等环节有机地结合起来,为企业提供更多的机会,向企业的客户销售更多的产品。客户服务的主要内容包括:客户关怀、纠纷处理、订单跟踪、现场服务、问题的解决办法、维修行为安排和调度、服务协议、服务请求管理等。

在客户关系管理系统的这一平台下,市场营销人员和客户服务人员可以实时地共享客户信息资源,通过对客户准确、及时的服务响应而获得销售的可能,通过客户关怀和客户跟踪赢得潜在客户,通过个性化和差异化服务提高客户满意度。

【阅读6-1】CRM的成功实施者和受益者

在Internet给人类生活带来前所未有的变化的同时,一批紧紧抓住Internet这一时代特征并全力在网上开展业务的企业也获得了奇迹般的成功。其中Cisco公司已是广为人知的成功范例。但大多数人只是了解这家企业成功地利用了Internet开展业务,却不知道它还是CRM的成功实施者和受益者。

作为一个对世界IT潮流有着足够敏感度的企业,Cisco公司已在Internet上开展了其所有业务。它全面采用Oracle的数据库、Internet技术平台及前端应用程序,建设了面向全球的交易系统,并已将市场及服务扩展到全世界的115个国家。Cisco在客户服务领域全面实施了CRM,这不仅帮助Cisco顺利地将客户服务业务搬到Internet上，使通过Internet的在线支持服务占了全部支持服务的70%，还使Cisco能够及时和妥善地回应、处理、分析每一个通过Web、电话或其他方式来访的客户要求。实施CRM使Cisco创造了两个奇迹，一是公司每年节省了3.6亿美元的客户服务费用；二是公司的客户满意度由原先的3.4提高到现在的4.17。4.17是一个惊人的数字，在这项满分为5的调查中，IT企业的满意度几乎没有能达到4的。Oracle先进的管理系统为Cisco创造了极大的商业价值：在Internet上的销售额达到了每天2700万美元，占到了全美国Internet销售额的一半以上；发货时间由三周减少到了三天；在新增员工不到1%的情况下，利润增长了500%。

资料来源：【快资讯】 [EB/OL]. https://www.360kuai.com/pc/. (2018-10-12)[2020-11-10].

2．客户关系管理系统的分类

CRM 系统的功能可以分为以下 3 种。

1) 协作型CRM

协作型 CRM 主要是指通过提高对客户服务请求的响应速度来提升客户满意度的一套管理系统，随着信息时代的飞速发展，客户不仅通过传统的信件、电话传真或直接登门造访等形式与企业接触，而且还会通过电子邮件(E-mail)、呼叫中心(Call-Center)、互联网(Internet)等信息手段达到与企业进行信息交流、商品交换的目的，这就要求企业各部门提高对客户多种信息交换形式响应的速度和质量，企业需要将各部门对客户信息交流的需求统一在一个平台上，协作型 CRM 由此应运而生。值得一提的是，这里的客户是广义的客户，包括直接终端客户和企业的分销商。

2) 操作型CRM

操作型 CRM 主要是通过业务流程的定制实施，让企业员工在销售、营销和服务支持的时候，得以用最佳方法提高效率。例如，销售自动化(Sales Force Automation，SFA)、营销自动化(Marketing Automation，MA)、客服自动化(Service & Support Automation，SS)、移动办公(Mobile Sales，MS)及现场服务(Field Service，FS)等软件工具的应用，都属于操作型 CRM 的范畴。简单来说，操作型 CRM 可以说是"快速并正确地做事"，也就是按照规章制度的要求和流程标准高效率工作。

3) 分析型CRM

分析型 CRM 是从企业的信息化系统、操作型 CRM、协作型 CRM 等收集各种与客户相关的资料，再通过报表系统地分析出宏观规律，帮助企业全面地了解客户的分类、行为、满意度、需求和购买趋势等。企业可利用上述资料拟定正确的经营管理策略，所以可以说分析型 CRM 就是"做正确的事，做该做的事"。通过分析可以为决策支持提供客观的数据基础。

这 3 种类型 CRM 的总体系统结构如图 6-2 所示。

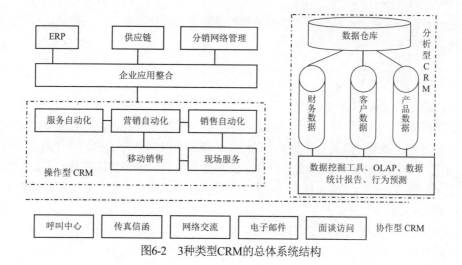

图6-2 3种类型CRM的总体系统结构

6.1.2 电子商务客户关系管理系统的体系结构

传统企业管理的着眼点往往在 ERP 上，ERP 系统帮助传统企业实现了内部商业流程的自动化，提高了生产效率，而对于客户却往往重视得不够。事实表明，建立和维护客户关系是取得竞争优势的唯一且最重要的基础，这是网络化经济和电子商务对传统商业模式变革的直接结果。

通过将 CRM 和电子商务结合在一起，能够帮助各公司将他们的销售和服务渠道拓展到 Internet 上，CRM 系统将所有面向客户的功能集成到一起，为客户提供一个单一的视图，以及对电子商务、销售和服务的单一解决方案，从而确保在万维网站点、呼叫中心、现场销售和服务队伍之间能够实现无缝的相互协作。电子商务客户关系管理系统体系结构如图 6-3 所示。

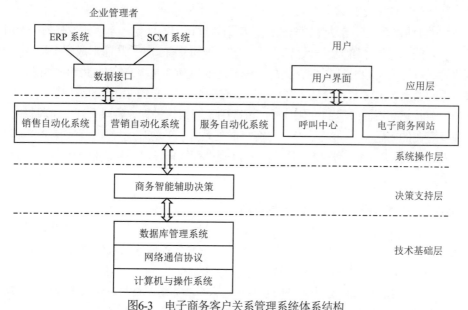

图6-3 电子商务客户关系管理系统体系结构

电子商务客户关系管理系统的主要核心组件是销售自动化系统、营销自动化系统、服务自动化系统、呼叫中心和电子商务网站等。

1. 销售自动化系统

销售自动化系统是 CRM 系统的一个业务组件。销售自动化系统用于在销售过程中对每个客户、每次销售机会的基于每一个人员行动的科学、量化的管理；可以有效地支持销售经理和销售人员对客户的管理，以及对销售机会的跟踪；能够有效地规范销售，实现团队协同工作。销售自动化系统在欧美地区已有 10 多年的应用历史，是企业销售管理的基本工具。销售自动化系统主要负责与客户销售相关信息的获取及管理的工作。该模块把企业的所有销售环节有机地结合起来。

(1) 销售自动化系统主要用于管理一个完整的客户生命周期。销售不仅是对销售机会的跟踪，更包括销售线索的管理、目标客户的识别、销售机会的培育与挖掘、订单的执行、客户关系的维护等，是一个不断进化的完整生命周期。处于不同状态、不同阶段的客户有不同的需求，满足其需求所需的人员、方法是不同的。有效的销售管理，其更重要的目标在于：准确了解客户的具体状态与阶段，配置适合的手段、方法、人员，有效地满足客户的需求，从而推动客户生命阶段的发展、提高整体销售能力和销售业绩。销售自动化系统能够全程管理客户与相关销售机会的发展过程。

(2) 销售自动化系统用于过程和行动的量化管理。销售自动化系统通过对人员权限、销售阶段、客户类别、销售区域、行动规范等业务规则和基础信息(如产品)的设置，使得销售人员在其授权范围内，对所管理的客户、联系人、机会等按统一的业务规范进行有序的管理。在销售过程中，通过与具体的客户、联系人、机会关联的行动安排和行动记录，建立详细的跟踪计划并自动生成人员工作日程表(按日、周、月、年)，实现了按每一个客户、每一个机会(项目)的基于具体行动的人员日程、跟踪记录，并提供了丰富的统计分析与工作支持，从而实现了对销售过程基于行动的量化管理。

(3) 销售自动化系统可自动化销售管线。在销售过程中，任何一个客户、任何一个机会(项目)，从一个阶段向下一个阶段的升迁都需要一定的时间并有损失，从而形成一个销售按阶段发展的销售管线。缩短阶段升迁周期、提高阶段升迁的成功率是提高销售业绩的关键。

按照不同的人员、区域、产品、客户类别、时段等，形成不同角度的销售管线，通过对销售管线的当前状态和不同时段的变化分析，可准确了解销售进程、阶段升迁、阶段耗时；发现销售规律及存在的问题(人员能力、产品与客户群关系等，平均升迁周期、平均耗时，哪些阶段升迁慢、成功率低，哪些机会滞留过长等)，可准确进行销售预测与销售能力评估，从而有效改善销售能力。

【阅读6-2】日本雅特搬家公司的销售自动化

日本的雅特(Art)搬家公司，营业额年年增长。雅特公司的掌门人叫寺田千代，是一位善解人意的女性。她以客户的立场思考：如果是自己，一定希望来搬家的人能把要搬的东西包装好，运到新家后，又可帮你把东西全都归位。

(1) 搬家前了解客户大概有什么样的家具等，从而准备保护材料，以及多种可以收纳衣物、碗盘的免费材料，这样可以保护客户的东西，搬家后也容易迅速归位。

(2) 搬家过程中，帮客户准备小礼物送给邻居，为搬家带来的不便向他们致歉。

(3) 搬家时，帮客人在车上喷杀虫剂，防止把蟑螂也搬到新家，还代客进行户籍变更、小孩转学、装迁电话等300多项服务。

用销售自动化系统来设计雅特公司的销售自动化中的搬家环节，这个设计虽然简单，但是足以让客户了解销售自动化系统的好处。

(1) 销售自动化系统在约定的搬家时间的前两天提醒服务人员："请给客户打电话，仔细询问客户家具情况并记录，提醒客户是否需要搬家公司代为迁移电话。"外呼人员和客户沟通，把客户家具情况录入销售自动化系统。服务人员看到系统记录的家具情况准备好包装保护材料。

(2) 当完成上面的步骤后，系统在搬家前一天提示："确保携带以下物品：保护家具的材料、适当规格的纸箱、杀虫剂、小礼品等，随车在×点×时出发。"搬家公司司机接到一条手机提醒信息，信息中包含出发的时间、地址等信息。服务人员接到提醒，把包装材料等放入运输货车内。

(3) 在搬家完成的第二天，销售自动化系统提示："给客户打电话，了解对搬家过程是否满意，了解是否需要后续的其他服务等。"外呼人员把客户是否满意记录到系统，并把客户要求的后续服务工作设置成一个新的销售自动化系统。

销售自动化系统把销售机会、服务项目分成很多关键动作，公司某个人员可能在某一天会接到涉及多个(销售机会、售后服务)事件的提醒信息和工作指令，整个销售和服务规范化。销售自动化系统也能帮助公司分批分次分客户自动执行对客户的提醒信息，销售自动化系统还能在指定的时间发送邮件和手机短信息，让客户得到无微不至的关怀。

资料来源：IT商业新闻网. 销售自动化：提高客户满意度 赢取更多订单[EB/OL]. [2018-07-15]. http://www.itxinwen.com.

2. 营销自动化系统

市场营销自动化帮助营销人员更轻松地使用现有客户数据，将工作与销售相结合，判断营销工作是否成功。市场营销自动化的开展涉及多个参与人员、交付项以及截止日期的复杂营销活动，可引导营销经理完成计划和执行活动所需的步骤，包括计划任务、制作营销产品列表、定位产品、执行后续活动，以及支持宣传、制定成本和收入目标。营销经理可向不同的人员分配任务、导入潜在客户、将潜在客户转化为商机，以及了解成本和结果等。管理人员可以使用报表和分析工具来跟踪活动结果。市场营销自动化将活动(广告与研讨会)与响应相联系，自动分配相应的后续活动(销售人员电话)，分析成本与支出，并创建自定义的活动跟踪报告。

市场营销自动化可以做到如下几方面。

(1) 定位最佳客户(客户自动分类)。销售代表需要一种适当的方法，以通过促销、电话访谈及电子邮件等方式来轻松定位最佳客户。

(2) 实施快速销售活动。销售代表可使用此工具帮助他们轻松快速地了解业务前景并和客户保持紧密联系，这可能会迅速提高业务量，进而实现销售量。

(3) 发起公司营销活动。对于营销人员来说，他们每年都要负责成功组织多个营销活动以支持新产品发布，因此，实现任务计划、列表创建、任务分配、成本跟踪，以及复杂活动所涉及的其他多种任务的自动化，正是营销管理人员所需要的。

(4) 可以跨部门提交销售驱动型活动。有时营销人员会计划要由分公司或销售团队来实施的活动。这些工作需要跨部门协作、执行和跟踪。

(5) 客户沟通。每个公司都希望以轻松的方式来收集和管理潜在客户或客户列表(群发电子邮件、传真、短信等方式)并跟踪响应。

【阅读6-3】关于营销自动化的30个惊人的事实

时下市场营销领域最热门的技术风向标，莫过于Marketing Automation(营销自动化)。虽然这一理念在B2B企业的应用已经不足为奇，但在市场营销领域这个巨大的市场里，Marketing Automation却拥有全新的生长空间。

"在过去的三年间，Marketing Automation已经成为美国人主流商业中的重要环节、CMO市场决策的关键词。智能化营销服务和工具，可以大大节省人力成本，让市场活动策划本身更富逻辑性和有效性，同时也让终端用户能够感受到智能工具的力量，在每一个可能发生的触及点中都能给予反馈。"Webpower中国区总经理表示。

以下一组行业数字，进一步验证了未来有足够的空间对营销自动化进行扩张，尤其在新兴产业及B2C行业。

Marketing Automation行业增长规模如下。

(1) 市场上，目前约有211家市场营销自动化服务商。

(2) 2014年，B2B行业营销自动化收入增长率达到60%，2012年及2013年收入增长率均为50%。

(3) 2014年，约向市场营销人员提供了947种不同的营销技术。

(4) 在过去的五年里，在涉及CRM管理的相关产业中，营销自动化是增长最快的力量。

(5) 在过去的一年里，关于"Marketing Automation(营销自动化)"这一关键词每月谷歌搜索有22%的增长。

(6) 而在Adobe(Neolane)、IBM(Unica)、甲骨文(Eloqua和Responsys)、Salesforce.com(Pardot和ExactTarget)及Teradata(Aprimo)这样的面对B2B企业的巨型整合营销服务商，营销自动化仍然是它们的第二大营销技术类别，这得益于对营销手段的不断创新。

(7) 在Capterra上市的市场营销自动化服务商在过去的2年里增长了17%。

Marketing Automation市场应用情况如下。

(1) 只有3%的非科技公司采用营销自动化。

(2) 截至2014年1月，在接受调查的186 500家企业中，3%的人最常使用的四个营销自动化平台是Eloqua、Marketo、HubSpot和Pardot。

(3) 世界500强的B2B企业中的25%已经启用市场营销自动化，世界上最大的SaaS公司76%也展开营销自动化。

(4) 营销自动化应用程度最高的五大行业是：①软件与互联网；②电信；③计算机与数码产品；④医疗与制药；⑤商务。

(5) 使用基于云的营销自动化工具的公司中，50%的人使用多个营销自动化系统。

(6) 2014年，85%的B2B市场营销人员认为他们在使用营销自动化平台的过程中，没有充分发挥其潜力。

(7) 有75%的公司使用营销自动化系统不到6个月，仅有7%的公司，自动化营销应用超过一年时间。

(8) 在最近的调查中，只有8%的企业在维护现有客户中使用了营销自动化。

Marketing Automation的市场潜力如下。

(1) 目前有3 500多个营销自动化管理的空缺职位。

(2) 在过去的4个月，营销自动化的岗位需求增长了25%。

(3) 营销自动化技能是目前最具竞争力的数字营销技能，许多市场营销人员表示团队的营销自动化人才缺口极大，他们特别看重营销自动化的技能。

(4) 32%的营销自动化的工作扮演的是经理级的角色，21%的工作则是副总裁级别的角色，19%的工作则是企业管理角色。

Marketing Automation的前景如下。

(1) 41%的B2B市场营销人员计划增加其新一年的营销自动化预算。

(2) 25%的CEO和企业主会直接参与市场营销自动化系统的购买，这要远远高于他们涉足其他业务系统的采购。

(3) 影响营销自动化购买的关键因素有：①价格；②产品集合(CRM、社交、移动等)；③易用程度。

(4) 2014年，对比最领先的七个自动化营销服务商价格，Infusionsoft的定价最低，只有$99/月；whileMarketo和Eloqua的定价最昂贵，为$2000/月。

(5) 对于有意向购买营销自动化平台的市场营销人员而言，维护现有客户是第一看重的功能，其次是CRM的整合和分析报告。

(6) Hubspot是适合小企业的营销自动化平台，Eloqua则是大型企业钟爱的选择。

Marketing Automation的优势如下。

(1) 有63%的公司在使用营销自动化平台后，收益增长超过竞争对手。

(2) Gartner预测，在企业使用营销自动化系统后，人力制作时间约节省15%。

(3) 78%的高级市场营销人员认为自动化营销系统大大提高了企业的投资回报率。

(4) 使用营销自动化平台的公司更容易成为PPC(付费点击)广告商。

(5) 营销自动化为企业用33%的低成本创造了50%的销售线索。

资料来源：关于营销自动化．30个惊人的事实[EB/OL]．(2015-10-30)[2016-10-22]．http://www.jiemian.com/article/418231.html．

3. 服务自动化系统

服务自动化系统是电子商务客户关系管理系统的核心组件之一，它着重于改善客户服务部门的工作流程，提高工作效率，提升客户的满意度，使客户服务成为企业的利润中心。服务自动化系统包括以下七个方面的功能。

1) 客户自助服务

客户可以通过 Web 自助、语音自助、自助终端设备的方式，解决在使用产品和服务的过程中所遇到的问题。

2) 服务流程自动化

客户不能自行解决问题时，可通过各种渠道联系售后服务部门。在收到客户服务请求之后，通过自动化的服务流程，自动将客户信息、所购产品的交易信息等及时传递给相关部门，自动派遣服务人员，分配服务任务，对服务任务的执行情况进行全过程的跟踪，保证服务的及时性和服务质量。另外，还可以辅助自动形成维修记录和服务报告。

3) 客户关怀管理

定期提醒客户对产品进行预防性的维修和保养，实现在维修过程中的客户关怀。另外，还可以支持以下特定时间的客户关怀，例如节日、生日关怀等。

4) 客户反馈管理

及时收集、整理和分析客户对服务反馈的信息，并对客户反馈及时做出响应。

5) 服务知识管理

建立标准的服务知识库，及时共享服务经验，通过强有力的检索工具，向服务人员提供技术支持，协助进行故障诊断，进而可以实现服务问题的自动分析判断。

6) 需求信息收集

及时收集服务过程中的客户需求信息和潜在的购买意向，及时提交给销售和营销部门，并由相关人员进行跟踪和管理。

7) 相关接口功能

提供与客户服务中心的接口，支持与客户互动交流的多种方式，包括电子邮件、电话、传真、交互式语音应答等。服务自动化系统可提高客户服务人员的服务效率，增强其服务能力。

【阅读6-4】金丰易居网CRM自动服务系统

金丰易居网有限公司是中国内地A股上市公司，注册资本为6 500万元，员工有5 000余人。金丰易居网是提供住宅消费市场服务的专业电子商务平台，经营范围包括新型建材、楼宇设备的研制、开发、生产、销售，住宅及基础设施配套建设，环境绿化包装，实业投资，房地产开发经营、租赁、置换、咨询，建筑设计装潢，休闲服务，国内贸易(除专项规定外)，房地产经纪等，且拥有庞大后台服务支持。其房地产置换已在全国5大城市开展业务合作，并与30余座城市合作。

金丰易居网提供的服务包含实体的营销中心与虚拟的网站，但因缺少强而有力的平台将客户资料加以整合，使得客户管理系统在庞大置换连锁店的经营规模下，面临客户资源无法有效利用、客户关系管理系统与内部管理系统各自独立、客户服务弱化、客户的流失率高等问题。

为了解决这些问题，提高客户忠诚度，发掘客户潜在价值，上海金丰易居网决定实施有效的客户关系管理，应用客户服务自动化系统。美商艾克为金丰易居网建置了统一联络中心(Unified Contact Center，UCC)，涵盖网上互动、电话拨入(Inbound)与电话拨出(Outbound)服务，以及结合后端MIS系统完成的一对一营销机制。

CRM自动服务系统实施后收到的成果如下。

(1) 即时有效的客户服务，增强客户忠诚度与企业知名度。由于金丰易居网已建立统一联络中心，可以在客户要求服务的第一时间提供服务，在高速发展变化的网络时代，更可以加强客户对企业的满意度，进而提升客户的忠诚度。

(2) 统一服务平台可节省人力、物力，提高服务效率。由统一客户服务中心设立统一标准问题库和统一客户服务号码，利用问题分组及话务分配，随时让客户找到适合回答问题的服务人员，得到满意的答复。客户服务人员之间也可以利用统一联络中心的电子公告板交流信息。

(3) 利用电话营销主动对外销售，挖掘客户的潜在价值增加收益。通过CRM，企业内部的客户资料可以共享，利用CRM的产品关联性分析和产品与客户关联性分析，对不同需求的客户进行分组，找到特定产品的目标客户群。

(4) 部门间可即时沟通以提高工作效率，整合企业客户关系管理及内部资源管理系统，可降低管理成本。

(5) 减少网上客户流失率的问题。通过CRM，企业可以提供即时且多样化的服务，例如，即时捕捉网页上客户要求服务的信息，将客户浏览网页的记录提供给服务专员。还可让客户选择其最方便的联络渠道，例如，专员可通过网络电话，并可借助影像交谈，与客户同步浏览网页，以及与客户共用应用软件等方式，同时提供文字、语音、影像等多媒体的在线即时服务功能，与客户进行互动或网上交易，以减少网上放弃率。

资料来源：百度文库. https://wenku.baidu.com/view/. [2019-04-18].

4. 呼叫中心

呼叫中心是基于CTI技术的一种综合信息服务系统，由早期的仅以电话和接话人员组成的电话服务热线发展而来。在电子商务客户关系管理系统中，无论是产品还是软件，都将呼叫中心纳入到系统的整体战略框架中，成为电子商务客户关系管理系统不可或缺的组成部分。

呼叫中心的首要目标是提供高质量的服务令客户满意，提供高品质的服务，增加与客户的联系。

呼叫中心对客户服务的愈发重视可能引出更有效的办法处理重要的客户关系，然后，通过受过良好培训的接线员工处理大量简单的客户联系，以减少处理事务的成本。更高级别和有经验的员工可以去做更复杂的工作，取得更高的内部效率。也可使公司与客户开始联络，并能更快地将呼入的呼叫转入中心区域，而不是遍及整个公司的各个部分发送。用电话联络代替柜台处理，可以减少公司和客户的成本。只要有效地处理电话联络，没有时间进行或可以进行面对面办理的客户将体会到喜人的变化。

呼叫中心连接着销售管理和服务管理模块，向客户提供实时的销售和服务支持。呼叫中心也连接着营销管理模块，是企业与客户间的重要接触点，为营销管理提供相关信息，并能实现部分营销功能。呼叫中心的主要功能包括：呼入呼出电话处理，互联网回呼，呼叫中心运行管理，软电话，电话转移，路由选择，报表统计分析，管理分析工具，通过传真、电话、电子邮件、打印机等自动进行资料发送，呼入呼出调度管理等。

【阅读6-5】呼叫中心助力百丽集团提升客服质量

BELLE(百丽)鞋业20世纪70年代创于香港，90年代由香港著名鞋款设计师、资深实业家邓耀先生引入内地，并针对内地市场重新包装定位，获得极大成功。BELLE取义于法语"美丽的女人"，主打时尚真皮女鞋，兼产男鞋，主要顾客群为"年龄20～40岁，中等收入"的都市白领阶层。BELLE风格多样，以"舒适、简约、职业、成熟"为主流，亦不乏新潮、时尚、前卫，并以大众化的价格、优质的产品及诚信的服务确立了自己鲜明的品牌形象，短短几年内迅速受到广大消费者的喜爱与拥戴。据对全国重点商场零售市场的监测统计，BELLE自2000年以来连续3年夺得中国真皮女鞋销售冠军。

随着市场竞争的日益激烈，如何提高企业形象，为用户提供最好的服务，提高用户对产品和服务的满意度，从而增加企业的利润已成为百丽鞋业迫切需要解决的问题。

呼叫中心是信息时代和数字经济时代的一种创新技术，是企业健全电子商务系统、开拓市场、吸引和留住客户的必不可少的武器，可以增强企业的"客户关系管理"能力，改进在市场营销、客户服务和支持等前端办公领域的管理流程。

呼叫中心可以完善电子商务的服务。开展电子商务，有别于一般传统的商业活动，在大多数情况下，客户和企业是见不着面的，所以，需要建立一个畅通的、可以与用户交流的双向通道，能够了解客户的需求，倾听客户的意见，解决客户的问题，宣传企业的产品和服务，而呼叫中心正是实现这一目的的必然选择。

百丽集团具有两个呼叫中心，一个是4001的营销咨询，一个是4008的售后服务。呼叫中心系统包括自动语音应答(IVR)、呼叫自动分配、外拨功能、智能排队等候、来电号码显示、呼叫转接、呼叫保持、座席间通话、呼叫转移提示、班长座席(耳语、监听、强插)、座席管理、远程登录、实时报表、历史报表和客户信息弹屏等功能。百丽的呼叫中心和售后服务中心直接和官方B2C淘秀网连接，只要报出订单号，即可直接判断商品的真伪，同时可以随时享受百丽的售后服务。

聚星源科技的FOCUSTAR呼叫中心系统能实现对用户来电的智能控制，并通过简捷高效的运行机制，完成来电信息的录入、分转、落实、反馈、回访、综合和存档功能。通过信件、电话、传真、网络及拥有丰富经验的人工业务代表座席等形式为用户提供了迅速、准确的咨询信息，以及业务受理的投诉等综合性服务，为百丽鞋业创造了一个强化客户满意度、提高形象和扩大知名度的高效率渠道。

资料来源：百丽集团-聚星源呼叫中心案例. http://www.focustar.net/1329.html. [2019-08-01].

5. 电子商务网站

网站是电子商务中企业与客户进行联系的特殊且重要的平台和沟通工具。网站将提供产品和服务的厂商与最终客户之间的距离消除了。作为客户，可以通过网站直接向厂商咨询信息、投诉意见、发表看法；作为厂商，则可以利用网站实现向客户提出一对一的个性化服务。另外，企业通过网站可以了解市场需求和客户信息，加快了信息传递，从而加快了商流的周期。在一定程度上可以说，正是由于电子商务网站提供了企业与客户(包括潜在客户)之间的新的沟通渠道和沟通方式，才使电子商务具有如此旺盛、鲜活的生命力。为了和客户沟通，电子商务企业可以通过电子邮件链接建立网络社区板块、客户购物专区，通过网络数据库营销缩短商业企业与客户之间的距离，有利于培养和识别客户忠诚，与客户建立长期关系，也为开发关系营销和"一对一营销"创造条件。

客户是公司生存和发展的基石，大量、稳定和有效地获取客户是每个企业实现销售任务的重要保障。对电子商务企业来说，可以通过电子商务平台直接接触和获取客户信息、客户响应、客户反馈，这是一个非常便利的环境。

【阅读6-6】大数据环境下客户需求管理中的商务智能技术应用

客户需求的个性化特征越来越突出，移动互联网与社交已逐渐进入社会生活与工作的不同层面,而传统的客户管理模式和手段却已很难把握和管控客户需求的变化。

大数据时代,消费者能够选择购买完全客户化的商品,或从一个可供选择的环境下自行定制商品,例如在网上购买计算机商品时,消费者可以根据自己的需要和喜好定制化购买;对于商家来说,为了扩大销售范围、增加市场份额,他们通常采用特殊的促销策略,将多种相关联的商品实行深度捆绑和关联销售。个性化驱使商品的生命周期越来越短、淘汰率不断增大,迫使新品推出越来越快、越来越多;在某些特定的时间点,电商们会采取大面积的降价销售手段,例如"双十一"、圣诞节等,引发消费者大规模的购买行为。通常,在社会与市场的新环境、新形势下会涌现出新的商业业态、模式和行为等,这些都为供应链上的需求与供给平衡匹配带来新的难题,使得企业更难以掌握市场需求与资源整合,导致需求与供给失衡,预测不准。当需求信号传递滞后使得采购与供给计划赶不上需求变化时,就会造成库存大量积压的同时,还常常出现库存短缺的现象。这样一来,成本的上升吞噬了盈利。

对于这些难题,企业可以充分利用大数据技术,基于已有的业务数据,运用商务智能BI等信息化技术,对各项关键业务进行深度的挖掘与分析,掌握其特性与特征,发现改进的机会并对其进行优化,从而实现由粗放管理到精细管理的转变。对于改进的业务可以落实在采购与供给业务的各项工作和各个方面,目前应用较多或收获较大的环节主要表现在需求预测、采购战略和业务规则的制定、采购业务的分析与改善、供应商的管理、库存占有量的降低、日常业务可视化监控和预警等方面。

资料来源: 大数据环境下客户需求管理中的商务智能技术应用 [EB/OL]. http://www.ceconlinebbs.com(2017-01-20).

6.1.3 电子商务客户关系管理系统的影响因素

企业在电子商务环境下的竞争优势,很大程度上将取决于对其客户的了解程度,以及对客户需求的反应能力。企业应通过管理与客户之间的互动,改变管理方式和业务流程,减少销售环节,降低销售成本,在保留老客户的同时争取新客户,提高客户价值,实现最终效益的提高。而基于网络的 CRM 系统可以使企业逐步实现由传统的企业模式向以电子商务为核心的模式的转变过程。

在电子商务企业实施客户关系管理系统的过程中,要充分考虑用户的角色、内容风格、功能性、应用程序结构及技术条件等因素。

1. 用户的角色

计算机系统设计要遵循基本的原则,即系统是为最终用户设计的。一般来说,根据用户不同的角色,CRM 系统的选择方案有两种:一种是以企业内部优先为主;另一种是以企业外部优先为主。

如果企业已经有了一整套完整的 CRM 系统,企业可以扩展原有的 CRM 系统,向客户提供网络方案,即只需在传统的内部系统中加上标准的浏览器界面,保证这些系统适用于企业的内部流程作业即可。

如果企业的主要业务借助于互联网,那么企业展开电子商务客户关系管理的主要工作就是以互联网为主要平台,建设完善的电子商务网站、网络客户服务平台、呼叫中心、网络自助系统等。

2. 内容风格

鉴于企业工作人员与合作客户等的观点、专业知识和角色等的不同，需要根据客户的具体情况为客户提供内容、风格不同的几套候选方案。

1) 执行型内容

该类型候选方案的客户是具有专业水平的，接受过专业训练，并有一定的实践经验，对公司、产品及 CRM 系统的相关信息已经有了比较充分的认识。

2) 处理型内容

这种类型系统的用户可能对该领域的知识不甚了解，所以需要执行支持工具以便于协助其进行决策。决策的过程主要包括产品价格、销售策划等。

3. 功能性

企业员工、客户、合作伙伴的工作在整个客户生命周期的各个阶段都会发生变化。要为客户和合作伙伴提供有意义的自动化服务，就需要有一系列应用程序，提供使用者需要的综合功能。

4. 应用程序结构

对网络技术的充分利用是电子商务客户关系管理系统的一大特点。互联网客户关系管理被提升到了一个前所未有的高度，但是，会出现一个不可避免的情况，就是会增加成本，这往往是因为网络的应用程序缺少交互性。为达到网络平衡，提供了 3 种可参考应用程序结构。

1) 联网型

对于网络的出现，客户机或服务器程序销售商的第一个反应是如何打开现有产品通往互联网的通道。实现这个目标最直接的方法就是将应用程序连接到主页上，适用于在已有客户机或服务器结构的应用程序上实现 CRM 系统。

2) 浏览器增强型

该种类型利用浏览器内置的各种技术来实现更多的功能，使功能更加多样化，界面也更加具有亲和力，该结构使用了动态 HTML 等技术。

3) 网络增强型

在某些情况下，动态 HTML 技术不能满足应用程序的要求，需要借助操作系统的虚拟机功能，这些应用程序采用了 Java 等技术。

5. 技术条件

1) 产品的体系结构

现在市场上的 CRM 软件的体系结构基本上有两种形式：一种是 C/S(客户机/服务器)结构；另一种是 B/S(浏览器/服务器)结构。这两种体系结构各有各的特点。

对于 C/S 模式的 CRM 软件，要实现远程访问，只能凭借 VPN(虚拟专用网)等方式进行企业内部系统的访问。但是，若采用 B/S 模式，则对于远程访问的支持很好。只需在企业的网关上设置一个指向 CRM 服务器的一个路由，就可以跟内部访问一样地访问 CRM 服务器，只是在速度上会有点差异。

2) 服务器和网络带宽

企业在实施 CRM 项目时，一般都已经成功建立了内部局域网络，有的甚至可能有了服务器，那么就要考虑现有的基础设备能否满足即将部署的 CRM 项目的需求。

一方面，CRM 软件采用的数据库不同，对于系统的配置要求也就不同。例如，微软的 SQL Server 服务器与 Oracle 公司的数据库对硬件的要求是不一样的。若客户想采用现有的服务器，就要考虑 CRM 软件所采用的数据库是否能够在现有服务器的硬件配置上运行顺畅。若不满足，则摆在企业面前的只有两个选择：一是更换服务器或者提高硬件配置；二是更换 CRM 软件的数据库。一般来说，在选择时，最好选择那些支持数据库比较多的 CRM 软件，这样后续的选择余地比较大，甚至可以选择一些免费的数据库，以降低信息化项目的成本。

另一方面，软件设计模式不同，对于网络带宽的要求也不一致。有些软件对于网络带宽的要求比较高，在多人并发的情况下，可以明显地测试出其对网络的影响。也就是说，CRM 软件要占用多少带宽，除了业务本身以外，软件的设计模式对其也有很大的影响，最明显的一点就是缓存的作用。有些 CRM 软件若设置了缓存，就可以比较节省带宽。因此，实施 CRM 项目时，要考虑现有网络的带宽。特别是楼层与楼层之间的带宽。在光纤还没有普及的时候，公司之间不同楼之间的网络访问，还可能简单地通过一根网线进行连接。遇到这种情况的企业，需要更加注意网络数据的传输效率。

3) 运行环境

运行环境主要是指 CRM 软件所支持的操作系统。现在大部分的 CRM 软件都不支持跨平台的运作，一般都只支持微软的操作系统，很少支持 Linux 系统。

在选择 CRM 软件时，对其跨平台性能要有所考虑。

一方面，要考虑服务器端能否支持 Linux 的服务器。一般认为，利用 Linux 系统作为服务器，比利用微软操作系统作为服务器要稳定得多。所以，大部分企业都是利用 Linux 作为服务器操作软件。另一方面，要考虑客户端是否支持 Linux 系统。

【阅读6-7】群策CRM的解决方案——互联网电商行业

武汉群策联动软件有限公司的群策客户关系管理系统标准版＋直销系统，是一套针对大中型直销企业，基于供应链管理和企业零售管理模式的，将线下商务与互联网相结合的直销商综合管理平台。线下商务依托线上平台吸引客户，消费者在线上订购商品，在线下网点提取商品，成交并获得一定的奖金奖励。

平台通过建立B2B2C商城，结合群策网销后台高效易用的商品、库存、客服、物流等关键网销业务支持，应用CRM系统聚集网上全渠道客户信息，形成完整的一体化集成平台。该平台能够帮助用户大规模直销产品，通过高效管理下游直销商，搭建网上直销渠道；借助众多自动化的功能和技术，大大节省用户的人力和时间，轻松打造企业独有的网络营销平台，实现多店铺、跨渠道同步营销，让更多的人帮你卖货，实现业务的快速增长。

以下为群策CRM为淘宝商城做出的解决方案。

(1) 群策CRM实现与淘宝商城的数据互通，将淘宝网站中的买家联系人信息、商品信息、交易订单及商品评价信息自动导入CRM系统。

(2) 群策CRM帮助淘宝商城对买家的完整下单过程进行跟进，记录与买家的沟通联系记录、定时联系提醒、异常情况等信息。

(3) 群策CRM帮助商城实现对买家的购买行为进行分析，包括买家的购买频率、购买次数、购买总金额、购买单价等信息。

(4) 群策CRM通过对买家订单情况的分析，可以帮助商城实现对商品热度分析，了解商品好评度及合理安排店铺销售的产品清单。

(5) 群策CRM帮助商城记录客户问题反馈，包括处理者、处理结果、整理归纳异情解决方法等，存储知识文档形成统一知识库，方便下次问题的解决。

以下为群策CRM为互联网营销公司做出的解决方案。

(1) 有效地管理客户资源。群策CRM支持客户信息批量导入、自动查重、按预定规则分配，保证互联网营销公司能够方便地筛选出适合自己业务模式的有效客户。

(2) 对客户分类分级，实现差异化管理。对于客户的行业特点、产品性质、营销渠道等不同的特点会有不同的分类，以及不同的营销预期、营销周期会有不同的等级。群策CRM客户全景视图可以让互联网营销公司全面了解客户。

(3) 营销决策分析。为营销策略组合匹配合适的客户，为特定的客户选择特定的营销方式。群策CRM提供全套互联网自动营销解决方案。

资料来源： 武汉群策联动有限公司. [2016-09-08]. http://www.groupthinkcrm.com/jieshao/zhixiao.html.

6.2 应用服务托管型CRM

客户关系管理是电子商务成功的关键环节。企业的客户，不管是个人还是合作伙伴，都要求企业更多地尊重他们，在服务的及时性、质量等方面都提出了高要求。企业在电子商务环境下的竞争优势，很大程度上将取决于其对客户的了解程度，以及对客户需求的反应能力，企业应通过管理与客户间的互动改变管理方式和业务流程，减少销售环节，降低销售成本争取客户，提高客户价值，实现最终效益的提高。

电子商务时代使得中小企业具有和大企业相同的竞争市场，互联网缩短了中小企业和大企业之间在实力、财力方面的差距，然而对于中小企业来说，为了合理控制成本，可以充分利用专业化电子商务解决方案提供商提供的外包服务，实施自己基于网络的客户关系管理解决方案。所以，应用服务托管是一种良好的选择。

6.2.1 应用服务托管——ASP

ASP(Application Service Provider，应用服务提供商)是随着信息技术和网络技术应用的深化而出现的一种新型的服务运营模式，它利用集中管理的设施(如数据中心)，通过网络

(Internet、VPN、专用设施)，以租赁的方式为多用户提供应用服务，按用户使用的服务收取租金或订金。

ASP 把各种应用软件安装在数据中心或服务器集群上，通过网络将应用软件的功能或基于这些功能的服务，以有偿的方式提供给使用者，并由 ASP 负责管理、维护和更新这些功能与服务。客户将其部分或全部与业务流程相关的应用委托给应用服务提供商，客户只需要一台简单的计算机，加上浏览器软件及很少的客户端软件，通过网络就可以远程访问 ASP 提供的应用，其运营方式如图 6-4 所示。

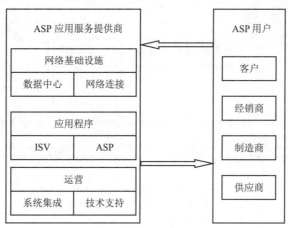

图6-4　ASP的运营方式

ASP 可以由一家公司组成，为企业提供全套服务，但更多可能是由众多不同领域的厂商协力合作，共同为企业提供网络基础设施、应用程序及系统运营等服务，并由与客户签署 SLA(Service Level Agreement，服务品质协议)的 ASP 负责总服务质量。ASP 模式提供了一个公共信息平台。

ASP 模式是一种新兴的、基于网络的商业模式，网络计算在经历了 20 世纪 70～80 年代的集中式计算模型和 90 年代的客户机/服务器(C/S)计算模型之后，发展到基于服务器的计算模型。在这种模型中，应用软件的运行、配置、管理都在服务器端完成，客户端可立即访问服务器的应用，而无须将程序重写或下载至客户端。它允许多个并行用户同时登录，并在同一服务器的不同线程中运行应用程序，并且将应用程序的逻辑与用户界面分开，从而在网络上只传送按键、单击和屏幕刷新信息，从而使应用程序的执行与网络带宽无关。基于服务器的计算模型的结构框架建立了基于 ASP 模式应用服务托管平台的体系结构，如图 6-5 所示。它将体系结构分为 4 层：基础结构设施层、集成件层、组件层、应用层，由底向上，每一层为上一层提供服务。

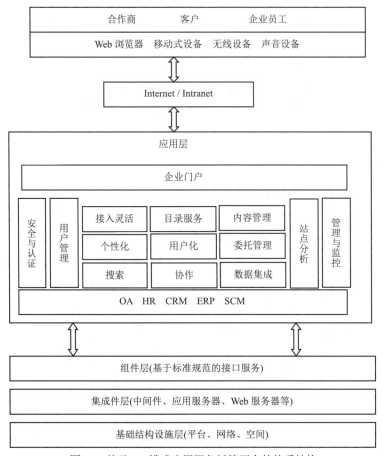

图6-5 基于ASP模式应用服务托管平台的体系结构

1. 应用层

应用层包括企业门户、门户技术、企业的各种应用系统。企业门户提供一个唯一的入口，使企业员工、合作伙伴和客户能够通过Internet/Intranet访问集中的信息平台，并且支持多种接入设备(如Web浏览器、移动设备、无线设备、声音设备)。ASP需要为众多的用户提供各种各样的应用服务，通常采用门户技术管理众多的用户权限，并完成用户权限，对各种应用服务进行有效分配，提供安全与认证、用户管理、接入灵活、目录服务、内容管理、个性化、用户化、搜索、协作、委托管理、数据集成、站点分析、管理与监控等众多共性服务。另外，企业门户将分布在不同的应用系统中所需要的功能集成到一个统一的界面中，这些应用系统可能是企业中已经存在的遗留系统(Legacy System)，也可能是ASP服务商以租赁的方式提供给用户的，这些应用系统通过应用集成无缝地集成到一起，实现了跨应用系统的工作流程，从而完成企业相应的业务流程和资源管理。

2. 组件层

组件层提供对不同应用程序之间接口服务的支持，这些服务实际是基于实际工业标准规范的抽象形式接口的具体实现，通常以API的形式实现，所支持的工业标准有SUN公司(已被甲骨文收购)的 Java EE、微软的 COM/DCOM、OMG、CORBA、互联网标准如 Web Services、XML，支持基于标准的 IT 基础架构，包括支持 WebDAV 协议、HTTP 和 Wireless 协议等。

3．集成件层

集成件通常借助中间件、应用服务器、Web 服务器等来实现。中间件用来解决分布式系统中的异构问题，隐藏复杂的界面、协议和数据形式。ASP 供应商广泛使用的 4 种中间件类型为：通信中间件、计算中间件、分布式文件系统、数据库中间件。应用服务器用于开发、配置和管理大规模电子商务应用系统，确保将这些应用系统与原来的系统、数据进行集成，可有效地隐藏一些主要的复杂性。当前，市场上主流的应用服务器产品有 Java EE、CORBA(公共对象请求代理体系结构)和 Microsoft.NET。Web 应用服务器可以为创建、部署、运行、集成和管理事务性 Web 应用提供一个跨平台的运行环境，常用的产品有 Apache、iPlanetWeb 服务器、微软的 IIS、Sun ONE Web Server。

4．基础结构设施层

基础结构设施包括平台、网络、空间。平台提供客户计算、存储，以及网络平台的软、硬件，如操作系统、服务器、存储系统、路由器、交换机、硬件防火墙和其他的网络设备等。网络提供网络接入，如宽带访问、内容分发服务、VPN 服务。ASP 利用不同的载体网络类型，以不同的传输速率，提供专有连接服务，如 ATM、电话连接、租赁线路服务等，支持私有或公有的对等通信，当客户的需求增多时，网络有闲置的容量可用。空间指可通过网络访问的数据中心，通常需要专门的设计和特别的设备，保证数据中心 24×7×365 的有效性，如活动地板、足够的负载承受能力、通信线路本地接入点、火灾预防、专门的 HVAC(Heating, Ventilation And Cooling，加热、通风和冷却)系统。

6.2.2 托管型CRM

ASP 的最突出优势在于其能以较低的价格向企业提供优质服务，目前大型企业 CRM 软件的实施成本与从 ASP 租用的成本相比相差极大。托管型 CRM 的市场需求目前主要来自两个方面：一个方面是大型企业用户的需求，但是其所占销售比例较小；另一方面是广大的中小企业用户的需求，也正是这部分用户的需求支撑了托管型 CRM 的迅速发展。根据资料，目前在美国 45%的中小企业正在不同程度地使用或试用托管型 CRM，而传统的 CRM 从未达到过如此高的市场渗透率。

所谓托管 CRM，是将 CRM 系统的服务器安装、维护等复杂的工作从客户端转给专业软件托管商。托管商通过自身服务器对多家客户的系统统一管理、维护和升级。而购买托管软件的公司中每个员工都使用各自的密码，通过互联网进入软件系统，不需要安装软件，也不需要专人进行软件使用维护，这样很多成本就节省下来，公司可以将全部精力集中到自己的核心业务上。

传统意义上的客户关系管理(CRM)流程包括：拜访客户，确定需求，返回公司，决定搁置或处理交易。但当强调时间效率时，很难有足够的时间来一一完成这些步骤，这就增加了销售人员的工作难度，准确率也就无法保证，直接影响客户满意度。

采用高效的 CRM 软件能够帮助企业将现有的技术、资产及商业价值融合起来，并能提高其综合能力及战略性管理能力。因而对于许多企业来说，选择一款合适的 CRM 系统，对企业快速产出回报无疑至关重要。对企业来说，托管 CRM 有如下三方面的优势。

1. 托管型CRM成本低廉

相比传统套装软件，托管型 CRM 的价格更加低廉，无须企业前期过多投入，可按需求定制服务内容，能满足国内中小企业低成本、零风险的信息化建设要求，并且很多托管型 CRM 厂商推出多种服务级别的套餐，企业可根据自己的业务需求按需购买服务，实施风险小。企业不需要亲自实施系统，甚至不需要专门的 IT 人员，因而也不存在实施风险的问题。

2. 托管型CRM随时随地立即使用的功能

由于采用 ASP 模式，企业客户根本无须拥有实体资源，省去了许多内部管理环节，提高了效率，降低了成本，还能够享受方便的软件升级服务和强大的再扩展性。大量用户同时通过互联网共享服务器组，托管统一管理，用户不需要购买、安装、维护、升级服务器软硬件，只要能上互联网即可。一个公司可以在想用 CRM 的时候，马上上网注册使用，随意加减用户，几乎没有上限，任何地域、任何时间只要能上网都可立即使用，实施速度快。

3. 托管型CRM与已有系统的集成

中小企业转向托管型 CRM 的一个重要原因是其主要使用微软的 Office 软件办公，而许多 CRM 托管商提供 CRM 与 Office 的集成软件。目前，专业托管型 CRM 厂商还大力支持 Mashup，即基于 Web Service 标准接口的在线应用软件开发模式。开发者可以利用多个互联网上开放的应用服务(例如 Salesforce 和八百客的合成开发平台)，或与自己局域网的旧系统集成为一个适合自己需求的应用软件，用户感觉不到后台分布在各地的多个服务器的存在。

6.3 客户智能

商务智能的出现，将客户关系管理推入客户智能阶段。通过商务智能技术，建立客户智能系统，帮助企业分析客户数据，预测客户行为趋势、明确客户需求、找寻客户流失原因，协助企业管理者做出相应的客户决策、营销决策乃至战略决策，以此达到企业目标。

6.3.1 商务智能

商务智能是一套完整的解决方案，它是将数据仓库、联机分析处理(OLAP)和数据挖掘等结合起来应用到商业活动中，从不同的数据源收集数据，经过抽取(Extract)、转换(Transform)和加载(Load)，将其送入数据仓库或数据集市，然后使用合适的查询与分析工具、数据挖掘工具和联机分析处理工具对信息进行处理，将信息转变成为辅助决策的知识，最后将知识呈现于用户面前，以实现技术服务与决策的目的。

1. 数据仓库

目前，数据仓库一词尚没有一个统一的定义，比较认同的是 William H.Inmon 在《建立数据仓库》一书中对数据仓库的定义：数据仓库就是面向主题的、集成的、相对稳定的、随时间不断变化(不同时间)的数据集合，用以支持经营管理中的决策制定过程。数据仓库中的数据面向主题，与传统数据库面向应用相对应。

主题是一个在较高层次上将数据归类的标准，每一个主题对应一个宏观的分析领域。

数据仓库的集成特性是指在数据进入数据仓库之前，必须经过数据加工和集成，这是建立数据仓库的关键步骤，首先要统一原始数据中的矛盾之处，还要将原始数据结构做一个从面向应用向面向主题的转变。

数据仓库的稳定性是指数据仓库反映的是历史数据，而不是日常事务处理产生的数据，数据经加工和集成进入数据仓库后是极少或根本不修改的。

数据仓库是不同时间的数据集合，它要求数据仓库中的数据保存时限能满足进行决策分析的需要，而且数据仓库中的数据都要标明该数据的历史时期。

对于数据仓库的概念可以从两个层次予以理解：首先，数据仓库用于支持决策，面向分析型数据处理，它不同于企业现有的操作型数据库；其次，数据仓库是对多个异构的数据源的有效集成，集成后按照主题进行重组，并包含历史数据，而且存放在数据仓库中的数据一般不再修改。

数据仓库最根本的特点是物理地址存放数据，而且这些数据并不是最新的、专有的，而是来源于其他数据库的。数据仓库的建立并不是要取代数据库，它要建立在一个较全面和完善的信息应用的基础上，用于支持高层决策分析，而事务处理数据库在企业的信息环境中承担的是日常操作性的任务。数据仓库是数据库技术的一种新的应用，而且到目前为止，数据仓库还是用关系数据库管理系统来管理其中的数据。数据仓库是一个综合的解决方案，而数据库只是一个现成的产品。数据仓库需要一个功能十分强大的数据库引擎来驱动。与关系数据库不同，数据仓库并没有严格的数学理论基础，它更偏向于工程。

数据仓库的最终目的是辅助决策。在初期建设阶段，用户可以见到仓库的数据高效展现，以及进行 SQL 数据查询，主要任务是建立企业模型、阶段规划或主题选取、技术准备工作、逻辑设计及物理设计等。数据仓库在实践中与数据库系统的设计和实现方法十分类似，例如，建立企业模型，就是从企业用户的角度对企业所需数据的内容及数据间的关系的抽象，既可以用 E-R 模型方法，也可以用面向对象的分析方法。

数据仓库的建设不是一个简单的项目，而是将其目标分阶段逐步实现。首先为阶段任务选择合适的主题，其原则是把管理层最急需和数据易实现的选题放在第一位。数据仓库的设计与传统计算机系统开发方式截然不同，因为建成后，仓库的预测结果仍需时间检验或分析验证，所以成功的数据仓库始于对要开发领域业务过程的深刻理解，数据仓库的设计是业务知识与技术知识的有机合成。

2. 数据挖掘

数据挖掘是指从数据集合中自动抽取隐藏在数据中的那些有用信息的非平凡过程，这些信息的表现形式为规则、概念、规律及模式等，它可帮助决策者分析历史数据及当前数据，并从中发现隐藏的关系和模式，进而预测未来可能发生的行为。数据挖掘的过程也叫知识发现的过程，它是一门涉及面很广的交叉性新兴学科，涉及数据库、人工智能、数理统计、可视化、并行计算等领域。

数据挖掘是一种新的信息处理技术，其主要特点是对数据库中的大量数据进行抽取、转换、分析和其他模型化处理，并从中提取辅助决策的关键性数据。数据挖掘是 KDD(Knowledge Discovery in Database，知识发现)中的重要技术，它并不是用规范的数据库查询语言(如 SQL)进行查询，而是对查询的内容进行模式的总结和内在规律的搜索。传统的查询和报表处理只是得到事件发生的结果，并没有深入研究发生的原因，而数据挖掘则主要了解发生的原因，并且以一定的置信度对未来进行预测，用来为决策行为提供有力的支持。

数据挖掘的研究融合了多个不同学科领域的技术与成果，使得目前的数据挖掘方法表现出多种多样的形式。从统计分析类的角度来说，统计分析技术中使用的数据挖掘模型有线性分析和非线性分析、回归分析、逻辑回归分析、单变量分析、多变量分析、时间序列分析、最近序列分析、最近邻算法和聚类分析等方法。利用这些技术可以检查那些异常形式的数据，然后，利用各种统计模型和数学模型解释这些数据，解释隐藏在这些数据背后的市场规律和商业机会。知识发现类数据挖掘技术是一种与统计分析类数据挖掘技术完全不同的挖掘技术，包括人工神经元网络、支持向量机、决策树、遗传算法、粗糙集、规则发现和关联顺序等。

数据挖掘技术从一开始就是面向应用的，它不仅面向特定数据库的简单检索查询调用，而且要对这些数据进行微观或宏观的统计、分析、综合和推理，以指导实际问题的求解，发现事件间的相互联系。数据挖掘是一门广义的交叉学科，它汇聚了不同领域的研究者，尤其是数据库、人工智能、数理统计、可视化、并行计算等方面的学者和工程技术人员。

数据挖掘本身是多种技术综合在一起实现的，数据挖掘方法也是由人工智能、机器学习的方法发展而来的，结合传统的统计分析方法、模糊数学方法及可视化技术，以数据库为研究对象，形成了数据挖掘的方法和技术。

3. 联机分析处理

联机分析处理(On Line Analytical Processing，OLAP)是最近几年兴起的软件技术，它在企业的领域内已被数据库界广泛研究与应用。

在 1993 年，E. F. Codd 提出了多维数据库和多维分析的概念，即 OLAP。它侧重于分析型应用，区别于联机事务处理(On Line Transaction Processing，OLTP)的操作型应用。在日常实际决策过程中，决策者需要的信息数据往往不只是单一的某个指标数值，而是要能够从多个角度观察某个指标或多个指标的数值，并能发现各指标之间的关系。比如，某公司总裁可能想知道本公司最近两年在销售旺季产品销售总额的对比情况，用以决策今年旺季的产品进货等有关事宜。这是一个非常实际的问题。决策者所需要的数据总是与一些统计指标，如销售额、销售产品、销售地区、销售时间等有关。这些统计数据是多维数据，在多维数据上进行分析是决策的主要内容。传统的数据库很难适应这种决策分析。联机分析处理软件技术是专门用于支持复杂分析操作的，它以一种直观易懂的饼图、曲线图、直方图等形式将查询分析结果提供给决策人员，侧重于对决策及管理人员的决策支持。

包括 OLAP 在内的诸多应用牵引驱动了数据仓库技术的出现和发展；而数据仓库技术反过来又促进了 OLAP 技术的发展。Codd 认为 OLTP 已不能满足终端用户对数据库查询分析的要求,SQL 对大数据库的简单查询也不能满足用户分析的需求。用户的决策分析需要对关系数据库进行大量计算才能得到结果,而查询的结果并不能满足决策者提出的需求。因此,Codd 提出了多维数据库和多维分析的概念,即 OLAP。

目前已出现了很多联机分析处理的定义。例如:联机分析处理是一种共享多维信息的快速分析的技术;联机分析处理利用多维数据库技术,使用户从不同的角度观察数据;联机分析处理用于进行支持复杂的分析操作,侧重于对管理人员的决策支持,可以满足分析人员快速、灵活地进行大数据量的复杂查询的要求,并且以一种直观、易懂的形式呈现查询结果,用以辅助决策;联机分析处理是针对特定问题的在线数据访问和分析;联机分析处理是通过对信息的多种可能的观察形式进行快速、稳定、一致和交互性的存取,允许管理人员对数据进行深入观察。上面的定义从各种角度对联机分析处理给予了不同的解释,OLAP 委员会则给出了较为正式和严格的定义,他们认为联机分析处理是使管理人员能够从多种角度对从原始数据中转化出来的、能够真正为用户所理解的,并真实反映业务维持性的信息进行快速、一致和交互的存取,从而获得对数据更深入的理解。OLAP 的目标是满足决策支持或多维环境特定的查询和报表需求,它的技术核心是"维"这个概念,因此 OLAP 也可以说是多维数据分析工具的集合。

4. ETL

在构建商务智能系统的时候,如何正确、有效地将分散在各个不同数据源中的信息整合到系统中,成为整个系统成败的关键,直接影响到系统的运行效率和最终结果。ETL(Extraction-Transformation-Loading,数据抽取、转换和加载)正是解决这一问题的有力工具。ETL 常简称为数据提取,包含了三方面的内容:一是"抽取"(Extract),是指将数据从各种原始的业务系统中读取出来,这是所有工作的前提;二是"转换"(Transform),是指按照预先设计好的规则将抽取的数据进行转换,使本来异构的数据格式能统一起来;三是"装载"(Load),是指将转换完的数据按计划导入到数据仓库中。

ETL 是指把数据从数据源装入数据仓库的过程,即数据的抽取、转换和装载过程。ETL 过程的实质就是符合特定规则的数据流动过程,从不同异构数据源流向统一的目标数据。数据仓库的构建中,ETL 是关键的一环,它是整个数据仓库的生命线,一直贯穿于项目始终。如果将数据仓库比喻为高楼,那么 ETL 就是地基。建立数据仓库的首要问题是要考虑从不同类型的源系统中提取数据,以及要将数据存储在一个相当规模的目标数据库中,这个过程就是 ETL 过程。

1) 数据抽取

数据抽取是将数据从各个不同的数据源抽取到 ODS(Operational Data Store,操作型数据存储)中,在抽取的过程中需要挑选不同的抽取方法,尽可能地提高 ETL 的运行效率。弄清楚数据是从几个业务系统中来、各个业务系统的数据库服务器运行什么 DBMS、是否存在手工数据、手工数据量有多大、是否存在非结构化的数据等相关的信息后,根据这些信息,就可以开始进行数据抽取部分的设计。

2) 数据清洗转换

数据清洗转换实际上是利用有关技术如数理统计、数据挖掘或预定义的数据清洗转换规则,将脏数据转化成满足数据质量要求的数据。ETL 的 3 个部分中,花费时间最长的就是"T"(Transform,清洗转换)的部分,一般情况下这部分工作量是整个 ETL 的 2/3。

数据清洗的任务实际上就是过滤不符合要求的数据，将过滤的结果交给业务主管部门，由业务单位确认应该过滤掉或者修正之后，再进行抽取。

在大多数情况下，数据转换是将数据汇总，以使它更有意义。在转换结构中，确保能找出一种最好的方法，保证数据从传统的数据存储器到数据仓库的同步。

3) 数据加载

数据加载是将转换后的数据加载到数据仓库中。数据加载策略包括加载周期和数据追加策略，数据加载周期要综合考虑经营分析需求和系统加载的代价，对不同业务系统的数据采用不同的加载周期，但必须保持同一时间业务数据的完整性和一致性。

ETL 是用来实现异构多数据源的数据集成的一个工具，它是数据仓库、数据挖掘及商业智能等技术的根本。实现有多种方法，常用的有 3 种：一种是借助 ETL 工具(如 Oracle 的 OWB、SQL Server 2000 的 DTS、SQL Server 2005 的 SSIS 服务、Informatics 等)实现，一种是 SQL 方式实现，另外一种是 ETL 工具和 SQL 相结合。前两种方法各有各的优缺点，借助工具可以快速地建立起 ETL 工程，屏蔽了复杂的编码任务，提高了速度，降低了难度，但是缺少灵活性。SQL 方法的优点是灵活，提高 ETL 运行效率，但是编码复杂，对技术要求比较高。第三种综合了前面两种的优点，可极大地提高 ETL 的开发速度和效率。

6.3.2 客户智能理论

客户关系管理从走入管理者视线至今，对其效能和效用的讨论一直未停。理论上，客户关系管理系统的应用应该给企业带来价值的提升、利润的改善。然而，事实并非如此，很多企业花费了很大的人力、物力、资金，但收效甚微，甚至有的企业出现利润下滑。其主要原因是企业缺乏利用科学的方式和技术分析客户的信息和数据，没能获得客户知识，从而没有产生有效的决策。

如何利用数据增进对客户(包括最终客户、分销商和合作伙伴)情况的了解，实施以客户为中心的战略，从而创造出能使企业收入、利润和客户满意度都达到最优的理想结果的商务战略，这是 CRM 的核心，也是 CRM 实施中的难点。而商务智能则可以利用恰当的工具，如数据挖掘、决策支持和分析工具等去收集和分析与客户行为有关的信息，并进行客户相关数据分析，以及营销、销售和服务的部门级辅助决策支持，从而为高层领导提供企业全局的辅助决策支持，实现运营与分析的闭环互动。所以，在 CRM 战略中引入商务智能的概念形成客户智能，并在实施中加以正确应用，就成为 CRM 战略取得成功的不可或缺的一环。

1. 客户智能

客户智能(Customer Intelligence，CI)是客户知识(Customer Knowledge)从产生到发展、使用的过程，是创新和使用客户知识，帮助企业提高优化客户关系的决策能力和整体运营能力的概念、方法、过程，以及软件的集合。以商业智能所提供的决策支持工具为技术支撑，为 CRM 构建了一个具有可操作性、科学性的信息结构。

客户智能的主要工作体现在对大量客户数据进行收集和分析，识别、区分客户，针对不同客户采取不同的策略。通过数据分析，把握客户的需求，了解市场规律，使企业有可能开发出具有市场竞争力的新产品和服务。在 Internet 时代，CRM 的运用，不仅可以帮助企业实现销售的自动化，而且通过对大量客户数据的分析、挖掘，可以形成高层次的商业智慧，指导企业正确地发展，开发出消费者喜好的新产品，为企业带来难以估量的价值。具体来说，客户智能的工作主要体现在以下几个方面。

1) 定制化营销

一对一营销包含了以下 4 个基本要素：识别、差异化、互动、客户化。它可以更有效、更好地获得、保留、服务和发展客户，给 CRM 带来以下利益。

(1) 更快和更明智地制定决策。

(2) 提高精确度。

(3) 改善客户服务。

(4) 更快地实现产品上市。

(5) 实现从重视产品向重视客户的转移。

它对客户管理的经济价值体现在两方面：一方面是更高效率地获得客户(客户获得)；另一方面是长期保留客户(客户保留)。

有关数据表明，68%的客户与卖主关系的终止是因为对客户服务的不满。统计还表明，吸引一个新客户花费的费用是吸引老客户的 5 倍，对现存客户的投入会使客户忠诚度大大增加。

2) 客户流失分析

客户流失是企业在经营过程中最不愿意看到的事情，但是，逆向来看，它却是最有价值的信息之一。它几乎包含了企业所需的竞争、利润和发展的全部信息的错误单元。客户流失之所以是最有价值的信息之一，是因为：第一，客户可能感觉到企业所能够创造的客户价值在减少；第二，流失率的上升预示着企业从客户身上得到的现金流减少。

尽管企业会寻找新的客户来代替失去的客户，但是需要耗费大量的资源，并且老客户较之新客户能带来更高的现金流和利润。因此，愿意并且有能力从客户流失中学习的企业，应在找出客户流失根本原因的基础上，确定哪些是应该保留的客户，并重建客户关系。

3) 界定流失

客户流失类型很多，有的很容易发现，有的则很隐蔽。终止账户的客户将他们的业务转向其他的企业属于明显的流失者。流失不仅仅意味着客户的完全流失，而且包括客户消费的部分流失。客户流失是因为客户对企业的产品和服务有抱怨、不满意，同时，这种抱怨没有及时地得到反应或合理的解决，因而客户寻求能够提供更高价值的卖主。企业可以运用客户智能分析客户流失原因，重新审视现有的营销及客户策略，这是完善企业服务及企业形象、保持和提升企业利润的重要手段。

4) 忠诚和利润分析

一般来说，接受企业产品和服务越多或者时间越长的客户对企业来说越有价值。长期客户买得越多，企业的费时就越少，相应的价格敏感度也越低，而且会带来新的客户。最重要的是，老客户不需要企业花费寻找、劝说等获得成本和初始成本。客户能否保持忠诚取决于他们从企业中所得到的价值。许多企业失败的一个原因就是，过度地注重利润而不是价值的创造。管理人员在利润开始下降时才意识到问题的存在，便设法维持短期的利润，他们只注意了表象而无视价值创造系统正在无形地崩溃。把客户问题放在利润之后，简单地交给营销部门处理，导致流失的客户超过企业的忠实客户。因此，企业需要一种客户忠诚、客户流失的分析工具，帮助企业明确客户价值，以及客户的成本利润率，以达到合理成本维系最大价值客户的目标。

5) 客户行为根本原因分析

找到客户行为的根本原因需要大量的时间、精力和经验。客户价值评价的标准具有个体性、主观性，因此，评价的唯一方法是与现有的客户进行沟通，了解他们想要的是什么，以及对已经得到的价值的评价。客户感受的价值的高低是时间加权，经历时间越近的价值，时间权重越大。因此，用历史的、连续的观点分析失败原因是有必要的。而客户历史、连续的数据存放在客户数据仓库中，企业需要客户智能系统通过分析和识别客户数据，了解客户历史价值、现有价值及未来价值，进而做出相应的决策，巩固和改进企业现有的营销策略。

6) 提升企业的学习能力

客户智能系统为客户营销人员提供了从客户中学习知识和教训的途径，这些信息并不能直接指导决策，做出决策的是人、管理者、决策者。将客户智能系统的客户知识给适当的人，并用适当的理由来说服他们，用科学、合理的方法和信息制订出正确的改善方案，才能充分地发挥客户智能系统的功能。

【阅读6-8】建立高绩效的零售业商业智能系统——联华超市股份有限公司数据分析平台构建

2004年，联华超市开始建立联华数据分析平台，实施商业智能应用。数据分析平台运用数据仓库、OLAP和数据挖掘技术来处理和分析数据，使联华的门店绩效管理、商品品类和自有品牌的业绩考核、客户管理、供应商管理等建立在可靠的业务数据基础上，为联华实施"客户需求＋竞争对手"的发展策略服务。

1. 数据分析平台的应用

(1) 固定报表。面向管理人员和业务分析人员的统计报表，主要用以反映联华日常经营活动中销售、库存周转、缺货等主要因素对联华业务指标的影响。针对联华决策层的报表应用体系，内容涉及整个公司的门店营运、商品经营、业务发展等方面，使公司领导可以通过这些指标快速、便捷地了解整个业务的经营、收入情况，及时掌控整个企业的业务发展变化。

(2) 多维分析。OLAP是对日常固定报表的扩充，为业务分析人员和管理层提供了一个高效、易用的业务分析平台。分析人员可以借助分析工具，采用切片、旋转、钻取等方法，多纬度(商品、时间、门店、供应商、会员)分析业务问题，及时了解业务情况，总体把握现状，及时发现异常，进而展开专题分析、数据挖掘等更深入的分析，比如营运绩效分析、物流绩效分析、专题分析。针对某个具体的问题或营销活动，通过固定报表、多维分析和联机查询方式，对商品结构、客户的消费行为和趋势进行分析。目前，已经实现的专题分析主要有联华自有品牌开发专题、重点供应商分析专题等。

(3) 数据挖掘。借助数据挖掘，以求深层次了解会员客户特征。目前正在实施的应用主要有：客户生命周期价值评估模型，合理划分会员等级和服务水平；基于消费行为的RFM细分模型，了解会员消费习惯和消费周期；基于消费商品集的客户细分模型，了解会员消费选择。

2. 数据分析平台的应用效果

联华数据分析平台经过近两年的建设，建立了全业态的运营数据的集中管理和信息共享，为联华的资源整合和合理利用提供了一个基础平台。

(1) 数据集中和信息共享。2004年底，联华数据分析平台完成了联华全业态数据的集中存储，这些业务数据覆盖公司所有的主营业务收入源，实现了数据的完整性，建立了信息共享平台。数据分析平台的ETL采用自动调度、统一管理，每日数据可以自动追加，使前端用户可以及时了解最新的经营状况，实现了数据的及时性，建立了关键指标的统计口径和代码标准化管理流程。在全公司实现口径一致、代码统一，在可能产生数据质量的ETL、源系统、统计口径等环节进行分析和监控，逐步建立起闭环的数据质量管理办法和流程，保证数据准确性。

(2) 应用的广泛性。应用的广泛是联华数据分析平台价值的体现。联华数据分析平台的应用，从商品销售分析开始，分析商品结构的合理性，分析商品的获利能力，分析营销策略和营销效果的可行性，达到用数据说话、用数据指导经营的目的。同时，尽可能通过数据分析平台的分析结果指导经营，力求有限资源的合理配置，有效增加收入、降低成本。

(3) 知识转移和项目团队建设。数据仓库建设不同于其他IT系统，为适应市场的需要，数据仓库的应用是不断更新、不断增加的。在数据分析平台建设伊始，总经理室作为项目指导委员会，公司高层作为项目成员亲自参与平台的建设。在项目进行过程中，根据项目进行的阶段，采用分阶段培训的方式，对联华内部的相关用户进行针对性培训，提高他们的使用技能，激发他们的应用兴趣。

资料来源： 联华超市股份有限公司[EB/OL]. (2010-10-09)[2011-05-29]. http://www.lhok.com.cn.

2. 客户智能的本质

客户智能的本质是创新，使用客户知识创造客户价值，从而获得竞争优势，如图6-6所示。客户价值分析是客户智能具有的重要分析方法，它不但权衡利用客户知识产生客户智能的效果，而且在分析过程中产生新的客户知识。由此，客户价值分析对与客户有关的活动的支持(通过客户知识)作用就显得尤为重要。比如，客户标识、客户细分、客户差异、客户满意、客户忠诚等面向客户的决策主题因为有了客户价值分析的支持，就会有的放矢，引导正确的客户关系。所有客户知识的创新都是基于客户理论的。

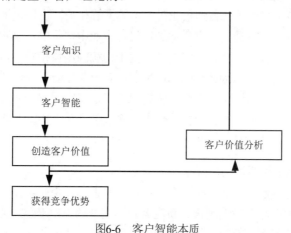

图6-6　客户智能本质

客户知识的使用会使该理论基础对应的决策主题(如客户分类、客户差异、客户满意、客户忠诚)更有效、更科学。但是，如何来衡量这种有效性和科学性呢？比如，客户满意是客户对企业的情感表达，较难对客户智能实现效果进行衡量。而客户忠诚更是如此，因为客户忠诚是长期客户满意的情感积累，并且达到忠诚的时间长短因人而异。所以，必须找到指导客户智能实现效果的一般性思想方法，那就是客户价值。客户智能实现效果只有以正确的客户价值分析为基础，才能进行衡量和具有说服力。客户关系的本质特征之一就是：能为双方带来价值是任何一个客户关系存在的前提。正是客户关系与客户价值之间的这种相关性，从根本上影响了客户智能的本质。

美国生产力与质量中心(APQS)在研究 100 多家企业后发现，不断学习、集成和运用客户知识是创造客户价值的重要来源。运用客户知识创造客户价值的途径很多，比如：将客户知识直接作用于产品或客户；获取外部客户知识作用于客户等；运用知识发现技术，产生个性化的客户知识，用于客户价值的创造。

3. 客户智能的意义

将商务智能引入客户关系中的优化与管理中的目的之一是让企业在处理其与客户之间的关系上保持主动地位，使"以客户为中心"的经营理念更突显和真正实现。

1) 企业收入和利润最大化原则

一个企业进行生产运作、提供优质服务最根本的目的是将其产品和服务销售给客户，并在销售过程中尽可能地实现利润最大化，利润是企业生产所追逐的唯一目标。因此，CRM 在将焦点放在建立与客户之间较强的关系同时，需要对各个客户进行价值的定位分析，保留有价值的客户和有潜在价值的客户，放弃一些无价值和负价值的客户。企业对所保留的客户通过增值销售和关联销售，进一步地挖掘和扩大客户的商业价值，并促进企业业务和客户之间的关系最大化。通过客户关系管理评估和推进现有客户身上的平均收入，进一步地优化客户群体。企业在使客户关系价值最大化，在更深层次抓住客户的同时，还应当为新产品和附属产品的销售给予一定的考虑，尽可能地降低现有客户接受这些产品的成本。

2) 稳定地提供优质服务

有效的 CRM 应该让客户充分感到企业对自己的了解和关怀，稳定地提供优质的服务。只有稳定地提供优质服务，才能避免客户感觉到自己在企业中地位的不确定性，让客户始终感觉到企业对自己的重视，保持客户对企业的忠诚。由于传统的销售模式中，客户通常在整个销售的过程中始终处在被动的地位，因此，CRM 应当建立一个互动平台，使客户在商品销售过程中与企业始终站在一个平等的地位，甚至有些情况下可以将客户置于企业之上，充分让客户体验主人翁的地位，这样更能够获得客户在情感上对企业的认可，主动与企业进行沟通，让企业更加容易地及时获得客户需求信息，促进优质服务的保持。

3) 开发可重复的销售过程

CRM 应当通过技术支持，使客户知识得到有效的集成，企业可以利用客户过去的交易历史信息，将有针对性的产品有效地销售给新老客户。有效的 CRM 必须使得客户在与企业进行的每次交易中所遇到的问题，都能获得一个稳定、可靠、真实的答案，从而有助于企业运用积累的客户知识，建立更加紧密、附加值更高的关系。

4) 传递价值、提高忠诚度

CRM 需要运用事先采集的信息积极解决潜在的问题，预测将来可能遇到的问题，强化客户的忠诚度。CRM 通过对客户传递其在交易中的地位和价值，以及从企业中获得的价值，让客户充分体验到企业为其提供的个性化的产品和服务，建立客户对企业产品和服务的长期的依赖关系。

6.4 典型案例

案例描述

基于RFM的航空客户价值实例分析

在面向客户制定运营策略、营销策略时，希望能够针对不同的客户推行不同的策略，实现精准化运营，以期获取最大的转化率。精准化运营的前提是客户关系管理，而客户关系管理的核心是客户分类。

通过客户分类，对客户群体进行细分，区别出低价值客户、高价值客户，对不同的客户群体开展不同的个性化服务，将有限的资源合理地分配给不同价值的客户，实现效益最大化。

在客户分类中，RFM模型是一个经典的分类模型，模型利用通用交易环节中最核心的三个维度——最近消费(Recency)、消费频率(Frequency)、消费金额(Monetary)细分客户群体，从而分析不同群体的客户价值。

在某些商业形态中，客户与企业产生连接的核心指标会因产品特性而改变。如互联网产品中，以上三项指标可以相应地变换为以下三项：最近一次登录、登录频率、在线时长。

借助某航空公司客户数据，探讨对客户群体细分后如何利用RFM模型对客户价值进行分析，并识别出高价值客户。

主要希望实现以下三个目标：

(1) 借助航空公司客户数据，对客户进行群体分类；

(2) 对不同的客户群体进行特征分析，比较各细分群体的客户价值；

(3) 对不同价值的客户制定相应的运营策略。

考虑到商用航空行业与一般商业形态的不同，决定在RFM模型的基础上，增加2个指标用于客户分群与价值分析，得到航空行业的LRFMC模型。

L：客户关系长度。客户加入会员的日期至观测窗口结束日期的间隔。(单位：天)

R：最近一次乘机时间。最近一次乘机日期至观测窗口结束日期的间隔。(单位：天)

F：乘机频率。客户在观测窗口期内乘坐飞机的次数。(单位：次)

M：飞行总里程。客户在观测窗口期内的飞行总里程。(单位：公里)

C：平均折扣率。客户在观测窗口期内的平均折扣率。(单位：无)

同时针对业务需要，及参考RFM模型对客户类别的分类，定义五个等级的客户类别。

(1) 重要保持客户

平均折扣率高(C↑)，最近有乘机记录(R↓)，乘机次数高(F↑)或里程高(M↑)。

这类客户机票票价高，不在意机票折扣，经常乘机，是最理想的客户类型

公司应优先将资源投放到他们身上，维持这类客户的忠诚度

(2) 重要发展客户

平均折扣率高(C↑)，最近有乘机记录(R↓)，乘机次数高(F↓)或里程高(M↓)

这类客户机票票价高，不在意机票折扣，最近有乘机记录，但总里程低，具有很大的发展潜力

公司应加强这类客户的满意度，使他们逐渐成为忠诚客户

(3) 重要挽留客户

平均折扣率高(C↑)，乘机次数高(F↑)或里程高(M↑)，最近无乘机记录(R↑)

这类客户总里程高，但较长时间没有乘机，可能处于流失状态

公司应加强与这类客户的互动，召回用户，延长客户的生命周期

(4) 一般客户

平均折扣率低(C↓)，最近无乘机记录(R↑)，乘机次数高(F↓)或里程高(M↓)，入会时间短(L↓)

这类客户机票票价低，经常买折扣机票，最近无乘机记录，可能是趁着折扣而选择购买，对品牌无忠诚度

公司需要在资源支持的情况下强化对这类客户的联系

(5) 低价值客户

平均折扣率低(C↓)，最近无乘机记录(R↑)，乘机次数高(F↓)或里程高(M↓)，入会时间短(L↓)

这类客户与一般客户类似，机票票价低，经常买折扣机票，最近无乘机记录，可能是趁着折扣而选择购买，对品牌无忠诚度

案例分析

重要保持客户、重要发展客户占比15.3%，不足两成，整体较少

一般客户、低价值客户占比59.3%，接近六成，整体偏多

重要挽留客户占比25.4%，接近四分之一，整体发挥空间大

按照20/80法则：一般而言企业的80%收入由头部20%的用户贡献。忠诚的重要保留客户、中发展客户必然贡献了企业收入的绝大部分，企业也需要投入资源，服务好这部分客户。

同时，重要保持客户、重要发展客户、重要挽留客户这三类客户其实也对应着客户生命周期中的发展期、稳定器、衰退期三个时期。从客户生命周期的角度讲，也应重点投入资源召回衰退期的客户。

一般而言，数据分析最终的目的是针对分析结果提出并开展一系列的运营/营销策略，以期帮助企业发展。在本实例中，运营策略有三个方向。

提高活跃度：提高一般客户、低价值客户的活跃度，将其转化为优质客户。

提高留存率：与重要挽留客户互动，提高这部分用户的留存率。

提高付费率：维系重要保持客户、重要发展客户的忠诚度，保持企业良好收入。

每个方向对应不同的策略，如会员升级、积分兑换、交叉销售、发放折扣券等手段。

资料来源：基于RFM的客户价值分析模型．https://baijiahao.baidu.com/s?id=1599953119576711061&wfr=spider&for=pcCRM[EB/OL].(2018-05).

思考题：
(1) 在客户分类中，RFM模型的含义是什么？
(2) 航空公司进行客户价值分析要实现哪三个目标？
(3) 航空行业的LRFMC模型是什么样的？
(4) 航空公司定义哪五个等级的客户类别？试分析其特征并比较各细分群体的客户价值。

小　　结

本章首先介绍客户关系管理系统的一般组成和分类，然后从电子商务的特点出发提出电子商务客户关系管理系统的体系结构及五大核心部件：销售自动化系统、营销自动化系统、服务自动化系统、呼叫中心、电子商务网站。在此基础上，介绍了托管型CRM的体系及实现方式，重点介绍了商务智能技术与客户关系管理系统相结合形成客户智能。客户智能的本质是创新，使用客户知识创造客户价值，从而获得竞争优势。客户智能的核心技术是数据仓库、数据挖掘、OLAP、ETL等。客户智能的主要工作是在对大量客户数据运用智能技术进行收集和分析，识别、区分客户，针对不同客户采取不同的策略。通过数据分析，把握客户的需求，了解市场规律，使企业有可能开发出具有市场竞争力的新产品和服务。

关键术语

电子商务客户关系管理系统　应用服务托管　托管型CRM　商务智能　客户智能

习　　题

一、填空题

1. CRM 系统一般由＿＿＿＿、＿＿＿＿和＿＿＿＿三部分组成。
2. ＿＿＿＿能通过强大的客户数据库把销售过程、营销宣传、客户关怀、售后服务等环节有机地结合起来，为企业提供更多的机会，向企业的客户销售更多的产品。
3. 呼叫中心的首要目标是＿＿＿＿、＿＿＿＿。
4. 在电子商务企业实施客户关系管理系统的过程中，要充分考虑＿＿＿＿、＿＿＿＿、＿＿＿＿、＿＿＿＿及＿＿＿＿等因素。
5. 企业在电子商务环境下的竞争优势，很大程度上将取决于＿＿＿＿及＿＿＿＿，企业应通过管理与客户间的互动，改变管理方式和业务流程，减少销售环节，降低销售成本争取客户，提高客户价值，实现最终效益的提高。
6. 客户智能的本质是＿＿＿＿、＿＿＿＿，从而获得竞争优势。

二、简答题

1. CRM 系统根据系统操作者的对象不同可分为哪几个类型？
2. 市场营销自动化可以做到哪几方面？

3. 简述服务自动化系统的功能。
4. 为了和客户沟通，在电子商务中采取了哪些措施？
5. 在选择 CRM 软件时，要考虑哪些跨平台性能？
6. ETL 包含了哪几方面的内容？

三、分析题

海尔集团的客户管理系统的运作

海尔集团的客户服务系统是不断发展和完善的过程。20 世纪 90 年代初，海尔集团在全国 29 个城市中建立了电话中心，客户的安装、维修可通过电话预约上门服务。但这个系统存在不少弊端：话务处理能力有限，系统可靠性差、可维护性差，经常出现死机、系统崩溃的现象，导致客户无法接通电话，且一些网点的服务质量低；电话中心与海尔售后服务中心没有统一标准，信息不能共享，从而严重影响了客户的服务质量。

海尔客户服务系统(Haier CSS)的建立和运行使公司拥有了完整的客户信息系统，实现了分布式数据复制及数据共享，企业业务部门和工作人员可随时随地查找客户信息和进行服务质量分析，同时也支持客户网访、交叉销售等工作。海尔客户服务系统满足了企业复杂和庞大的信息处理需要，同时也为海尔的管理者和决策者提供了方便、丰富的报表制作能力和通用的查询能力，提高了海尔对市场的反应速度和适应能力。

从海尔集团的客户关系管理中不难看出，客户关系管理的实施是一个复杂的系统工程。就上面的资料，试对下面的问题做出分析：

(1) 海尔集团的客户关系管理系统项目为企业带来了哪些变化？
(2) 海尔集团的客户关系管理系统如何解决原有的问题？
(3) 海尔集团的客户关系管理系统的框架是怎么样的？

四、课程实训

任务1：数据处理方法的检索
要求：1. 通过网络检索了解常见的数据挖掘方法。
　　　　2. 熟知数据分析的作用。
　　　　3. 掌握服务端数据类型判定标准。
　　　　4. 了解RFM分析法。

任务2：服务端数据分析
要求：1. 利用合理的方法对挖掘到的服务端数据进行分析。
　　　　2. 得出数据分析结论。
　　　　3. 完成数据分析报告。

任务3：CRM系统的产品调研
要求：通过资料收集，了解目前提供CRM系统的产品有哪些，它们分别属于什么公司开发的，目前的客户有哪些，有哪些应用案例，效果如何。

第 7 章

电子商务客户呼叫中心

◎ 知识目标：
1. 了解呼叫中心的定义、发展历程、类型。
2. 理解呼叫中心在CRM系统中的核心价值。
3. 掌握呼叫中心的体系和组件。
4. 理解智能化呼叫中心的理念和技术特点。
5. 理解客户服务中心面临的挑战。

◎ 技能目标：
1. 掌握营销型呼叫中心的功能。
2. 掌握管理型呼叫中心的功能。
3. 掌握客户呼叫中心业务支撑与流程设计。
4. 掌握呼叫中心的行业应用解决方案及技术优势。
5. 掌握智能化技术对人力资源及服务方式的影响。

基于全媒体呼叫中心的电子商务客户服务系统

从总体来看，客户服务呼叫中心主要包括交互响应系统(IVR)和客户呼叫管理系统(CCM)两部分。

IVR主要作用是为用户提供交互式的语音服务，在需要的情况下将呼叫转到人工座席。合理划分IVR和人的功能作用。它并不去做呼叫管理、信息存储和信息检索之类的事情，这些功能是CCM的优势，由CCM统一来完成。

在电子商务模式下，交易获得成功的关键是要建立客户对商家的信任，统一的特服号码显得必不可少，从已有电子商务企业呼叫中心的应用来看，主要是对外统一号码，以建立信任度、提升品牌形象为主要目标。

在电子商务基础平台集成了语音处理设备、交互响应服务器、自动呼叫分配服务器等呼叫中心基础设施。通过处于IVR和CCM之间的通信控件，完成IVR和CCM之间的通信连接和信息交换。满足系统前台IVR与后台CCM之间数据的传递的需要,同时实现电子商务系统和呼叫中心系统之间的互联,以及应用之间的相互操作。

将呼叫中心系统的人工座席服务和自动服务、IP电话等功能纳入,实现管理双方接触活动和信息交流。其主要内容包括营销自动化、销售过程自动化和客户服务三个方面。

电子商务主要通过网络进行交易,全媒体呼叫中心是信息媒体和通信渠道的统一融合,并提供统一的接入、路由、排队、服务、处理和回复的综合通信服务。它相对传统媒介而言,不受地域和时空的限制,又比传统的互联网更受广大群众的喜爱。比如,网络与电话的结合就弥补了各自的不足,电话中不能产生视觉影响,只有声音,而网络是一个有声有色的环境,具备互动性强的特点。"互联网+"时代的营销将是一场视听盛宴,全媒体呼叫中心是未来电子商务不可或缺的重要组成部分。

资料来源:基于全媒体呼叫中心的电子商务客户服务系统[EB/OL]. (2018-02-07)[2019-09-19]. https://baijiahao.baidu.com/s?id=1591712099351151930.

思考:"互联网+"时代的全媒体呼叫中心有什么特点?

不同企业的远程服务组织的称谓不尽相同,如客户服务中心、客户响应中心、客户联络中心、远程服务中心等,提供的服务和业务职能也存在一定差异,大多涵盖基本的服务支持、业务咨询、投诉受理、客户关怀、营销协同、产品销售等的全部或部分功能。其中,最具代表性的企业向客户提供远程服务的组织是客户呼叫中心。

呼叫中心从最初的热线电话形式、自动呼叫分配系统到计算机电话集成、互联网移动电话集成,它在客户关系中的重要性逐渐被企业所认知和接受。呼叫中心是企业客户服务的窗口,同时呼叫中心收集大量客户数据,这些信息对企业的发展规划、决策都有着重要作用。

7.1 呼叫中心概述

呼叫中心就是在一个相对集中的场所,由一批客户服务人员组成的服务机构,通常利用计算机通信技术处理来自客户的电话询问和咨询,以及提供技术支持。当需要同时处理大量来电时,可将来电自动分配给具备相应技能的人员处理,并能记录和存储所有来电信息。以客户服务为主的呼叫中心具备查询、咨询、投诉电话等呼入功能,以及回访、客户满意度调查等呼出功能。

7.1.1 呼叫中心的定义

呼叫中心(Call Center)也称作"客户服务中心"(Customer Care Center),是一种基于计算机网、通信网集成技术,并与企业连为一体的一个完整的新型综合信息服务系统。呼叫中心利用通信手段,有效地为客户提供高质量、高效率、全方位的服务。

通过提供各种计算机语音集成中间设备来支持自动呼叫分配(Automatic Call Distribution, ACD)/专用分组交换机(Private Branch Exchange, PBX),实现计算机电话集成技术与CRM业务应用软件之间的整合。通过电话技术来进行与客户之间的互动,对来自多个渠道的工作任务和座席代表的任务进行全面的管理。初看起来,呼叫中心好像是企业在最外层加上一个服务层,实际上它不仅仅为外部用户,也为整个企业内部的管理、服务、调度、增值起到非常重要的统一协调作用。

呼叫中心已经在很多方面得到应用。例如,电话银行,用户可以通过电话进行汇率查询、账户结余查询、转账、代扣公用事业费等。现在的呼叫中心是 CRM 行业的一个重要分支,是由若干成员组成的工作组,这些成员既包括一些人工座席代表,又包括一些自动语音设备。呼叫中心通过网络进行通信,共享网络资源,为客户提供交互式服务。

7.1.2 呼叫中心的发展历程

呼叫中心最早出现在 20 世纪 70 年代的民航业,其形态就是今天所说的热线电话,其最初的目的是更好地向乘客提供咨询服务,并受理乘客的投诉。企业通常指派若干个经过培训的业务代表专门负责处理各种咨询和投诉,客户只需拨通公司的服务电话就可以与业务代表直接交谈。这种服务方式可以充分利用业务代表的专长,直接和客户沟通,从声音、音调辨认及判断客户的隐藏含义,因此在提高工作效率的同时大大提高了客户服务的质量,其应用范围也逐渐扩大到民航以外的领域。

呼叫中心的发展是随着通信技术和计算机技术的发展而不断演进的。新技术的应用不断地改变着呼叫中心的服务内容和服务质量。根据呼叫中心核心技术的转换,呼叫中心的发展过程可分为以下几个阶段。

1. 第一代语音电话单机接入

呼叫中心在早期没有所谓的平台,就是通过公共网络的语音电话做单机操作,业务代表的职位还未出现,企业会指派负责接听电话的员工。企业端没有任何系统的呼叫量记录以供管理分析,对话务员也无法实施量化绩效管理,完全依赖人工记录的呼入总量及呼入类别。这样做不但不精准,也无法掌握时效,无法均衡话务员的工作量,往往有人非常忙碌,有人却非常空闲。

在这种操作环境下,基本靠人工操作,对话务员专业技能要求很高,而且劳动强度大、功能差、效率低,无法对服务质量进行控制管理,企业只有被动地等着客户上门投诉,所以企业背负着很大的客户流失风险。

2. 第二代板卡式软交换

板卡式软交换是通过计算机平台架设各种功能性板卡,如语音处理、语音接入、自动语音、传真接入等,实现交换机上的功能。虽然可以直接与公网连接,利用计算机和服务器实现语音与数据的集成技术,但毕竟计算机的语音处理技术尚未达到一个稳定的阶段,故往往在处理大量的语音呼叫量的时候,容易造成接入不稳的状况,漏失客户的来电或中断处理中的电话。所以一般来说,板卡式软交换平台比较适合规模小、呼叫量少、应用需求不多的小型企业或呼叫中心。

3. 第三代企业级交换机(PBX)/自动呼叫分配(ACD)

"PBX+ACD"可以说是为企业提供了一个比较平稳的语音接入和处理的平台。ACD以公平的分配方式，将大量的呼叫进行排队，并分配至有恰当技能和知识的座席代表，实现了资源的最佳运用，也让座席代表获得公平的工作量分配。企业PBX能提供较丰富的语音处理功能，能提供被叫号码识别和主叫方号码识别等服务。自动语音系统(Interactive Voice Response，IVR)可外接于PBX，提供语音导航功能，按照服务菜单的选项对应客户所需求的语音响应。客户可以在交换机排队、座席代表和自动语音系统之间，自由选择语音服务或者座席代表服务，而不用担心排队优先级有所改变。

更重要的是，交换机提供呼叫管理报表，管理者可看到每半小时呼叫量的分布情形，在每半小时内的服务水平、掉线率、平均通话时长、平均处理时长、在线人数等数据。管理者还能够实时监控座席代表在线工作状况。座席代表由电话端设定的工作状态区分为在线、电话后处理、辅助、其他等。交换机将所有的座席代表在线状况通过报表反映出来，由管理者设定人员分组、技能分组、被叫号码等，可实时查看是否有异常工作情形。例如，过长的在线表示座席代表可能有棘手的客户投诉，过长的电话后处理代表员工可能有工作效率的问题，过长的辅助时间则表示可能有工作怠惰的员工，还可以目视座席代表上线时间是否依照班表的时程，并据此进行管理。

企业级交换机虽然可协助呼叫中心管理者实现大部分的呼叫现场管理，但针对业务运营流程方面的执行效能，也就是客户数据应用在流程管理效能提升上，并没有协作集成的解决方案。也就是没有为呼叫中心的座席代表提供语音和数据的整合服务。另外，作为与客户接触的虚拟服务中心，对于客户所有的业务咨询和问题排解，有些是自行负责的业务范围，有些是争取高层授权或平行部门的认可代为解决，还有些是必须提交给后台或其他部门才能完成的业务或服务要求。对于具体完成的时间或质量虽然不是由直接执行单位负责，但也必须对客户负责。因为一般客户是不会去分辨谁是执行单位，谁是负责单位。作为负责单位，的确承受了来自客户的巨大压力，所以自然会对问题解决的后续情况(包括解决即时性和质量)有所关注和控制，于是工作流管理(Work Flow Management，WFM)就产生了。这样，一方面可避免传统纸张的浪费，实现无纸化的工作环境；另一方面能够自动准确地追踪评估后续工作的KPI指标，让前台座席代表承办业务更完整、更精确，让其更无后顾之忧地全力为客户做好服务。

4. 第四代PBX加计算机电话集成(CTI)

第四代的呼叫中心开始对语音和数据的协作集成有更完善的技术解决方案，最具代表性的就是计算机电话集成(Computer Telephony Integration，CTI)。一个完善的CTI软件还可以实现更多的功能需求，例如智能分组路由，可以更具弹性且更多层次地让客户电话一次就分派到最恰当的座席代表，例如前次服务人员、客户分级、语言偏好等，而座席代表的技能也可以被赋予多种层级与优先级，让客户层级偏好对应于座席代表的技能组合，可以具体实现资源最佳分配与应用，而不至于浪费闲置。又如，实时报表功能可以和排班系统的实时监控连接，让管理者原先必须用目视方法监控座席代表上线时间是否按班表的时间操作，转变成自动监控和提供目视警告机制，并且可与信息平台连接，将使用者定义的异常状况实时通知管理者。

另外，自动外拨呼叫与呼入在CTI平台上其实是一体两面，所以在比较先进而且设计完善的CTI软件上，可以实施呼入和呼出混合的机制。这在技术面上得以实现给使用者提供了运营效益。不论使用者的组织或分工是否已经具备实现这种技术的条件，管理者都必须要有这样的前瞻眼光，否则一旦时机成熟，再谈技术改造或升级，不仅耗费人力、财力，更重要的是错过了商机。已经具备这样的技术框架的竞争者很容易就获得领先的地位，实为呼叫中心管理者不得不深思明辨的重要议题。

呼叫中心的整体运营在技术面上包括了语音处理、数据应用，以及跨部门工作交流，将前台服务需求和后台服务供应整合在一个开放式平台，不仅对技术部门而言维护单一平台比多个平台更容易、成本更低，对使用者而言也能够更轻易地开发完整业务工作，而不会被单一服务供货商束缚。一个具备完善框架的CTI平台不只在语音功能上可提升效能，在整合其他多媒体接入渠道上更应该视为如同语音接入一般地汇集为单一排队体系，只有电邮、传真、互联网回拨、互联网网页协同、IP电话接入都一并处理，配合座席代表技能分组和智能化路由，才能实现资源利用最佳化，保持呼叫中心人力集中配置。不至于将座席代表做不必要的分割，降低运营效率。客户数据方面也能更稳定地实现多层次数据集成，以及跨部门工作流的数据串流，更容易具体实现客户关系管理系统的开发和实施。

5. 第五代真正融合互联网、CTI于移动终端设备

第五代呼叫中心不仅真正融合了互联网的所有应用。随着无线传输技术的进步与频宽的大幅提升，最新的CTI技术已经往座席代表不限于固定工作站的方向发展。

第五代呼叫中心是基于统一通信(Unified Communication，UC)，面向服务体系结构(Service-Oriented Architecture，SOA)和实时服务总线技术，具备及时化生产(Just In Time，JIT)管理思想，作为全业务支撑平台的客户互动服务中心。

与第四代呼叫中心相比，第五代呼叫中心突出包含以下4个特性。

1) 通信：基于UC技术

第五代呼叫中心在通信方面提出了更高的要求，允许客户以各种联络方式请求呼叫中心，并且呼叫中心能够像管理电话一样管理这些联络方式。这些联络方式包括电话、传真、短信、电子邮件、网上音频、网上视频、文本交谈、文件传输、应用共享、桌面共享和电子白板。

2) 计算：基于SOA和实时服务总线技术

服务中心引入的软件系统越来越多，软件需求也在不断地变化，因此第五代呼叫中心要求软件基于SOA(Service-Oriented Architecture，面向服务的架构)技术，以满足系统之间的交互和不断变化的需求；同时，服务中心是典型的实时系统，要求系统之间的交互是实时的，而实时处理的需求也是不断变化的，因此必然需要实时的服务总线职称。

3) 管理：具备JIT管理思想

JIT生产方式是一种独具特色的现代化生产方式，是一种彻底追求生产过程合理性、高效性和灵活性的生产管理技术。它已被应用于世界各国的许多行业和众多企业之中，其精髓在于持续改进，包括"倒过来"的生产方式，杜绝一切形式的浪费，尊重人性和协调人的积极性，外部协作关系良好。第五代呼叫中心在技术上需要对JIT管理思想提供有效的管理工具。

4) 业务：具备全业务支撑平台(TSP)

第五代呼叫中心在业务模式上应该是一个 TSP，既可以应用于呼入，也可以应用于呼出；既可以应用于客户服务，也可以应用于电话营销；既可以应用于众多商业领域，也可以应用于多政务行业；既可以应用于自建呼叫中心，也可以应用于外包呼叫中心；既可以应用于大集中呼叫中心，也可以应用于分布式呼叫中心。

7.1.3 呼叫中心的分类

呼叫中心可以按照不同的参照标准分成多种类型。

1．按采用的接入方式分

按采用的接入方式，可以将呼叫中心分成基于交换机的 ACD 呼叫中心和基于计算机的板卡式呼叫中心。

2．按呼叫类型分

按呼叫类型，可以将呼叫中心分成呼入型呼叫中心、呼出型呼叫中心和呼入/呼出混合型呼叫中心。

3．按功能分

按功能，可以将呼叫中心分成传统的电话呼叫中心、Web 呼叫中心、IP 呼叫中心、多媒体呼叫中心、视频呼叫中心、统一消息处理中心等。

4．按分布地点分

按分布地点，可以将呼叫中心分成单址呼叫中心和多址呼叫中心。

5．按人员职业特点分

按人员的职业特点，可以将呼叫中心分成正式(Formal)呼叫中心和非正式(Informal)呼叫中心两种。正式的呼叫中心就是通常所说的有专门的话务代表处理客户的呼叫，为客户提供服务的呼叫中心；而非正式的呼叫中心是指那些由不是专门的话务代表的人来为客户服务的呼叫中心。

6．按呼叫中心技术发展分

按呼叫中心技术的发展，可以将呼叫中心分成传统呼叫中心和现代呼叫中心。现代呼叫中心是呼叫中心技术开发商在新一代的产品中加入了更多的先进技术。

7．按应用分

按应用，可以将呼叫中心分成电信呼叫中心、银行呼叫中心、邮政呼叫中心、民航呼叫中心、企业呼叫中心、政府呼叫中心等。

8．按使用性质分

按使用性质，可以将呼叫中心分成自营型呼叫中心(In-house Call Center)、外包型呼叫中心

(Outsourcing Call Center)和ASP(应用服务提供商)托管型呼叫中心3类。下面介绍这3种重要的形式。

1) 自营型呼叫中心

自营型呼叫中心指企业自身建立起的独立的呼叫中心,其运营指标要从以下几方面来评估。

(1) 服务级别(Service Level),即多少呼叫会在一定时间内被接听,是80/20,还是90/10,或者是70/30。

(2) 呼损率(Abandon Rate)。

(3) 平均通话时间(Average Speech Time)。

(4) 后续工作时间(After Call Work)。

(5) 转接率(Change Rate)。

(6) 单个呼叫成本(Cost/Call)。

(7) 人员流失率。

当然,如果呼叫中心还担负着追踪销售线索,维护客户关系的任务,还要考察销售成功率和客户挽留成功率等指标。以上只是考核一个呼叫中心运营的基本指标,具体还要根据企业的实际情况来制定。

2) 外包型呼叫中心

外包型呼叫中心是指租用其他方的呼叫中心设备、座席、人员和运营管理,完成客户服务、市场营销等诸多活动的类型。

外包型呼叫中心的各种业务都可以拆分成外包业务:建设外包、应用外包、系统硬件、座席外包(外包不含座席代表)、运营管理外包、招聘/培训外包等。按业务类型的难易程度、时效性、阶段性、企业文化的理解等方面的不同,可将外包分为以下4种类型。

(1) 按座席外包(呼入/呼出混合型)。

(2) 按呼入量外包(呼入型)。

(3) 按项目外包(呼入型、呼出型)。

(4) 连带CRM的外包(综合型)。

3) ASP托管型呼叫中心

ASP托管型呼叫中心是将各种应用软件安装在数据中心(IDC)或服务器群上,通过网络将应用软件的功能或基于这些功能的服务,以有偿的方式提供给使用者,并由ASP服务提供商负责管理、维护和更新这些功能和服务,提供给使用者优质完善的服务。

从表7-1中可看出这3种呼叫中心形式各有优缺点,企业需要根据自己的实际情况、资金、人员、经营战略重点等分析,选择适合企业发展建设的呼叫中心形式。

表7-1 3种类型呼叫中心功能比较

比较项目	自营型呼叫中心	外包型呼叫中心	ASP托管型呼叫中心
建设成本	高 (一次性投入软硬件、系统集成)	无	无
日常维护费用	高 (人工费、设备维护费)	一个座席租金为0.6万元~1.5万元	无

(续表)

比较项目	自营型呼叫中心	外包型呼叫中心	ASP托管型呼叫中心
稳定性	系统集成程度不同,稳定性差别大	外包商的服务质量不同,稳定性差别大	好(核心平台放在ASP提供商,专业维护,7×24 小时电话支持服务)
容量伸缩性	无	灵活	随时可增减
开通速度	1～3 个月	快	7 个工作日
易用性	难	简单	简单
数据安全	数据在企业内部	数据在外包商	数据在企业内部
用户认知接受度	高	高	一般

7.1.4 呼叫中心的价值

CRM 系统与呼叫中心的关系最为密切,呼叫中心主要用于提供客户服务或电话营销,而良好的客户关系是呼叫中心成功的关键。CRM 系统技术通过建立客户数据库,对信息的统计分析、处理、采掘和提炼,使呼叫中心业务代表可以得到每个客户的详细信息、过去交往记录、客户爱好等信息,因此,可以为客户提供个性化的服务,节省通话时间,既提高了业务代表的工作效率,也提高了客户满意度。

呼叫中心对企业客户关系管理的重要性在于以下几方面。

1. 助力企业提升客户满意度

客服电话可以为企业营销带来巨大价值,大多数企业都有简单的客服电话系统,包括公布一个或数个电话号码,并在内部制定一些电话服务的工作流程和具体要求。例如,谁来接电话,在多少次响铃内必须接听,在服务电话中该说哪些内容,无人时如何处理,如何转接等。

但仅仅依靠人工服务的客服电话系统,由于大量信息需要依靠人工进行记录和管理,效率低下且不易管理。对于多数企业而言,激烈的竞争对服务的要求日益提高,分散的客户资讯和低效率的管理方式已不足以满足企业需求。现在的制造企业需要的不仅仅是"呼叫",更重要的是通过提升"呼叫"的服务质量来提升客户满意度,从而实现与竞争对手的差异化。将客服电话系统升级为呼叫中心,可以帮助企业达到这个目标。

2. 全面提升客户关系管理水平

当客户通过呼叫中心访问时,呼叫中心的 CTI 技术可以识别客户的电话按键信息和主叫号码,确认客户的身份,然后由 CRM 软件调用相关的客户资料,这样在接通客户电话之前,可以完成客户识别,实现个性化服务。

客户的档案和记录(如接触记录、购买记录、服务记录等)均能得到准确、及时的反映,形成全面的客户关系记录。通过信息统计、聚类分析、数据挖掘等手段发现客户需求的变化与分布,挖掘潜在销售机会,促进客户购买。

通过对呼叫中心的电话/互联网等入口的信息采集、共享、管理，方便地实现对客户全程的服务、销售、市场推广，从而形成一个完整的客户生命周期。

3．更多的数据来源

呼叫中心为企业提供电话、传真、电子邮件、网页互动、文字交互、Internet 语音访问等与外界沟通的渠道。所有进入呼叫中心的资料，都会被自动记录，并经过 CRM 软件分析，搜索出潜在客户线索，然后进行登记、追踪、管理，辅助企业进行决策。

4．发现销售机会

呼叫中心的用户中包含着企业潜在的客户，而销售机会往往分布在不同的阶段。虽然呼叫中心得到了这些资料，但是难以进行有效利用。CRM 系统则可以对相关线索和资料进行处理、挖掘，将其有效地利用起来。

利用 CRM 系统结合当前的销售机会生成线索列表，并与客户、联系人和业务建立关联；把客户线索分配到销售人员；当时机成熟时，潜在的客户变成了真正的客户，对应的线索直接转化为客户信息和联系信息。对于一个具体的销售机会，其当前的阶段、成功的可能性、阶段变动历史、跟踪历史等记录一目了然，可以帮助销售部门很方便地制订行动计划。

5．开展客户关怀，深化市场营销

将 CRM 的思想与呼叫中心的工作流程融合，呼叫中心的座席人员在完成日常工作的同时，根据客户的具体情况，开展客户关怀及市场营销，并且记录在案，再由市场人员继续选择跟踪，不但提高了客户满意度，同时扩大了企业的销售机会。

6．为CRM软件统一数据格式

呼叫中心的统一消息服务可将外部访问的电话留言、传真、电子邮件、语音邮件转换为统一的电子邮件格式，由 CRM 软件自动进行统一管理、分析、分发、跟踪，由专门人员阅读、处理，大大简化了 CRM 软件的信息收集流程。

7．以客户为中心，各部门协同工作

由呼叫中心对每一个客户分配一个唯一的 ID 标识，CRM 系统针对唯一的 ID，可以很容易地实现跨部门、跨业务、多入口的信息同步与共享。不同部门以客户信息为纽带，进行协同工作，提高了工作效率和服务水平，进而提高了客户满意度。

CRM 系统为呼叫中心进行客户信息统计分析，呼叫中心则为 CRM 系统提供更多的数据来源、统一数据格式，并帮助 CRM 系统实现了以客户为中心，各部门协同工作。由此可见，呼叫中心与 CRM 系统并不是简单的互相支持，CRM 系统借助呼叫中心扩展了其外延，呼叫中心则在 CRM 系统的支持下成为一个"客户关系管理中心"。

【阅读7-1】泰盈科技——中国呼叫中心示范企业

泰盈科技集团是中国呼叫中心及电商后台服务外包行业领跑者，与国内外互联网、电子商务、通信、金融、物流、制造业等行业中的近30家领先企业建立了战略合作关系。全面为合作

企业提供客户服务整体解决方案、呼叫中心运营外包、电商后台运营外包、呼叫中心及电商后台人才培训、派遣、营销服务外包、企业云客服等核心外包服务。泰盈科技集团自成立以来，凭借可信赖的交付能力，在得到合作客户广泛赞誉的同时，也成为国家多部委和相关机构公认的BPO行业领军企业。

凭借大数据运营平台、客户软件技术研发、全媒体客户服务整体解决方案等生态链体系，泰盈科技接连收到三大电信运营商、阿里巴巴、中信银行、海尔集团等行业头部企业递来的橄榄枝。公司在中国境内的山东、重庆、四川、江苏、河南、河北、安徽、广东、广西、江西、云南、新疆、湖北等13个省和北京、上海等24个城市设立外包运营基地，拥有人员近2万人，是国内在服务外包行业内产业链承接业务种类较多的综合性集团公司，是国内外近30家行业领军企业在呼叫中心及电商后台领域的战略合作伙伴。

经过泰盈人多年的共同努力，目前在全国拥有三大声谷(北方声谷、东部声谷、西部声谷)，并在十多个城市设有呼叫中心职场(如北京、上海、天津、保定、泰安、烟台、济南、枣庄、南京、泰州、淮安、昆山、重庆、南宁、成都、南昌、佛山、武汉、昆明、郑州、洛阳等)，拥有服务外包座席一万六千多个，员工一万八千多人。其业务处理能力从单一BPO交付发展到全流程运营外包、非语音类数据处理外包、金融后台处理外包、电子商务外包服务等领域，具备多元化BPO的交付实力。在呼叫中心领域拥有成熟的运营模式和丰富的运营经验，通过呼叫中心运营为合作伙伴带来在成本控制、流程管理、客户满意、营销服务等方面的价值提升。

资料来源：山东泰盈科技有限公司介绍.[2020-10-10].http://taian043898.11467.com/about.asp.

7.2 呼叫中心的建立

呼叫中心可以为客户提供便捷、高效、高质量的服务，提高客户的满意度，进而提升客户的忠诚度和企业品牌的美誉度。因此，电子商务企业应将呼叫中心定位于客户服务中心，即以提供客户服务作为呼叫中心的核心目标。呼叫中心不仅是几部电话和几位接线员，而是通过先进技术，配以高素质的客户服务人员、先进的管理理念、精确的业务流程等共同打造高质量的呼叫中心。

7.2.1 呼叫中心的实施阶段

呼叫中心是企业人力和物力等实力的体现，所以通常呼叫中心被认为是大企业才可以实施的项目。对于中小型电子商务企业来说望尘莫及。其实不然，现代网络技术快速发展，网络平台和信息共享使得中小企业与大企业的资源差异在客户竞争方面有所缩小，可利用企业现有优势，明确现阶段目标，采用已有资源，按步骤、按阶段完成呼叫中心构架。企业呼叫中心项目的实施通常需要经过以下几个阶段才能逐渐走向成熟，如图7-1所示。

图7-1 呼叫中心实施阶段模型

1. 意识阶段

特征如下：
(1) 呼叫中心并没有被认为是整个组织结构中一个独立的实体；
(2) 对于呼叫中心，没有对应的成本分析；
(3) 没有外部的客户需求调查；
(4) 没有客户细分的过程；
(5) 在财务分析之外，缺乏正式的业务绩效监控过程；
(6) 人员缺乏明确的职业发展道路；
(7) 没有正式的客户管理队伍；
(8) 对于日常操作，缺乏质量控制过程。

2. 发展阶段

特征如下：
(1) 初步了解呼叫中心的成本；
(2) 通过不间断的市场调查和反馈来了解客户群的需求；
(3) 对客户群有初步的划分(如商业用户、普通用户)，但并没有提供差异化的服务；
(4) 识别出了呼叫中心的关键成功因素，并且集中进行监控；
(5) 存在有限的质量控制程序；
(6) 高级管理人员意识到应多了解一线客户管理的过程及其存在的问题。

3. 实践阶段

特征如下：
(1) 存在基于活动的成本分析；
(2) 对市场进行细分，并且对不同客户群提供差异性服务；
(3) 所有操作人员都理解呼叫中心的关键成功因素，某些核心流程制定了相应的关键绩效指标；
(4) 所有人员都接受客户管理方面的培训。

4. 优化阶段

特征如下：
(1) 呼叫中心被认为是企业的一个战略资源；
(2) 对于核心的业务流程，都有基于活动的成本核算；
(3) 客户调查的结果作为制定市场战略及客户管理策略的重要依据；
(4) 所有核心业务流程都制定相关的关键绩效指标；
(5) 呼叫中心中有一个集成的质量控制流程，并且与质量管理系统连接；
(6) 所有员工对于业务的目标和价值都有清晰的了解；
(7) 对于人员招聘过程，初步筛选通过电话方式进行，第二轮采用面试方式。

5. 领先阶段

特征如下：
(1) 呼叫中心战略与企业战略相互依赖；
(2) 所有关键业务流程都采用基于活动的成本核算方式；
(3) 采取主动的客户调查方式，来了解客户对于服务的满意程度；
(4) 了解每个客户群的关键特征及价值取向；
(5) 采用关键绩效指标考核监控呼叫中心，并与整个企业的考核集成在一起；
(6) 设立专门队伍处理复杂的客户投诉问题；
(7) 通过自我评价、服务考核、团队评价等方式，评估相关培训的有效性；
(8) 通过评估中心统一进行人员招聘。

7.2.2 呼叫中心的组件

现代呼叫中心是指基于 Web 技术的呼叫中心，这种 Web 呼叫中心将传统呼叫中心的功能扩展到互联网上，同时应用数据挖掘、知识管理技术与 CRM 系统，通过对存储在客户关系管理系统中客户数据的分析，迅速识别出客户，为客户提供定制的一对一的个性化服务。完成人工话务处理、自动语音处理、计算机同步处理、统计查询，以及知识库支持、互联网操作、录音、分析统计、定时自动呼叫服务等功能模块。

1. 呼叫中心逻辑架构

呼叫中心系统是企业业务支撑系统的有机组成部分，同时也是重要的且相对独立的业务系统。呼叫中心系统和其他主要系统之间的关系如图 7-2 所示。

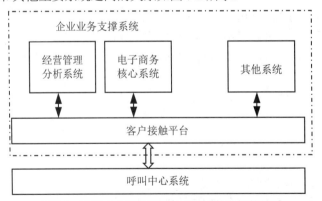

图7-2　呼叫中心系统和其他主要系统之间的关系

电子商务核心系统保存所有的客户资料和计费数据，同时提供各种业务过程，属于电子商务系统的业务层和数据层。呼叫中心系统是进行业务咨询、业务受理、业务投诉等面向客户服务的统一窗口，是业务层系统的前台接入系统，所以呼叫中心属于接入层的系统。对外，呼叫中心通过各种手段(如电话、Internet、移动终端等)为最终用户提供服务。对内，呼叫中心通过规范的接口，调用电子商务核心系统提供的各种业务过程，完成数据的处理，同时还与各种业务系统通过接口交互数据,因此,呼叫中心既是一个消息传递、处理、控制中心,也是一个闭环的处理过程。通过客服系统完成与用户交易的完整性,并将结果反馈给用户。

所以,现代呼叫中心系统在产品设计上一般采用3层架构:底层为交换接入层,中间为业务支撑层,最上面是业务实现层,如图 7-3 所示。

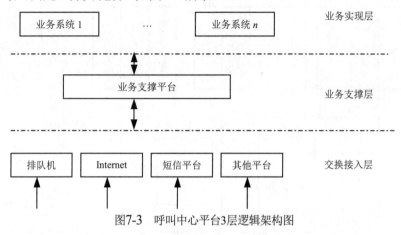

图7-3 呼叫中心平台3层逻辑架构图

1) 交换接入层

交换接入层包括交换接入、智能业务处理、智能外设,完成 PSTN 交换网络的接入及业务支撑层提交的业务控制任务,是呼叫中心平台强大的组网能力的保证。

2) 业务支撑层

业务支撑层是交换与具体业务之间的支撑系统,并针对具体业务对话务的需求通过解释转化为任务,向交换接入层提交,在这一层当中调用相关的 Web 服务,在业务实现层的配合下,完成丰富多变的话务功能。

3) 业务实现层

业务实现层通过 API 接口,按照具体应用的话务需求向下层提出需求,结合计算机网络技术实现具体的应用,是系统计算机网络的应用。

这3层中,交换接入层与业务支撑层具有一定的业务无关性。3层之间均采用协议的方式作为接口,使得各层相对独立。最上层是具体业务系统,具有多变灵活的特点,而最底层是交换接入业务支撑系统,具有稳定规范的特点,采用3层封装的方式,上层的多种变化,不会影响下层的稳定,而下层规范地进行优化和扩展后,上层的所有应用都可在业务功能得到扩展。

2. 呼叫中心体系结构

20 世纪 90 年代初,呼叫中心开始发展并逐渐兴起,此后,随着技术的发展,呼叫中心又融入了 Internet、VOIP(语音技术)、E-mail、WAP(手机无线上网应用协议)、视频等多种交互手段,发展成为一个多媒体的、可为移动用户服务的、智能化的呼叫中心。

一个完整的呼叫中心由基本部分(包括数据层、业务逻辑层、表示层)和扩展部分两部分组成,如图 7-4 所示。

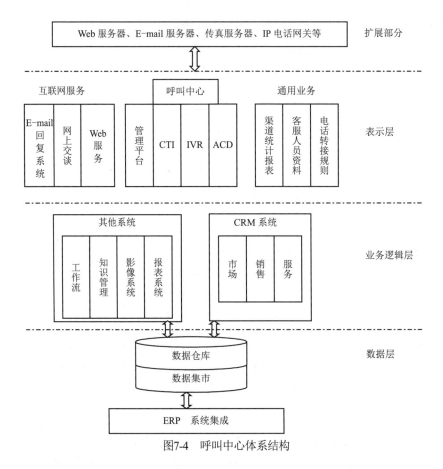

图7-4 呼叫中心体系结构

规模较大的呼叫中心,为了防止负载过大导致性能下降,系统实现时常常引入应用服务器,将呼叫中心的客户、服务器二层结构变为客户端、应用服务器、数据库服务器三层计算模式,将界面表示、业务逻辑和数据库处理分别分配到客户端、应用服务器和数据库服务器来实现,以平衡负载,提高呼叫中心的性能。数据库系统一般单独使用一台服务器,对于特别重要的数据资料,更进一步使用双机热备份来确保数据安全。

1) 基本部分

根据呼叫中心系统的"三层结构"原则,呼叫中心基本部分也同样有三层。

(1) 数据层。呼叫中心系统不仅要从各种接入设备提取数据,同时还有自己的数据库服务器,存放各接入渠道特有的渠道管理数据、渠道服务日志数据等。我们把与系统有关的所有外围设备、外围系统、数据库当作呼叫中心系统数据层。

(2) 业务逻辑层。一方面,业务逻辑层需要用接口形式封装数据层的各种不同的数据来源,如Web业务接口、各种接入平台接口等;另一方面,又要把所有这些接口封装成呼叫中心系统的业务逻辑,供表示层调用。

(3) 表示层。主要是各种界面逻辑,系统使用者提供多样化的界面逻辑,实现对业务逻辑的共享,对外表现为各种子系统,如座席系统、业务管理系统、页面、交互式语音应答系统等。

基本部分是呼叫中心的必要组成部分。基本部分包括智能网络、自动呼叫分配器、交互式语音应答技术、计算机语音集成服务器、人工座席代表、数据库服务器与应用服务器、管理平台等。

(1) 智能网络(Intelligent Network，IN)。智能网络是呼叫中心依托的通信基础设施，它可以根据企业的需要制定不同的路由策略、提供 800 免费呼叫服务、支持虚拟专用网等。

智能网还可提供自动号码识别(Automatic Number Identification，ANI)和被叫号码识别(Dialed Number Identification Service，DNIS)功能。ANI 允许呼叫中心的业务代表在收到语音呼叫的同时，在屏幕上看到有关呼叫者的信息，以加快呼叫处理过程；DNIS 则允许企业通过一组共用线路处理不同的免费呼叫号码。

(2) 自动呼叫分配器(Automatic Call Distribution，ACD)。自动呼叫分配器的作用是将外界来电均匀地分配给各个代表。ACD 一般包括两个功能模块：排队模块和呼叫分配模块。排队模块可以实现留言排队、重要客户优先排队等增强排队功能。此外，还可以在客户排队时，向客户通知其排队状态，如目前在队列中的位置、预计等待时间等。呼叫分配模块可以将座席人员按技能和技术熟练程度进行详细分组，并与 CTI 路由模块结合，实现专家话务员选择，保证客户得到最合适的座席人员的服务。对于重要客户，还允许其直接呼叫座席人员。

(3) 交互式语音应答(Interactive Voice Response，IVR)技术。交互式语音应答技术又称自动语音应答(Voice Response Utensil，VRU)，是计算机技术用于呼叫中心的产物。用户接入系统后，IVR 系统向用户播放预先录制好的语音，为接入到呼叫中心的用户提供语音导航、语音应答和录音。IVR 根据呼叫中心的业务流程对客户进行引导，以方便用户进行业务选择；对于查询或咨询类业务，IVR 可以通过预先录制的语音文件再配合文字语言转换(Text To Speech)软件对客户进行解答；当系统资源忙时，IVR 可以引导用户留言。此外，一些比较先进的 IVR 系统还具备语音信箱、电子邮件和自动语音识别(Automatic Speech Recognition)的能力。

IVR 实际上是一个"自动的业务代表"，它可以取代或减少人工座席的操作，提高效率、节约人力、实现 24 小时服务。同时，也可以方便用户，减少用户等候时间，降低电话转接次数，减少语言误解和消息失真。

(4) 计算机语音集成(Computer Telephony Integration，CTI)服务器。现代的 CTI 是指计算机电信集成，由传统的计算机电话集成(Computer Telephone Integration)技术演变而来，包括现代数据通信及传统语音通信的内容。

CTI 服务器是呼叫中心的核心，它为呼叫中心业务的实现提供了软件控制和硬件支持。硬件方面，CTI 服务器提供交换机和计算机互通的接口，将电话的语音通信和计算机网络的数据通信集成起来，完成计算机平台与通信平台间的信息交换；软件方面，CTI 服务器可使电话与计算机系统实现信息共享，在系统进行电话语音信号传送的同时，实现客户数据信息的预提取，在座席人员应答客户电话的同时，立即在其计算机屏幕上显示与客户相关的信息，实现屏幕弹出功能、协调语音和数据传送(如实现语音数据的同步转移)、个性化的呼叫路由(如将呼叫接通到上一次为其服务的业务代表)、自动拨号(包括屏幕拨号、记录拨号和预先拨号)等功能。

CTI 技术的应用行业非常广泛，可以说任何需要语音、数据通信，特别是那些希望把互联网与通信网结合起来完成语音数据的信息交换的系统都需要 CTI 技术。目前，将语音、数据、视频集成并实现多媒体服务的技术迅速发展，这一技术实质上也属 CTI 范畴。因此，可以说一切需要使用语音、数据、视频信号的行业都需要 CTI 技术。

例如，固定网电话系统、移动网通信系统、邮政系统、银行、保险、证券、铁路、公路、海运、航空、旅游、医院、学校、政府、商场、大中型企业、宾馆、酒店、订票系统、拍卖公司、娱乐公司、文化服务系统、长途、市内汽车公司、急救中心、火警、防汛系统、气象中心等。下面是一些简单的例子。

① 固定通信网。采用呼叫中心、97工程或者One Number Service(统一特号服务)，为竞争取胜，争得更多用户，提高用户满意度起重要作用。广东省首先建立了最大的呼叫中心以提高服务质量和增强竞争能力。此外，IP电话取得了更多的用户，各行各业呼叫中心的建立为中国电信固定网增加了机遇，形式多样的增值服务增加了中国电信的业务量。

② 移动通信网。通过建立客户服务中心，提高服务质量，改进网络运行情况，提高用户满意度，增强竞争能力。现在各省移动公司正在争先恐后建设通信网。

③ 邮政网。通过建立呼叫中心、EMS服务中心，提高用户的信息度，改善服务质量，增强营业额。由于CTI技术的发展，电子商务在全世界普遍被采用，为邮政事业配送系统的发展带来了好的机会。CTI技术中的呼叫中心是适合中国国情的电子商务的第一步，而邮政的配送网络得天独厚。长期使邮政处于亏损的状况一定会很快被改变，邮政运营将大为改善。

④ 银行系统。利用CTI技术推广信息用卡，提供业务咨询、查询账单、利率、外汇比率等信息，自动转账，ATM卡应用和服务，建立修改PIN号码等。有些银行已建立银行客户服务中心，等于建立了一个提供全面服务而且没有地域限制、没有具体营业场所而营业额又很大的分行，可以增强其同业竞争能力，增强其用户满意度。

⑤ 运输业(航空、海运、航运、铁路、公路交通、市交)。旅客最关心的是航班/车次时间表，到达、出发实际情况，机(车)票预订、更改和取消，投诉与表扬。运输业与旅游业的统一服务，留住老的用户，增强加的用户，是这一行业使用CTI技术(特别是呼叫中心技术)的主要目标。

(5) 人工座席代表(Agent)。呼叫中心提供的一些服务，如业务查询、故障报告和服务投诉等，必须由具有专业知识的业务代表来人工完成。所谓座席就是指业务代表(又称座席人员)及其工作设备，如话机、耳机、话筒、运行CTI程序的个人计算机或计算机终端等。座席人员可以通过鼠标和键盘完成电话的接听、挂断、转移、外拨等工作。

人工座席代表的工作设备包括话机(数字或专用模拟话机)、耳机、话筒及运行CTI应用程序的PC或计算机终端，对于电话接听、挂断、转移和外拨等工作，座席代表只需通过鼠标和键盘就可轻松地完成。人工座席代表是呼叫中心唯一的非设备成分，能更灵活地进行呼叫处理。呼叫中心的某些服务，如业务咨询、电话号码查询、故障报告和服务投诉等，必须由座席代表完成。

(6) 数据库服务器与应用服务器。数据库服务器主要提供系统的数据存储和数据访问等功能。客户基本信息、交互数据、业务资料等都存储在数据库服务器中，以便为座席人员的服务提供支持，为管理人员的决策提供依据。呼叫中心的数据随时间而累积，数据量常常非常巨大，因而对数据库处理能力的要求相当高。呼叫中心的数据库系统一般采用主流商业数据库系统，如SQL Server、Oracle等。

(7) 管理平台。管理平台负责实现系统运行状态管理、权限管理、座席管理、数据管理及统计、系统安全维护等功能，一般包括业务管理系统、客户管理系统、座席管理系统和日志及统计分析系统等几个组成部分。

业务管理系统负责各种业务的管理；客户管理系统负责收集和维护呼叫中心与客户相关的数据；座席管理系统负责对座席人员进行管理；日志及统计分析系统负责将客户的呼叫记录、

座席人员的服务记录、系统运行记录、系统异常记录等写入日志,产生呼叫中心系统的各种统计信息、生成统计报表等,其中也包括对呼叫中心运营情况(盈利情况、是否需要扩容等)的统计。

2) 扩展部分

扩展部分是随着呼叫中心技术的发展而逐渐丰富的,扩展部分目前主要包括Web服务器、E-mail服务器、传真服务器、IP电话网关等。

为了满足Web呼叫的需要,Web服务器成了现代Internet呼叫中心的一个重要组成部分。通过Web服务器及其相关部分,用户可使用随手可得的Web自助服务,通过文本交谈、VOIP、同步浏览、表单协作等与座席进行交互。

随着接入方式的增加,E-mail服务器、传真服务器、IP电话网关等也越来越多地融入到了呼叫中心。

【阅读7-2】七陌云客服——多渠道全场景客户服务解决方案

(1) 多渠道在线客服:平台整合网站、APP、电话、微信、微博、邮件等渠道
① 用户浏览轨迹视频回放:还原用户轨迹。
② 访客来源分析:可以抓取到客户停留网页信息、关键字、浏览器、操作系统等。
③ 可对咨询窗口Logo、聊天窗名称、主题颜色、窗口关闭弹窗时间进行自定义设置。
④ 提供多种分配策略,按需选择。支持客服与客服之间会话转移。
⑤ 双方任意发起视频,可实现面对面问题处理,支持远程桌面。
⑥ 平台支持多种客服状态,客服可根据当前情况进行状态调整。
⑦ 在线对话结束后,客户可以对客服的服务进行评价,方便企业对客服进行服务考核。
⑧ 当无客服在线时会提示客户留言,该留言会自动生成工单,确保不丢失任何客户。
⑨ 平台内部知识库,可进行上传下载操作;支持在线咨询时快速检索,快捷回复。
⑩ 平台自动存储用户咨询聊天记录,当用户再次咨询时,客服可查看用户历史情况。
(2) 电话呼叫中心:IVR流程、通话控制、排班、录音、弹屏等强大功能
① 软电话条
强大通话控制能力,通话接听/挂断支持通话转接,在线状态(置忙/置闲)。
② IVR语音流程
可实现任意配置,系统提供16种IVR流程节点,企业可随意组合配置,可实现几乎所有IVR流程。
③ 号码接入
支持全网运营商线路接入,400号码合规接入客户自有固话线,自备中继线路接入。
④ 智能路由分配
支持随机分配、空闲时间分配、地理路由分配、历史咨询分配。
⑤ 来电弹屏
支持来电弹屏、外呼弹屏,Tab页对接,方便操作管理。
⑥ 通话录音/下载
自动保存每通电话录音,支持在线播放、下载。

⑦ 联系计划

可根据需求自定义联系计划，到时会自动平台提醒。

⑧ 外呼任务

对外呼号码进行导入、排重、数据再分配、号码回收和设为外呼黑名单等操作。

⑨ 业务记录

记录服务过程中获取到的业务信息，能够添加自定义字段，满足客户的个性化需求。

⑩ 满意度

通话结束后，系统自动提示按键对该服务质量给出评价，如:满意、不满意等。

⑪ 座席监控

可准确统计座席业务量，便于考核。监控实时了解通话情况与座席状态，方便现场管理与调度。

(3) 智能客服机器人：多轮问答、问答推送等，准确率达93%，告别咨询排队

① 解放重复工作，提高工作效率

② 词条设定

业务问答，可以设定海量词条，将常见业务场景问题进行提前预设，面对用户提问可以快速精确回答，支持精准回答，同时也支持模糊回答。

③ 智能报表

及时优化机器人，统计报表包括机器人客服消息报表、热点问题统计，企业管理员通过报表可清晰查看智能机器人客服的服务情况，及时优化机器人业务技能，提升企业机器人客服服务质量。

④ 智能学习

不断提升，当客户问题比较模糊，机器人不能准确回答，会给客户一个建议问题列表(客户可能想问的问题)，当客户第一次选择问题的时候，机器人会自动将此问题推荐为客户选择问题的相似问法，管理员可通过后台进行是否进行关联。

(4) 工单(多部门)：自定义流程工单，支持多部门、高复杂工单流程

灵活的CRM——贯穿整个系统，无论哪个界面，均可实现客户资料的查看。在客户发起咨询前便实现客户追踪，在客户咨询过程中系统可智能识别客户名称、联系方式，提供灵活的自定义客户信息字段，七陌还提供开放的CRM标准接口。

跨部门协作工单——任意环节都能发起工单，可视化流程拖曳 工单池 工单计时 工单历史/导出 支持定制化工单

(5) 智能质检：人工智能技术，完成会话、通话质检，便捷服务考核

① 座席监控/平台监控：系统提供实时监控数据，包括座席实时信息、MOD监控信息。将实时监控视图分为整体运营视图、班组视图、业务团队视图、技能组视图、服务热线视图和楼层图，用来方便不同层级管理人员、运营经理了解目前系统和人员状况。

② 强大通话质检功能：提供多方式随机抽查，多类型质检模板，保障企业客服质量清晰透明，支持自定义质检模板(打分模板、Pass模板)，支持自定义条件质检、随机抽取质检。

③ 数据报表：通话、在线、工单、CRM等全平台全量数据统计。

④ 多维度数据统计——随时掌握平台数据、客户报表、对话报表、通话报表、流量报表、工单报表、座席报表、邮件报表、满意度报表。

⑤ 自定义报表周期——按时生成，支持日报、周报、月报、季度报等，支持报表下载导出。

⑥ 7×24小时办公——随时随地都在，移动客服工作台不受时间、地点限制，让客服无须电脑就可完成访客接待工作，也可以轻松在家服务客户。

⑦ 功能强大——移动更方便，移动客服支持呼叫中心、企业网站、企业移动APP、微信、微博等全咨询渠道的一站式接入，处理工单、查看通话记录/报表/个人工作台、客户信息管理等。

资料来源：容联七陌．[2020-10-14]. https://www.7moor.com/crmsystem.

7.2.3 呼叫中心的工作流程

企业建设呼叫中心必须通过四方面来实现。第一方面，先了解客户的需求及明确其业务目标，并且制定实现这些目标的绩效指标，如将初次问题解决率作为重要的考核标准。这些标准结合相关的制度，用来设计呼叫中心的业务流程。第二方面，要考虑技术，企业必须选择合适的技术，以实现其目标流程。第三方面是组织结构，呼叫中心的组织结构必须足够有效，以支持其技术和流程的高效运转。第四方面是企业的系统实施能力，呼叫中心将根据其组织架构及职位描述招聘合适的客服人员，职位定义呼叫中心中具体岗位的责任及应具备的条件。

1. 呼叫中心的流程

业务流程是一种企业可以为客户提供价值的方法，典型的呼叫中心业务流程包括客户流程、销售流程或两者结合，这些服务的提供取决于企业的战略目标，即企业应该决定呼叫中心应实现哪些流程以实现企业的战略。电子商务企业呼叫中心业务流程如图7-5所示。

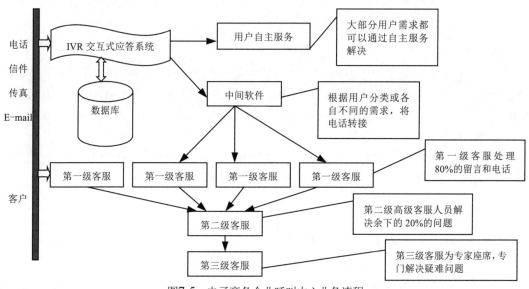

图7-5 电子商务企业呼叫中心业务流程

(1) 客户通过信件、E-mail 或传真方式给呼叫中心信息。

(2) 第一级客服人员可以处理 80%的客户询问或要求。第一级客户服务人员与客户联系方式通过 IVR 交互式应答系统，该系统纳入客户需求，同时通过自主应答形式帮助客户解决。

(3) 第二级客服人员处理余下的 20%的客户来信。对自动应答不能解决的部分由第一级客服转接入第二级客服。第二级客服通常为技术工程师或高级维修师等，帮助客户解决一级客服解决不了的问题。

(4) 专家专门解决客户来信中的疑难问题。对于客服人员无法通过电话沟通或网络回复无法解决的问题，需要专家来解决。

2．呼叫中心产品支撑与技术支持

1) 产品支撑

产品支撑实际上可以归结为战略层面，即产品战略。产品战略是基于战略高度对产品的一个前瞻性认识，产品战略包含三层意思：产品战略愿景、产品线战略和新产品开发。为什么会提产品战略的问题呢？或者说产品开发和技术开发能有多大区别呢？在一个项目建设中，作为一个单纯项目来讲，技术开发往往都会有全新的发现，因此难以预计开发所需时间的长短，所以技术开发任务的计划完成日期与其说是一种承诺，不如说是一种目标。而产品战略能够提供事先的产品开发，预测市场和技术的变化，同时按需求程度确定技术开发的优先次序，有效规避技术风险。当然，为了避免产品与客户需求脱节，在实现技术的同时，依据客户的需求和需要的产品来进行开发很重要，客户驱动才是最佳的产品策略。

2) 技术支持

呼叫中心在企业与客户之间传递语音及数据，技术在这个过程中扮演着非常重要的角色。例如，通过技术可以使一个客户打来电话的同时，就取到这个客户的资料及所有历史服务信息，然后电话自动转接到最适合的客服人员处进行处理。这样客服人员通过客户资料及历史服务信息，可以更好地处理客户的请求，并取得以前服务的反馈信息。这种通过技术实现的个性化客户服务有效地加强了客户与企业之间的关系。

3) 应用集成

呼叫中心不是一个孤立的系统，其本身也不能实现客户所有的业务流程，只有呼叫中心与企业其他系统［如其他业务系统(第三方应用)、定制化应用部分和产品预置的一些应用模块］之间实现无缝连接，才能发挥呼叫中心的最大作用。系统之间的集成能力将是决定呼叫中心业务顺利进行的关键因素。

应用集成要体现一个很好的接口能力，呼叫中心系统与其他系统的集成可以包括数据集成、流程集成及界面集成等，以实现数据和业务信息的快速传递。

3．组织架构

呼叫中心组织架构的设计应该能够有效地支持呼叫中心的业务流程。大部分呼叫中心都设立相应的业务流程组，如客服组及销售组。目前，许多企业都采用集中化呼叫中心组织架构，包括集中化部门及客服系统，集中化主要的优点是通过规模效应降低成本，并通过降低等待时间来提高客服质量。

呼叫中心一般由一个经理总负责，另外还有一些经理负责培训、质量控制、人员管理及日常操作等。客服人员主管一般管理 15 个客服人员，当然具体数量根据职责有所不同。

客服人员通常按照级别进行分类。级别按照一些标准进行划分，如客户价值及问题难度等。第一级是初级客服人员，主要处理简单、普遍的客户请求；而更高级别的客服人员通常专注于某个领域，解决较难的客户请求；最高级别的客服人员则是跨领域的专家，可以为客户提供全面的解决方案。这样的分级体系也可以缩短培训周期，因为并不是每个客服人员都需要接受所有培训。

4. 实施能力

呼叫中心的建设是一个复杂的工程，实施能否成功取决于几个重要的因素，即人、项目过程(流程)和技术，如图 7-6 所示。在人的因素中，经验是一个重要的衡量值，项目经理个人的经验和能力是非常重要的。有经验的项目经理会更好地把握项目实施的重点，降低实施风险。在项目过程方面，建立一整套严格的实施方法论，会保证项目的顺利推进，项目策划、系统准备、联调测试、上线验收、项目收尾这些阶段需要清晰定义，比如，项目策划的阶段需要明确客户的需求，达成项目目标。呼叫中心是否成功与客服人员相关，没有合适的人员，所有的计划、技术及积累的知识资源都将浪费。

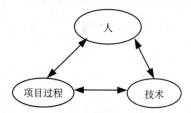

图7-6 呼叫中心实施能力三要素示意图

根据统计，呼叫中心经理将留住最佳客服人员、招聘最好的客服人员及提高客服队伍的绩效列为呼叫中心最重要的因素。呼叫中心 60%～70%的成本都与人员相关，因此如何有效利用客服人员非常重要。同样，如何招聘和培训客服人员也是呼叫中心成功的关键因素。

7.3 呼叫中心是CRM系统的重要组件

CRM 是一种旨在改善企业与客户之间关系的管理机制，它应用于企业的市场营销、销售、服务与技术支持等与客户相关的领域。CRM 系统的目标是通过提供快速和周到的优质服务吸引和保持更多的客户，提高客户忠诚度，最终为企业带来利润增长。

7.3.1 呼叫中心对客户关系管理的支撑

客户关系管理能力的提升一方面取决于企业的后端系统，另一方面取决于前端系统，即呼叫中心平台，可以说呼叫中心在客户关系管理战略中扮演着越来越重要的角色。呼叫中心对客户关系管理的支撑作用体现在事前管理、事中管理、事后管理等三方面。

1. 事前管理的支撑

呼叫中心对于事前管理的支撑主要体现在依托客户服务信息的深度挖掘、整合及运营，提供专业分析报告，为相关部门做好客户需求的深度挖掘工作提供信息与决策支撑。呼叫中心应根据客户细分有针对性地开展客户需求研究，为提供分层服务、设计差异化服务产品提供依据。

1) 开展客户需求调研

呼叫中心应利用自身座席优势配合市场部门做好客户需求调研工作，具体支撑工作内容包括调研问卷的设计、外呼客户需求调研项目的执行、外呼需求调研问卷的统计，并撰写调研分析报告。

2) 挖掘客户需求信息，提供专业客户需求分析报告

呼叫中心掌握着海量的客户服务信息，应担负起客户需求的深度挖掘、提供专业分析报告的工作职责。为此，呼叫中心需要优化系统层面和接触点层面的客户需求信息的收集、整合功能，构建系统化的内部客户需求信息管理的相关工具、模板和机制，建立客户需求信息数据分析、整合和细分、挖掘模型，促进客户潜在需求信息挖掘和管理。

2．事中管理的支撑

1) 支撑中高端客户保有

面对激烈的市场竞争，呼叫中心作为重要的服务窗口，必须担负起支撑客户保有的职责，呼叫中心通过自身客户接触点做好客户的挽留工作。呼叫中心有着"最广泛的接触机会""客户主动接触""低打扰"等优势，是保有客户的重要防线。呼叫中心可以利用自身服务营销体系，开展在线价值比较(进行网络、服务、套餐比较)、在线关怀提醒(客户身份动态维系、使用量提醒、合约到期提醒)、在线业务推荐(合适的优惠、合适的通信计划)、在线预警挽留(合约管理、消费异动、沉默客户、高危投诉、停机咨询)，以此延长客户生命周期。为此，必须建立起配套的中高端客户预警机制，强化中高端客户预警的系统支撑，做好中高端客户离网预警与挽留工作。

2) 支撑客户生命周期管理

客户关系管理是"守"的保障，也是"攻"的基础，基于移动客户"易出难回"的特点，以及由移动业务拓展全业务的需求，需要加强客户生命周期管理。呼叫中心应利用多种接触手段主动培训客户，培养客户习惯，预先消化客户需求，可以开展主动营销和在线挽留活动，以增加客户价值，延长客户生命周期。

3．事后管理的支撑

客户满意度评估是服务能力提升的驱动力，也是事后客户关系管理工作的重点。无论电信企业如何进行服务能力的提升，采取何种措施管理客户关系，最终目的都是提高客户的满意度，从而提高客户忠诚度，所以呼叫中心对客户满意度的支撑就显得非常重要。

1) 外部客户满意度的支撑

呼叫中心对外部客户满意度的支撑作用主要体现在做好客户满意度的调查与评估，对满意度评估结果进行分析，了解客户对服务的期望值及目前存在的差距，为其他部门提高服务质量提供支撑。其具体工作包括外部客户满意度的外呼拨测、外部客户满意度调查项目的设计与执行、外部客户满意度信息的收集，以及提供外部客户满意度分析报告。

2) 内部客户满意度的支撑

呼叫中心作为客户服务信息的重要流转接触点，同时与后台支撑部门有着千丝万缕的联

系,应担负起支撑内部客户满意度管理的重要职责,其具体工作内容为负责内部满意度调查、内部满意度考评的执行,内部满意度信息的收集,并出具内部满意度专项分析报告。

7.3.2 智能化呼叫中心

商务智能工具和技术显著提高了呼叫中心的效率,让呼叫中心在以客户为本的企业中发挥了全新的重要作用。

聆听客户所需是企业成功的信条,许多公司用大量的时间和财力来研究客户的心态。但在试图了解客户需求的过程中,却往往忽视了一个非常重要的资源——客户呼叫中心。

每天,客户都会提出问题、汇报故障,告诉企业如何为他们提供更好的服务。客户呼叫中心汇集的这些问题、意见、观点和疑问,为企业提供了宝贵的一手信息,让其能够充分了解企业的运营方式及改善的方法。

幸运的是,由于商务智能工具的飞速发展,现在很容易就可以把迅猛增长的客户数据转换为有用的信息,从而有利于做出明智的商业决策。还在不久以前,这些能帮助企业分析海量信息的智能工具主要被后台营销人员用来掌握趋势和抓住机会。而现在,越来越多的日常运营部门都在使用这些工具,其中也包括呼叫中心。

商务智能技术在呼叫中心的作用日益明显,从而有助于呼叫中心削减成本并增强与客户的关系。

此外,这些智能工具还改变了呼叫中心的业务重点。提供无微不至的客户关怀不再仅仅是回几个电话。各企业都在纷纷采用高级的客户分析工具、技术及有效的员工管理流程,来满足整个客户服务周期的需求,从而让客户在与其开展业务时感受到宾至如归。

同样重要的是,商务智能工具和实践方法无疑能够帮助联络中心发挥新的作用——作为一个客户智能中心,起到为整个公司倾听客户声音的作用。通过分析呼叫和联网中心收集的客户数据并把结果返回公司,联网中心能够使企业流程和性能得到改进,帮助企业与客户需求保持同步。

一个高效的客户智能中心能为每名管理人员提供他们想达到的目的——削减成本、提高客户满意度、创造更有利的客户关系。此外,它还是业务流程改造和变革的一个创新工具,因为企业在呼叫中心里的信息可用于为公司各个领域的业务改进提供指导,使其成为一个真正以市场为主导的机构。

1. 成本与服务的平衡

如今的企业对呼叫中心寄予了众多期望。它在提供卓越服务并增加客户忠诚度的竞争中起着至关重要的作用,并日益成为推动现有客户收入增长的手段。然而,与此同时,各个企业也对通过多个电子和现实渠道提供日益复杂而全面的服务所产生的成本而感到担忧。

当然,解决方案让许多流程实现了自动化,但也存在许多隐患。朝自动化方向发展,可以消除呼叫中心的人为影响。但企业在实现客户交互自动化时必须确保采用智能的方式,否则可能降低客户的满意度。

事实上,Gartner Custom Research 最近所做的一项研究报告显示,63%的被调查客户表示"喜欢"座席代表。但是,如果需要等待两分钟或更长的时间,43%的被调查客户会倾向于自助语音应用。因此,客户显然已经准备好转向自助服务的渠道。

当前问题在于,何时及如何协调采取一种自动和人工客户服务相结合的方式,把各种不同偏好都考虑在内,最终让客户感到满意。

目前先进的业务智能工具有助于回答以上问题,因为它清晰地展示了流程和程序的改变是如何影响客户满意度的。例如,Convergys 采用了一种优选合作伙伴和评估工具,以从网络、互动式语音应答(IVR)和座席代表汇集客户信息。该数据被放在一个单独的知识库中,并用于标出这些客户有哪些共同体验,又有哪些个别体验。然后,企业可以确定在何处客户会进行选择、在何处客户获得的信息不足、在何处客户会放弃呼叫,以及完成率和每次完成的成本等。通过此类分析,企业可以确定最有效、最贴近客户的方法来实现流程自动化。

2. 智能的营销方案

商务智能技术还可提高呼入电话在交叉销售和追加销售上的效果,为利用呼叫中心增加收入提供了支持。这是关键,因为有许多因素表明,扩大对现有客户的营销力度比以往任何时候都要重要。其一,由于竞争的加剧,赢得新客户的代价更高。同时,越来越多的国家实施了"谢绝电话推销"法规,进一步增加了接近新客户的难度。由于推销电话泛滥、垃圾邮件充斥市场,直接营销收到的客户反馈比率也在不断下降。

有效的商务智能工具并不取决于某一个解决方案,而是依靠一个融集成技术、分析工具、训练有素的座席代表和高超的运营技能于一体的综合性架构。该架构的维护价格不菲,且操作复杂,因此越来越多的企业转而寻求外包合作,通过外包伙伴的专业知识和规模效应,采用这些综合性的架构来创建和维护呼叫中心。

当前的商务智能工具真正采用了一个有效的、系统的方法来获取客户的反馈,并将其用于改善客户的整个体验。

7.4 典型案例

案例描述

深耕细作,跨境电商的服务标杆——敦煌网客户呼叫中心

创办于2004年的敦煌网致力于借助互联网的力量将中国的商品、中国的品牌、中国的工匠精神,通过由互联网搭建的网上丝绸之路输往全球,最终实现"买全球、卖全球"愿景,达成"促进全球通商、成就创业梦想"的使命。

作为这一使命下的跨境客服中心,与其他电商的区别有三点:首先,提供多语种的服务(包括德、意、法、西、俄等),保证多语言用户在平台的顺畅交易;其次,提供7×24h服务,帮助买家和卖家在遇到问题时能快速得到解决;第三,与外媒团队维护海外社交媒体和评论网站,提升敦煌网的口碑和美誉度。

总体来说,敦煌网的客户中心在运营管理上有三个特点。

(1) 敏感性:客服中心作为企业与用户接触的第一窗口,对用户的需求、体验有高度的敏感性。

(2) 高标准：随着用户需求、产品的更新迭代、服务方式的多样化，用户对服务的及时性、准确性、专业性有越来越高的标准和要求。

(3) 全程性：客服中心的服务从售前、售中、售后贯穿业务的全流程，且贯穿用户的全生命周期。

客服中心的运营基于公司战略和业务规划、市场/用户需求、服务资源、历史经验来设定整个客服中心的服务战略，包括人员管理、流程管理、绩效管理、数据监控管理、客户体验管理等。对客服中心而言，精细化的运营一定是最有效的方法，无论多复杂的问题和流程，只要精细到最小颗粒度去管控和运营，形成闭环，所有的服务设计和系统建设都会有针对性、有落地方案，取得成效。

一方面客服中心会以用户需求、体验为导向，做服务流程的设计、内部的运营管理；同时，对标同行业，清晰认识自己服务的优劣势，不断调整更贴合用户预期的服务；在人员专业性这方面，会参加呼叫中心的认证和培训，学习行业内好的管理理念和经验；在营造好的氛围方面，会制订有效的激励方案，给员工足够的尊重和认可，让大家感受到工作的快乐和价值，从而更快乐地服务好用户。

智能化的发展，一方面正在解决客服中心招聘难、流失严重、成本日益增加的人员难题，另一方面也在引导用户做标准的操作，提升用户在服务中的参与感和选择的自由度。

智能化在客服中心的应用包括两个方面：一是简单/重复问题由智能机器人解答分流，一是复杂/疑难问题由人机协同提升效率。基于更多人员的释放，客服中心的服务方式也趋于多样化：一是基于用户忠诚度&贡献值做的分层管理分级服务；二是全媒体覆盖。借助大数据技术，对海量用户行为数据进行挖掘和分析，对用户进行的精准画像和建立更优质的服务模型等，都是客服中心的最佳实践，也在逐步推动客服中心从成本中心向盈利中心的转化。虽然智能化带来了很多令人欣喜的成果，但仍有一些模块和场景是机器人无法取代的，例如一些核心客户在重要环节的业务促进上，在一些特殊问题的灵活处理上，在用户情绪的把控上，仍然需要发挥人的作用。这也意味着更高的挑战：

(1) 了解用户核心痛点和诉求，匹配服务；

(2) 需要更多的思考和服务的尝试；

(3) 具备多元化的服务技能等。

同时，客服人员给用户提供个性化/定制化的解决方案、客服人员成为各领域的专家和顾问，也是必然趋势。

案例分析

思考题：

(1) 相较于一般的电子商务平台，敦煌网的定位是怎样的？

(2) 敦煌网客服中心在运营管理上有什么特点？

(3) 在业务支撑与流程设计方面有哪些经验与思考？

(4) 客户管理方面有哪些创新经验？

(5) 当前智能化技术正迅速渗透到服务行业的各个环节，如何看待智能化发展，特别是客服机器人应用对人力资源及服务方式的影响？

小　结

呼叫中心是企业接触客户的一个窗口，现在的呼叫中心在企业的客户关系管理中处于核心地位。呼叫中心是技术和管理理念的结合。本章首先介绍了呼叫中心的定义、发展历程和类型；接着讲解了呼叫中心的成熟度模型，企业的呼叫中心的建立可以遵循该模型开展。然后重点介绍了呼叫中心的组件，完整的呼叫中心由智能网络(IN)、自动呼叫分配器(ACD)、交互式语音应答(IVR)、计算机语音集成(CTI)服务器、人工座席代表(Agent)、数据库服务器与应用服务器、管理平台、扩展部分等八大部件构成。本章重点探讨了电子商务客户关系管理中呼叫中心的价值和构建过程，智能化呼叫中心的新方向。

关键术语

呼叫中心(Call Center)　自动呼叫分配(ACD)　专用分组交换机(PBX)　自动语音系统(IVR)　计算机电话集成(CTI)

习　题

一、填空题

1．呼叫中心通过提供各种CTI＿＿＿＿中间设备来支持ACD＿＿＿＿/PBX＿＿＿＿，实现＿＿＿＿与＿＿＿＿之间的整合，通过电话技术来进行与客户之间的互动，对来自多个渠道的工作任务和座席代表的任务进行全面的管理。

2．ACD一般包括两个功能模块，即＿＿＿＿模块和＿＿＿＿模块。

3．数据库服务器主要提供系统的＿＿＿＿和＿＿＿＿功能。客户基本信息、交互数据、业务资料等都存储在数据库服务器中，以便为座席人员的服务提供支持，为管理人员的决策提供依据。

4．CTI是Computer Telephony Integration的简称，意即＿＿＿＿，基本内容是由计算机进行控制，把电话交换机的＿＿＿＿和＿＿＿＿综合起来，提供电信增值业务。

5．＿＿＿＿是一种企业可以为客户提供价值的方法，典型的呼叫中心业务流程包括客户流程、销售流程或两者结合，这些服务的提供取决于企业的战略目标，即企业应该决定＿＿＿＿。

6．一个高效的客户智能中心能为每名管理人员提供他们想达到的目的为＿＿＿＿、＿＿＿＿、＿＿＿＿。

二、简答题

1．呼叫中心的发展过程分为几个阶段？
2．现代呼叫中心系统在产品设计上一般采用哪几层架构？
3．呼叫中心对企业客户关系管理的重要性有哪几个方面？
4．客户关系管理的内容主要包含哪些？

5. 简述客户智能技术是如何让呼叫中心业务走向智能化的。

三、分析题

"麦包包"是成立于 2007 年的网购箱包公司,从淘宝店铺起家,仅用 4 年时间便成为国内网购电子商务领域的佼佼者。年销售额以几何级数的速度增长。随着业务迅速发展,"麦包包"迫切需要打造一流的客服中心来处理海量的订购及售后服务工作。在 B2C,特别是网购 B2C 领域,客户服务是非常重要的一个环节,因为看不见实际产品,消费者会在整个购买流程中随时洽询。"麦包包"对于客服的要求是一周七天不间断地服务,又因公司扩张迅速,因此"麦包包"需要系统能迅速、方便地扩容,随时满足业务量增长的需求。

以往"麦包包"的客服中心主要采用租用大型电信运营商的座席,随着业务量的增大,客户对数据安全性及系统扩展性有了更高的要求,而原有的系统显然难以满足这些需求。后来,引入奥迪坚公司全套 MAXCS6.0 平台产品后,借助先进的 CTX 技术,这些问题都得到了完美解决。奥迪坚产品良好的弹性满足了"麦包包"快速扩容的需求,不但实施快,且节省成本。针对"麦包包"客户管理的需要,奥迪坚最新开发的 CRM 产品令客户无须再单独购买 CRM,奥迪坚直接把呼叫中心和 CRM 完美整合,从而令系统运行更为稳定可靠。此外,平台的统一应用程序开发接口也方便了客户的二次开发,即使客户自行开发特殊功能软件,也可轻松与奥迪坚平台衔接。

由此,奥迪坚的通信平台产品为"麦包包"一周 7 天不间断的客服热线提供了正常运营的保障。其呼叫服务平台最大亮点是:灵活的产品架构满足电子商务企业快速扩容的需求;自主研发的 CRM 产品与呼叫中心完美整合,企业不必再单独采购 CRM。

就上面的资料,试对下面的问题做出分析。
(1) 通过资料收集,了解奥迪坚公司,并简单叙述"MAXCS6.0 平台产品"的工作方式。
(2) "麦包包"公司对呼叫中心的需求有哪些?(即主要需要解决什么问题?)
(3) 新的客户服务系统为"麦包包"公司提供了哪些方面的改善?

四、课程实训

任务1:电子商务企业的呼叫中心项目调研

要求:通过网络搜索,列举3个成功电子商务企业的呼叫中心项目,分析其业务支撑与流程设计。

任务2:客户呼叫中心的实例分析

要求:

1. 北京七陌科技有限公司,专注于企业客户服务云领域。行业首创"多渠道整合SaaS云客服",利用通信能力与人工智能技术解决企业客户服务和客服工作效率难题,持续推出:七陌云客服(智能云客服)、七陌云电销、智能机器人(X-Bot、AIcall)、工作手机、CRM等产品,为企业提供完整的全场景解决方案。试通过资料搜集,探讨七陌客户呼叫中心的行业应用解决方案及技术优势。

2. 群策CRM呼叫中心综合平台降低呼叫中心的应用门槛,颠覆只有大中型企业才能建设呼叫中心语音平台的传统观念。试分析群策CRM来电弹屏语音盒SipTO的主要功能。

第 8 章

电子商务客户关系管理系统与企业信息化集成

◎ 知识目标:
1. 了解ERP、SCM、EAI的内涵。
2. 掌握电子商务CRM与ERP、SCM集成的意义和价值。
3. 掌握基于Web的EAI技术特点。
4. 重点掌握电子商务CRM与ERP、SCM集成的体系和方法。

◎ 技能目标:
1. 分析ERP与电子商务CRM关系的主要表现。
2. 了解技术层面EAI对于企业的优势。
3. 实例分析基于大数据的客户关系管理的特点。

Bestseller的企业信息集成之路

中国的服装业,有两个非常重要的第一:一是世界第一的"服装制造大国",二是世界第一的"服装出口大国"。而国内许多大规模的服装企业,实际上是典型的"加工型企业"。其生产能力相对较强,设计能力和营销能力相对较弱。近年来,随着国内人群消费趋向的变化,大多数消费者越来越讲求个性化,特别是网购在国内的兴起,对整个服装产业也产生了很大的影响,很多服装企业为了适应潮流,也开展了电子商务业务,比如凡客、优衣等。国际知名品牌Bestseller也遇到互联网电子商务对服装行业的影响,Bestseller在国内最大的B2C商务网站——淘宝上开展电销业务,并且随着业务的发展,网购业务所占比重越来越大,如何分析淘宝旺旺数据为生产设计提供支持,建立以"客户为中心"的体系对Bestseller越来越迫切。

1. 多业务渠道的客户信息整合

淘宝店、旺旺、客户数据、订单数量和呼叫中心客户数据集成。

三个品牌的客户服务系统数据集成。

外包呼叫中心数据和已有数据的清洗与整合。

文字客服和电话客服的业务集成。

2. 发现企业内部的流程瓶颈

将不同来源的多张报表集成三份统计表。

淘宝店文字客服的API管理报表。

三个品牌电话客服API管理报表。

淘宝店客户交流内容的多维度分析报表。

3. 实现电话客服团队的工作平台

基于互联网的电话呼叫中心平台。

集成的客户关系管理和淘宝数据同步平台。

更人性的电话客服人员的管理和指导。

资料来源：电子商务行业crm案例[EB/OL]. (2015-02-12)[2019-09-19]. http://www.iResearch.com.cn.

思考：电子商务环境下的企业信息集成有什么新特点？

电子商务是企业实现网上市场交易的基础。企业电子商务系统由企业内部网络系统、企业管理信息系统和电子商务站点组成。其中，企业内部网络系统是信息传输的媒介；企业管理信息系统是企业信息加工处理的工具；电子商务网站是企业进行网上商务活动的窗口。

一个完整的电子商务系统离不开高效的实物配送物流系统支撑，即企业资源计划(Enterprise Resource Planning, ERP)系统和供应链管理(Supply Chain Management, SCM)系统的有机结合才能保证网上交易的顺利进行；满足顾客需求是企业电子商务的必然，即CRM系统不能独立于ERP系统存在；提高顾客的满意度、降低企业成本，要求以SCM系统为桥梁，即SCM系统既是CRM系统成功实施的基础，也是ERP系统成功实施的关键。因此，企业电子商务的成功实施必然要求ERP、CRM与SCM集成。

8.1 电子商务客户关系管理与ERP

随着信息技术和管理思想的发展，特别是电子商务的迅猛发展，ERP的内容不断扩展，同时，ERP的不断完善又为电子商务的发展提供了契机。电子商务让企业利用计算机网络(Intranet/Extranet/Internet)在客户、供应商和合作伙伴之间实现在线交易、相互协作和价值交换。电子商务的成功实施，需要企业内部的资源与外部交易过程协同运作，使企业内外部信息流无缝对接，实现前后台数据流畅通。同时，随着CRM拓展到更多的行业，CRM系统的商业需求也在随着时间的推移而改变。由于客户处理流程日益与产品服务紧密结合，ERP和CRM间的集成对企业组织来说也变得越来越重要。

8.1.1 ERP的出现与发展

ERP管理思想与技术经历了30多年的发展变革,从物料需求计划(Material Requirement Planning,MRP)到制造资源计划(Manufacturing Resource Planning,MRPⅡ),再进一步发展到企业资源计划ERP,逐渐成熟。ERP技术大致经历了以下几个阶段。

1. 物料需求计划阶段——MRP

20世纪60年代,早期的MRP是基于物料库存计划管理的生产管理系统。MRP系统的目标是:围绕所要生产的产品,应当在正确的时间、正确的地点、按照规定的数量得到真正需要的物料;通过按照各种物料真正需要的时间来确定订货与生产日期,以避免造成库存积压。

物料需求计划阶段的基本思想是围绕物料转化组织制造资源,以实现按需要准时生产。物质资料的生产是将原材料转化为产品的过程。对于加工装配式生产来说,如果确定了产品生产数量和候产时间,就可以按产品的结构确定产品的所有零件和部件的数量,并可按各种零件和部件的生产周期,反推出它们的生产时间和投入时间。物料在转化过程中需要不同的制造资源(设备、场地、工具、人力、资金等),有了各种物料的投入生产时间和数量,就可以确定对这些制造资源的需要数量和需要时间,这样就可以围绕物料的转化过程来组织制造资源,实现按需要准时生产。MRP按反工序来确定成品、半成品,直至原材料的需要数量和需要时间。

从库存系统的角度来看,可以把产品制造过程看作从成品到原材料的一系列订货过程。要制造产品,必须向其前一阶段发出订货,提出需要什么样的材料,需要多少,何时需要;这个过程还可以进行更细的划分。例如,毛坯要经过若干道工序加工才能制成零件,在加工过程中,后道工序也向前道工序提出订货,这样在制造过程中形成了一系列的"供应方"和"需求方"。供应方按需求方的要求进行生产,最终保证外部客户的需要。在制造过程中,需求方的要求不能任意改变,它完全取决于产品的结构、工艺和生产提前期,因而是可以预见的。于是,可以用生产作业计划的形式来规定每一生产阶段、每一道工序在什么时间,生产什么和生产多少。这就是MRP能够实现按需要准时生产的原因:如果要求按一定的交货时间提供不同数量的各种产品,就必须提前一定时间加工所需数量的各种零件;要加工各种零件,就必须提前一定时间准备所需数量的各种毛坯,直至提前一定时间准备各种原材料。MRP以物料为中心组织生产,要求上道工序应该按下道工序的需求进行生产,前一生产阶段应该为后一生产阶段服务,各道工序做到既不提前完工,也不误期完工,因而是最经济的生产方式。

2. 闭环的MRP

20世纪70年代,MRP经过发展形成了闭环的MRP生产计划与控制系统。MRP以物料为中心的组织生产模式,体现了为客户服务、按需定产的宗旨,计划统一且可行,并且借助计算机系统实现了对生产的闭环控制。闭环MRP理论认为,只有在考虑能力的约束或者对能力提出需求计划,在满足能力需求的前提下,物料需求计划(MRP)才能保证物料需求的执行和实现。在这种思想要求下,企业必须对投入与产出进行控制,也就是对企业的能力进行校检和执行控制。

1) 闭环MRP系统的原理

MRP系统的正常运行，需要有一个现实可行的主生产计划。它除了要反映市场需求和合同订单以外，还必须满足企业的生产能力等约束条件。因此，基本MRP系统进一步发展，把能力需求计划、执行及控制计划的功能也包括进来，形成一个环形回路，称为闭环MRP。闭环MRP为一个完整的生产计划与控制系统。

在闭环MRP系统中，把关键工作中心的负荷平衡称为资源需求计划，或称为粗能力计划，它的计划对象为独立需求件，主要面向的是主生产计划；把全部工作中心的负荷平衡称为能力需求计划，或称为详细能力计划，而它的计划对象为相关需求件，主要面向的是车间。由于MRP和MPS之间存在内在的联系，所以资源需求计划与能力需求计划之间也是一脉相承的，而后者正是在前者的基础上进行计算的。

2) 闭环MRP的过程

整个闭环MRP的过程为：企业根据发展的需要与市场需求来制订企业生产规划；根据生产规划制订主生产计划，同时进行生产能力与负荷的分析。该过程主要是针对关键资源的能力与负荷的分析过程。只有通过对该过程的分析，才能达到主生产计划基本可靠的要求。再根据主生产计划、企业的物料库存信息、产品结构清单等信息来制订物料需求计划；由物料需求计划、产品生产工艺路线和车间各加工工序能力数据(即工作中心能力，其有关的概念将在后面介绍)生成对能力的需求计划，通过对各加工工序的能力平衡，调整物料需求计划。如果在这个阶段无法平衡能力，还有可能修改主生产计划；采购与车间作业按照平衡能力后的物料需求计划执行，并进行能力的控制，即输入/输出控制，并根据作业执行结果反馈到计划层。因此，闭环MRP能较好地解决计划与控制问题，是计划理论的一次大飞跃(但它仍未彻底地解决计划与控制问题)。

3. 制造资源计划——MRPⅡ

20世纪80年代初，物料需求计划MRP经过发展和扩充逐步形成了制造资源计划——MRPⅡ的生产管理方式。制造资源计划是以物料需求计划MRP为核心，覆盖企业生产活动所有领域，有效利用资源的生产管理思想和方法的人一机应用系统。

在MRPⅡ中，包括人工、物料、设备、能源、市场、资金、技术、空间、时间等制造资源都被考虑进来。MRPⅡ的基本思想是：基于企业经营目标制订生产计划，围绕物料转化组织制造资源，实现按需要按时进行生产。MRPⅡ主要环节涉及经营规划、销售与运作计划、主生产计划、物料清单与物料需求计划、能力需求计划、车间作业管理、物料管理(库存管理与采购管理)、产品成本管理、财务管理等。从一定意义上讲，MRPⅡ系统实现了物流、信息流与资金流在企业管理方面的集成。由于MRPⅡ系统能为企业生产经营提供一个完整而详尽的计划，可使企业内各部门的活动协调一致，形成一个整体，从而提高企业的整体效率和效益。

制造资源计划MRPⅡ可在周密的计划下有效地利用各种制造资源，控制资金占用，缩短生产周期，降低成本，实现企业整体优化，以最佳的产品和服务占领市场。采用MRPⅡ之后，一般可在以下方面取得明显的效果：库存资金降低15%~40%；资金周转次数提高50%~200%；库存盘点误差率降低到1%~2%；短缺件减少60%~80%；劳动生产率提高5%~15%；加班工作量减少10%~30%；按期交货率达90%~98%；成本下降7%~12%；采购费用降低5%左右；

利润增加 5%～10%等。此外，可使管理人员从复杂的事务中解脱出来，真正把精力放在提高管理水平上，去解决管理中的实质性问题。

4．企业资源计划——ERP

20 世纪 90 年代以来，MRPⅡ经过进一步发展完善，形成了 ERP 系统。与 MRPⅡ相比，ERP 除了包括和加强了 MRPⅡ的各种功能之外，更加面向全球市场，功能更加强大，所管理的企业资源更多，支持混合式生产方式，管理覆盖面更宽，并涉及了企业供应链管理，从企业全局角度进行经营与生产计划，是制造企业综合的集成经营系统。ERP 所采用的计算机技术也更加先进，形成了集成化的企业管理软件系统。

ERP 的基本思想是将制造企业的制造流程看作一个紧密连接的供应链，其中包括供应商、制造工厂、分销网络和客户；将企业内部划分成几个相互协同作业的支持集团，如财务、市场、销售、质量、工程等，还包括竞争对手的监视管理。在 ERP 中，许多经典的 MRPⅡ功能子系统变得更加灵活，例如，作业流程将和能力计划集成起来，以便使 MRPⅡ增加实时特征，减少作业批量和转换时间；物料单/配方管理系统将按成组技术的思想组合，当缺料时可以简便地进行制造。

ERP 强调企业的事前控制能力，它为企业提供了对质量、适应变化、客户满意、绩效等关键问题的实时分析能力。它还为计划员提供多种模拟功能和财务决策支持系统，使之能对每天将要发生的情况进行分析，而不像 MRPⅡ那样只能做月度分析。这样，财务的计划系统将不断地接收来自制造过程、分析系统和交叉功能子系统的信息，可正确、快速地做出决策；生产管理则在管理事务级集成处理的基础上给管理者更强的事中控制能力，如通过计划的及时滚动，保证计划的顺利执行，通过财务系统来监控生产制造过程等。

ERP 对计算机技术的要求主要是在软件方面，它要求具有图形用户界面(GUI)、关系数据库结构、客户机/服务器体系、面向对象技术、开放和可移植性、第四代语言(4GL)和 CASE 工具等，这对传统的 MRPⅡ系统的改进是革命性的。因此，人们把 MRP 到 MRPⅡ称为是功能和技术上的发展，而把 MRPⅡ到 ERP 称为一场革命。

ERP 技术的发展阶段如表 8-1 所示。

表 8-1 ERP 技术发展阶段

年　代	企业经营方针	问 题 提 出	软件发展阶段	理 论 基 础
20 世纪 60 年代	追求降低成本； 手工订货发货； 生产缺货频繁	如何确定订货时间和订货数量	基本 MRP 系统	库存管理理论； 生产计划； 物料清单； 期量标准
20 世纪 70 年代	计划偏离实际； 人工完成车间作业计划	如何保障计划得到有效实施和及时调整	闭环 MRP 系统	能力需求计划； 车间管理作业； 计划、实施、反馈与控制的循环
20 世纪 80 年代	追求竞争优势； 各子系统缺乏联系，矛盾重重	如何实现管理系统一体化	MRPⅡ系统	系统集成技术； 物流管理； 决策模拟

(续表)

年　代	企业经营方针	问 题 提 出	软件发展阶段	理 论 基 础
20世纪90年代	追求创新；要求适应市场需求的变化	如何在全社会的范围内利用一切可利用的资源	ERP系统	供应链；混合型生产环境；事前控制

8.1.2　ERP的内涵

ERP是由美国Gartner Group咨询公司首先提出的，作为当今国际上一个先进的企业管理模式，它在体现当今世界最先进的企业管理理论的同时，也提供了企业信息化集成的最佳解决方案。它把企业的物流、资金流、信息流统一起来进行管理，以求最大限度地利用企业现有资源，实现企业经济效益的最大化。

其主要宗旨是对企业所拥有的人、财、物、信息、时间和空间等综合资源进行综合平衡和优化管理，协调企业各管理部门，围绕市场导向开展业务活动，提高企业的核心竞争力，从而取得最好的经济效益。所以，ERP首先是一个软件，同时是一个管理工具。它是IT技术与管理思想的融合体，也就是先进的管理思想借助计算机来达成企业的管理目标。

1．ERP的核心目的

ERP的核心目的就是实现对整个供应链的有效管理，主要体现在以下三方面。

1) 对整个供应链资源进行管理的思想

在知识经济时代仅靠自己企业的资源不可能有效地参与市场竞争，必须要把经营过程中的有关各方，如供应商、制造工厂、分销网络、客户等，纳入一个紧密的供应链中，才能有效地安排企业的产、供、销活动，满足企业利用全社会一切市场资源快速高效地进行生产经营的需求，以期进一步提高效率、在市场上获得竞争优势。换句话说，现代企业竞争不是单一企业与单一企业间的竞争，而是一个企业供应链与另一个企业供应链之间的竞争。ERP系统实现了对整个企业供应链的管理，适应了企业在知识经济时代市场竞争的需要。

2) 精益生产同步工程和敏捷制造的思想

ERP系统支持对混合型生产方式的管理，其管理思想表现在两方面。其一是"精益生产"的思想，它是由美国麻省理工学院提出的一种企业经营战略体系。即企业按大批量生产方式组织生产时，把客户、销售代理商、供应商、协作单位纳入生产体系，企业同其销售代理、客户和供应商的关系，已不再是简单的业务往来关系，而是利益共享的合作伙伴关系，这种合作伙伴关系组成了一个企业的供应链，这即是精益生产的核心思想。其二是"敏捷制造"的思想。当市场发生变化，企业遇到特定的市场和产品需求时，企业的基本合作伙伴不一定能满足新产品开发生产的要求，这时，企业会组织一个由特定的供应商和销售渠道组成的短期或一次性供应链，形成"虚拟工厂"，把供应和协作单位看成企业的一个组成部分，运用"同步工程"(SE)组织生产，用最短的时间将新产品打入市场，时刻保持产品的高质量、多样化和灵活性，这即是"敏捷制造"的核心思想。

3) 事先计划与事中控制的思想

ERP系统中的计划体系主要包括主生产计划、物料需求计划、能力计划、采购计划、销售执行计划、利润计划、财务预算和人力资源计划等，而且这些计划功能与价值控制功能已完全集成到整个供应链系统中。

另一方面，ERP系统通过定义事务处理相关的会计核算科目与核算方式，以便在事务处理发生的同时自动生成会计核算分录，保证了资金流与物流的同步记录和数据的一致性。从而实现了根据财务资金现状，可以追溯资金的来龙去脉，并进一步追溯所发生的相关业务活动，改变了资金信息滞后于物料信息的状况，便于实现事中控制和实时做出决策。

此外，计划、事务处理、控制与决策功能都在整个供应链的业务处理流程中实现，要求在每个流程业务处理过程中最大限度地发挥每个人的工作潜能与责任心，流程与流程之间则强调人与人之间的合作精神，以便在有机组织中充分发挥每个人的主观能动性与潜能。实现企业管理从"高耸式"组织结构向"扁平式"组织机构的转变，提高企业对市场动态变化的响应速度。

2. ERP的特点

ERP是将企业所有资源进行集成管理，简单地说，是将企业的三大流——物流、资金流、信息流，进行全面一体化管理的管理信息系统。它的功能模块仅用于生产企业的管理，但一些非生产公益事业的企业也可导入ERP系统进行资源计划和管理。ERP系统是企业信息化的重要组成部分，具有以下特点和作用。

1) 计划的一贯性与可行性

ERP是一种计划主导型的管理模式，计划层次从宏观到微观，从战略到战术，由粗到细逐层细化，但始终保证与企业经营战略目标一致。

2) 管理系统性

ERP是一种系统工程，它把企业所有与经营生产直接相关部门的工作联系成一个整体，每个部门都从系统总体出发，做好本岗位工作，每个人员都清楚自己的工作质量同其他职能的关系。

3) 数据共享和集成性

ERP是一种管理信息系统，企业各部门都依据同一数据信息进行管理，任何一种数据变动都能实时地反映给所有部门，做到数据共享。在统一数据库支持下，企业按照规范化的处理程序进行管理和决策，改变过去那种信息不通、情况不明、盲目决策、相互矛盾的现象。

4) 动态应变性

ERP把客户需求和企业内部的制造活动，以及供应商的制造资源集成在一起，体现了完全按用户需求制造的思想，这使得企业适应市场与客户需求快速变化的能力增强。

5) 模拟预见性

ERP是经营生产管理规律的反映，按照规律建立的信息逻辑必然具有模拟功能。它可以解决"如果怎样，将会怎样"的问题，可以预见相当长远的计划期内可能发生的问题，事先采取措施消除隐患。比如，管理者可以通过ERP系统了解库存，从而可以达到合理采购和库存，实现提高企业效益的目的。

6) 物流和资金流的统一

ERP具有成本会计和财务功能，可以由生产活动直接产生财务数字，把实物形态的物料流动直接转换为价值形态的资金流动，保证业务生产和财会数据一致。

3. ERP的功能

企业管理主要包括三方面的内容：生产控制(计划、制造)、物流管理(分销、采购、库存管理)和财务管理(会计核算、财务管理)。随着企业对人力资源管理重视的加强，已经有越来越多的ERP厂商将人力资源管理纳入了ERP系统的一个重要组成部分。ERP系统主要包括以下几方面的内容。

1) 财务管理模块

ERP中的财务管理模块与一般的财务软件不同，作为ERP系统中的一部分，它和系统的其他模块有相应的接口，能够相互集成，比如，它可将由生产活动、采购活动输入的信息自动计入财务管理模块生成总账、会计报表，取消了输入凭证烦琐的过程，几乎完全替代了以往传统的手工操作。一般的ERP软件的财务部分分为会计核算与财务管理两大块。

(1) 会计核算主要是记录、核算、反映和分析资金在企业经济活动中的变动过程及其结果。它由总账、应收账、应付账、现金、固定资产、多币制等部分构成。

(2) 财务管理的功能主要是基于会计核算的数据，再加以分析，从而进行相应的预测、管理和控制活动。它侧重于财务计划、控制、分析和预测。

① 财务计划是根据前期财务分析做出下期的财务计划、预算等。

② 财务分析提供查询功能和通过用户定义的差异数据的图形显示，进行财务绩效评估、账户分析等。

③ 财务决策是财务管理的核心部分，中心内容是做出有关资金的决策，包括资金筹集、投放及资金管理。

2) 生产控制管理模块

这部分是ERP系统的核心所在，将企业的整个生产过程有机地结合在一起，企业能够有效地降低库存，提高效率。同时各个原本分散的生产流程的自动连接，也使得生产流程能够前后连贯地进行，而不会出现生产脱节，耽误生产交货时间。

生产控制管理是一个以计划为导向的先进的生产、管理方法。首先，企业确定它的一个总生产计划，再经过系统层层细分后，下达到各部门去执行。即生产部门以此生产，采购部门按此采购等。

(1) 主生产计划。它是根据生产计划、预测和客户订单的输入来安排将来各周期中提供的产品种类和数量，它将生产计划转为产品计划，在平衡了物料和能力的需要后，精确到时间、数量的详细的进度计划。它是企业在一段时期内的总活动的安排，是一个稳定的计划，是通过生产计划、实际订单及对历史销售分析和预测产生的。

(2) 物料需求计划。在主生产计划决定生产多少最终产品后，再根据物料清单，把整个企业要生产的产品的数量转变为所需生产的零部件的数量，并对照现有的库存量，可得到还需加工多少、采购多少的最终数量。这才是整个部门真正依照的计划。

(3) 能力需求计划。它是在得出初步的物料需求计划之后,将所有工作中心的总工作负荷与工作中心的能力平衡后产生的详细工作计划,用以确定生成的物料需求计划是否是企业生产能力上可行的需求计划。能力需求计划是一种短期的、当前实际应用的计划。

(4) 车间控制。这是随时间变化的动态作业计划,将作业分配到具体各个车间,再进行作业排序、作业管理、作业监控。

(5) 制造标准。在编制计划中需要许多基本生产信息,这些基本信息就是制造标准,包括零件、产品结构、工序和工作中心,都用唯一的代码在计算机中识别。

3) 物流管理模块

物流管理一般包括分销管理、库存控制和采购管理三大模块。

(1) 分销管理。销售的管理是从产品的销售计划开始,对其销售产品、销售地区、销售客户各种信息的管理和统计,并可对销售数量、金额、利润、绩效、客户服务做出全面的分析。

(2) 库存控制。随时间变化动态地调整库存,精确地反映库存现状。

(3) 采购管理。确定合理的订货量、优秀的供应商和保持最佳的安全储备。能够随时提供订购、验收的信息,跟踪和催促外购或委外加工的物料,保证货物及时到达。建立供应商的档案,用最新的成本信息来调整库存的成本。

4) 人力资源管理模块

以往的 ERP 系统基本上都是以生产制造及销售过程(供应链)为中心的,因此,长期以来一直把与制造资源有关的资源作为企业的核心资源来进行管理。但近年来,企业内部的人力资源开始越来越受到企业的关注,被视为企业的资源之本。在这种情况下,人力资源管理作为一个独立的模块,被加入到了 ERP 的系统中,和 ERP 中的财务、生产系统组成了一个高效的、具有高度集成性的企业资源系统。它与传统方式下的人事管理有着根本的不同。

完整的 ERP 系统功能如图 8-1 所示。

图8-1 ERP系统功能示意图

8.1.3 电子商务CRM与ERP集成

在电子商务环境下,ERP 和 CRM 间的集成对企业组织来说也变得越来越重要。ERP 为 CRM 数据仓库提供数据来源,CRM 将市场分析预测反馈给 ERP,为其提供决策依据,通过这样的互动联系,使企业的生产、销售快速地对市场做出反应。因此,在企业管理现代化和信息化的过程中，电子商务、企业资源计划(ERP)系统和客户关系管理(CRM)系统三者集成的出现使企业在计算机技术和管理科学纵深层次上相互结合，组成了先进的管理模式和理念，不断地提升着企业的产业绩效与核心竞争优势。

1. 电子商务CRM与ERP之间的关系

1) ERP与CRM的结合

CRM是从客户服务所要解决的问题着眼，通过Internet将散点式的服务有效地集成起来，提高工作效率。CRM是一种旨在改善企业与客户之间关系的新型管理机制，它实施于企业的市场领域，一方面通过提供更快速和周到的优质服务吸引和保持更多的客户，另一方面通过对业务流程的全面管理降低企业的成本。

CRM要解决以往客户信息的不确定性，要将企业内部和外部所有与客户相关的资料和数据集成在同一个系统，让所有客户接触的一线工作人员都操作这些资料；同时还要导入流程管理的概念，每一类客户的需求都会接触一串规范的内部流程。由于企业进行事务的处理必然会牵涉到人、财、物的管理，这是单纯的CRM所不能胜任的。

ERP是指建立在信息技术基础上，基于企业内部供应链管理思想的系统，把企业的业务流看成一条供应链管理，并把企业分成以财务管理为中心，几个相互协同作业的子系统有机结合的一个系统，是物流、信息流、资金流的最佳组合。实现企业各方面资源的充分调配和均衡，使原来企业内部分散、孤立的"信息化孤岛"通过Intranet(企业内联网)和Internet连接到一起，实现企业由相对封闭走向开放，信息处理由事后走向实时。

CRM与ERP集成，将会形成企业从销售前端、企业内部到供应后端的协同电子商务整体，形成最大的价值。随着信息技术的进步、管理思想和营销理念的变革，现在企业信息化建设的内容也随着发生了变化，企业不仅只是专注企业内部的信息化建设的集成，同时还必须要进行内外整体的信息化建设。ERP与CRM的集成能使客户的需求得到满足，留住现有客户和潜在客户。在这个过程中，CRM提供了具体执行的框架，而ERP则提供了资源的应用及其实际的操作，达到内外资源畅通无阻的最佳利用效果。

2) ERP、CRM与电子商务

电子商务、ERP、CRM的关系主要表现在以下两方面。

(1) 基于供应链的兼容性。企业有3条供应链：物资供应链、资金供应链和信息供应链。ERP系统对企业内部的物流、资金流和信息流进行控制管理和优化。电子商务主要涉及采购与销售业务，采用电子支付手段，使企业原来的物流和资金流改变形式，拓展物流和资金流的渠道，增加一个入口和出口，同时对信息流进行延伸，将企业的信息流延伸到供应商和客户，并成为新信息流。CRM将信息流延伸到每个客户，形成新的信息流，它虽然没有延伸企业物流和资金流，但它加强了企业与客户间物流和资金流的联系。

(2) 应用的互补性。电子商务强调商务活动，借助互联网，可以将企业的产品信息和需求信息快捷地发送给企业客户和供应商，打破时间和空间限制，轻松实现网上购物、网上交易、在线支付等商务活动，它应用在企业与客户、供应商等外部实体间的商务处理。ERP应用在企业内部管理，主要是优化企业资源配置，高效优质地完成生产任务，为电子商务提供有力支撑。CRM则强调客户的满意度，通过加强与客户的交流和沟通，提高服务质量，提高客户的忠诚

度，它主要为ERP系统提供产品反馈信息，进一步完善内部管理，同时巩固和扩展电子商务的成果。

2. 电子商务CRM与ERP集成

在电子商务竞争环境下，ERP为CRM的数据仓库提供了丰富的数据，CRM的分析结果和对市场发展的预测给ERP提供了决策数据。将ERP与电子商务CRM集成，实现真正的在线交易模式：从客户到供应商完全连通，企业内部流程与外部交易完全一体化。通过CRM实现与客户的互动营销；通过ERP实现整个供应链上数据流畅通。CRM从改善客户关系的角度，ERP从优化企业生产流程的角度，来提高电子商务环境下的企业竞争力和利润。

按以客户为中心的理念来看，企业由前台和后台构成，前台是客户同企业交互发生的，即CRM系统；后台是向前台提供有效支持的地方，即ERP系统。CRM与ERP的集成，突破了供应链上企业间的地域边界和不同企业之间信息交流的组织边界，建立起企业的网络营销模式，真正解决企业供应链中的下游链管理，将客户、经销商、企业销售全部集成到一起，实现企业个性化需求的快速响应，同时也有助于企业清除营销体系中的中间环节，通过新的扁平化营销体系，降低销售成本。企业一般是建立ERP，然后将CRM集成进来，形成扩展的ERP。CRM和ERP的集成，可以从业务流程和数据同步更新上实现集成，如图8-2所示。

集成内容主要包括以下两方面。

1) 业务流程的集成

CRM与ERP之间存在着相互支持和依赖的关系。它们之间的集成涉及财务、销售订单、客户联系人信息、采购、库存等各个方面。CRM与ERP可以分享共同的技术组件、工具和商业规则，根据企业的客户群特点、企业和客户接触的渠道、CRM下的部门职责，来设计各个功能对应的工作流程、销售体系和物流体系的分离、供应链上分布库存控制策略的调整，以及营销组织架构的重新设计等，使企业能够在不同系统之间进行数据分析，从而具备商务智能的功能。

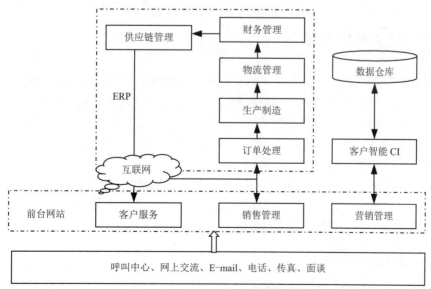

图8-2　电子商务CRM与ERP的集成

2) 数据同步更新

CRM 系统作为前台，将所采集来的数据向后台传送，如把客户信息、订单信息、产品和服务的反馈信息传递给 ERP 系统和企业设计部门；ERP 系统作为后台，可以为企业提供公用的交易数据库，而该数据库可以被 CRM 系统用作建立客户档案或客户关系等其他用途。因此，在这两个系统之间产生了前台数据库必须要与后台数据库中的数据保持一致，二者保持数据同步更新。实现数据同步更新，可建立一个与 ERP 与 CRM 联系的中间控制平台，通过这个平台，可以在其中把 CRM 与 ERP 所提供的信息、数据存储起来并进行分析处理，实现数据的一致与同步，最后及时地把对方需要的信息传给对方。

电子商务 CRM、ERP 集成后可实现：数据来源唯一；实时共享数据；实时响应，在第一时间做出应对处理；系统提供一致的数据，方便决策层决策，提高决策效率和科学性。

8.2　电子商务客户关系管理与SCM

我国国家标准对供应链的定义为：供应链即生产与流通过程中将产品或服务提供给最终用户活动的上游与下游企业所形成的网链结构。

供应链管理即利用计算机网络技术全面规划供应链中的商流、物流、信息流、资金流等，并进行计划、组织、协调与控制。

供应链管理的主要任务就是要协调从订单的形成到完成，以及运送产品过程中的各项服务和信息交流。随着电子商务的不断发展，在电子商务环境下，供应链中各个企业之间可以从事的商务活动也日益增加，电子商务在供应链管理中的应用体现得越来越重要。电子商务在供应链管理中的应用，充分说明电子商务与供应链管理是相辅相成的，电子商务成功实施的基础是出色的供应链管理的支持。通过供应链管理，把与电子商务的商业活动有关的信息流、资金流、物流进行有效的集成和控制，把正确的产品交付给正确的客户，以最低的成本实现最大的经济效益。

8.2.1　SCM的产生与发展

随着信息时代的到来，全球市场一体化特征越来越明显，企业面临更为复杂多变的竞争环境的挑战。随着微电子技术、计算机软硬件技术、光纤和卫星通信技术、多媒体技术、虚拟实现技术、信息压缩技术和系统集成技术等的迅速发展，对大量信息进行迅速、准确、高效的传递和处理已成为现实。信息技术在技术创新、产品开发与设计、生产制造、销售、组织结构、管理思想等多方面对企业管理产生了重大影响。

供应链随着商品经济的出现就开始萌芽，但供应链管理的概念和应用却只有几十年的历史。在过去几十年间，无论是供应链管理的理念，还是供应链管理的应用技术，都有了长足的发展。它的形成与发展主要经历了 4 个阶段。

1. 供应链管理的萌芽阶段

20 世纪 60～70 年代，供应链管理还只处于萌芽状态。供应链，更确切地说，还只能称为业务链，而链上的每个成员的管理理念基本上都是"为了生产而管理"，企业之间的竞争是产品在数量上和质量上的竞争，企业间的业务协作是以"本位主义"为核心的，即使在企业内部，其组织结构也是以各自为政的职能化或者区域性的条条框框为特征。此时，供应链上各成员之间的合作关系极为松散，供应链成员之间时常存在利益冲突，阻碍了供应链运作和管理的形成。

2. 供应链管理的初级阶段

20 世纪 80 年代初～90 年代初，在理论研究的不断探索下，供应链管理的理念已经形成基本雏形，并开始指导企业进行初步的实践，同时在学术研究上得到了较快的发展。

实际上，供应链管理这一名词最早出现于 20 世纪 80 年代，最初是由咨询业提出的，后来逐渐引起人们的巨大关注。在此阶段，企业的竞争重点已转向追求生产效率。企业的组织结构和内部职能划分也发生了转变，大多数企业开始进行企业组织结构的精简和改革，并且是从分散式的部门化和职能化转变为集中的计划式，以及更关注业务流程的变革。企业已开始认识到最大的机会存在于企业之外。Stevens 在 1989 年提出了供应链管理的概念，包括在企业内部集成和在企业外部集成的思想，标志着供应链管理的萌芽阶段结束。

供应链管理的实践始于供应链上末端的零售行业，为获得更多的销售利润，零售商需要更好地与供应商共享销售和市场资料，信息技术的发展和应用为信息共享提供了技术。此后，企业内部逐渐实现了信息集成，企业间业务联系方式也随着通信技术的发展而不断改善。但传统的供应链的运作多局限于企业内部，在供应链上仍然存在着大量的企业之间的目标冲突，无法从整个供应链的角度出发来实现供应链的整体竞争优势，从而导致供应链管理的绩效低下，尚无法实现整体供应链的运作和从供应链向价值链的根本突破。

3. 供应链管理的形成阶段

20 世纪 90 年代初～20 世纪末，供应链管理无论在理论上还是在实践应用上都有了突飞猛进的发展。在新的经济一体化的竞争环境下，企业将竞争重点转向市场和客户，更加注重在全球范围内利用一切能够为己所用的资源，纷纷将目光从管理企业内部生产过程转向产品全生命周期中的供应环节和整个供应链系统，渐渐认识到客户到产品之间的关联是供应链上增加生存能力和获利能力的一种有效方法，供应链管理逐渐受到高度的重视。

同时，从 20 世纪 90 年代开始，ERP 系统的迅速传播和广泛应用，使企业的信息和业务都实现了高度的集成，BPR(业务流程重组)使企业领导者逐渐认识到把企业的组织结构与主管人员的相关业务目标和绩效激励机制相结合，企业可获得效益。接着，财务管理被引入供应链管理的范围。高级计划排程(APS)系统、客户关系管理(CRM)系统、物流信息系统(LIS)、知识管理(KM)、数据仓库(DW)、数据挖掘(DM)、供应链决策(SCS)等管理技术的竞相问世，使得企业在内部管理上从计划、执行到优化和决策，都从 ERP 的基础上更上一层楼，在有限的资源基础上合理、有效、及时地开展业务；在企业外部的供应链上，也更好地采用客户关系管理的理念和技术，以市场和客户的满意度为企业经营的中心，共同挖掘和分享知识与价值，将企业的资源紧密地与客户的需求相匹配。特别是在 20 世纪 90 年代末，强调建立合作伙伴关系和协调供应链运作的理论，以及互联网和电子商务及其相关技术的出现和发展，更为供应链管理提供了指导和支持，使供应链管理再一次发生了重大变化，实现了一个新的飞跃。

4. 供应链管理的成熟和发展阶段

进入 21 世纪后，基于互联网的供应链系统在发达国家已经得到了较广泛的应用，电子商务的出现和发展是经济全球化与网络技术创新的结果。它彻底地改变了供应链上原有的物流、信息流、资金流的交互方式和实现手段，能够充分利用资源、提高效率、降低成本、提高服务质量。客户按需要的服务对供应商提出要求，这将要求上游的企业采用专门的技术来解决这些新的需求，来满足客户。许多企业开始把努力进一步集中在供应链成员之间的协同上，特别是与下游成员业务间的协同上，可以促进整个供应链的运作更加协同化。企业正是通过与供应商和客户间的这种协同运作，来更准确地确定要从供应商那里得到什么，以及要提供给客户什么。

该阶段供应链管理的核心任务可归纳为：供应链协同运作的系统化管理；生产两端的资源优化管理；不确定性需求的信息共享管理；快速的决策管理。这一时期的供应链管理在计划和决策上特别强调的是，实时的可视性和前向的可预见性，以及供应链流程管理和事件管理的能力，以减少不良影响，使整个供应链都取得最理想的目标效益。

8.2.2 SCM管理

供应链管理是在现代科技条件下，在产品极其丰富的条件下发展起来的管理理念，它拆除了企业的围墙，将各个企业独立的信息化孤岛连接在一起，建立起一种跨企业的协作，并且企业之间作为贸易伙伴，为追求共同经济利益的最大化而共同努力。

1. 供应链的结构模型

供应链是围绕核心企业，通过对信息流、物流、资金流的控制，从采购原材料开始，制成中间产品及最终产品，最后由销售网络把产品送到消费者手中，将供应商、制造商、分销商、零售商，直到最终用户连成一个整体的功能网链结构。

供应链包含所有加盟的结点企业。供应链不仅是一条连接供应商到用户的物料链、信息链、资金链，而且还是一条增值链，物料在供应链上因加工、包装、运输等过程而增加其价值，给相关企业带来收益。

供应链的网链结构模型如图 8-3 所示。

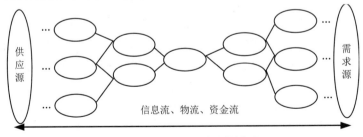

图8-3 供应链的网链结构模型

2. SCM的主要内容

供应链管理是对链上企业的商流、物流、信息流、资金流进行规划、组织和控制活动，即对生产过程中的物流、管理过程中的信息流、决策协调过程中的商流和资金流进行控制和协调。

因而,供应链管理的主要内容可以归纳为以下几方面。

1) **供应链网络结构设计**

供应链网络结构设计即供应链物理布局的设计,具体包括供应链伙伴选择、物流系统设计等。

2) **集成化供应链管理流程设计与重组**

集成化供应链管理流程设计与重组具体包括以下几方面。

(1) 各结点企业内部集成化供应链管理流程设计与重组,主要包括三大核心作业流程的设计与重组。

① 客户需求管理流程,例如,市场需求预测、营销计划管理、客户关系管理。

② 客户订单完成管理流程,例如,生产计划与生产作业管理、新品研发计划管理、物料采购计划管理、品质管理、运输与配送计划与作业管理、资金管理。

③ 客户服务管理流程,例如,产品售前、售中、售后管理,客户退货管理。

(2) 外部集成化供应链管理流程设计与重组:供应链主要核心企业的客户订单完成管理流程与其原材料供应商、产成品销售商、物流服务提供商等合作伙伴管理流程之间的无缝对接。

(3) 供应商交互信息管理:市场需求预测信息、库存信息、销售信息、新品研发信息、销售计划与生产计划信息等的交互共享,以及供应链各结点企业间的协同预测、计划与补给的库存管理技术等。

3) **供应链管理机制建设**

供应链管理机制的建设包括:合作协商机制、信用机制、绩效评价与利益分配机制、激励与约束机制、监督预警与风险防范机制等。

供应链管理的主要内容和实现技术如表 8-2 所示。

表 8-2 供应链管理的主要内容和实现技术

供应链管理的主要内容	供应链管理的实现技术
供应链网络结构设计	供应链伙伴选择: • 合作对策与委托代理理论 • 各种决策评价方法 物流系统设计: • 网络结构决策支持系统 • 仿真模型与最优化技术 • 系统开发方法
集成化供应链管理流程设计与重组	内部集成化流程设计与重组: • BPR(业务流程再造) • SCOR(供应链参考运作模型) • TOC(瓶颈管理、约束管理) • JIT(及时管理) • MPRⅡ(制造资源计划)、ERP(企业资源计划)、DRP(分销资源计划)管理信息系统

(续表)

供应链管理的主要内容	供应链管理的实现技术
集成化供应链管理流程设计与重组	• CAD(计算机辅助设计)、CIM(计算机集成制造)信息系统 外部集成化流程设计与重组： • BPR(业务流程重组) • SCOR(供应链参考运作模型) • TOC(瓶颈管理、约束管理) • CRM(客户关系管理)、SRM(供应商关系管理)、SCM(供应链管理) • QR(快速响应)、电子商务 ECR(有效客户响应)技术 • EDI(电子数据交换)技术 • VMI(供应商管理用户库存)技术 • JMI(联合库存管理)技术 • CPFR(协同规划、预测与补给) • (AM 敏捷制造)技术
供应链管理机制建设	• 合作信用机制 • 协商机制 • 绩效评价与利益分配机制 • 激励与约束机制 • 监督与预警机制 • 风险防范机制

8.2.3　电子商务CRM与ERP、SCM集成

在激烈的市场竞争中，企业产品更新能力、市场响应速度和客户服务质量已成为电子商务企业生存的生命线。因此，实现这些功能的一体化集成，以进一步降低成本、减少库存、加快资金周转和提高企业管理水平是处于市场竞争之中企业的战略目标，而现在的信息技术和网络的发展也为电子商务企业的 CRM、ERP、SCM 集成提供了可能。

1. 电子商务CRM、ERP、SCM集成的必要性

企业信息化无论采取何种手段，最终目的都是创建企业的竞争优势。ERP、SCM、电子商务 CRM 主要在于实现减少企业库存，降低成本，加快资金周转，提高企业市场响应速度和提高客户对企业的满意度，以此提升企业的市场竞争力。ERP、SCM、电子商务 CRM 是独立的软件系统，几个信息系统各自为战不利于企业资源的协调。

新的系统发展要求在新的技术条件下解决传统技术条件下难以打破的企业群不同业务单元之间的壁垒，同时要求消除不同职能部门之间的信息知识传播的障碍，以实现从供应商到客户的信息资源的共享和统一调配。这种集成化、互动化的实现必然要求 ERP、SCM、电子商务 CRM 的集成。ERP 系统只有与 SCM、电子商务 CRM 结合在一起才能形成一个完整的闭环，才能发挥 ERP 的最大作用。ERP、SCM 与电子商务 CRM 是相互联系，互为补充的。

ERP、SCM、电子商务 CRM 是我国制造企业信息化、建设一体化进程中的 3 个重要组成部分,其中 ERP 系统是企业信息化的基础,是 SCM 和电子商务 CRM 的基础。SCM 加强企业间网络合作,强调资源协调统一;电子商务 CRM 则加强企业与客户间关系。在集成模型中,从客户到供应商连通、企业内部流程与外部交易完全一体化。

通过集成模型的 SCM,可以节约交易成本,共享网络资源,降低存货,使供应链网络内合作伙伴可作为一个整体进行即时快捷的信息交流。

集成的电子商务 CRM 实现互动营销,快速响应客户个性化要求,提供便捷购买和良好的售后服务。

集成模型中的 ERP 将企业传统业务、内部管理与管理网络连接,使 ERP 前后端成为一体化交易的中枢。通过集成,客户的采购和要求可以即时传递至整个供应链,交易、供给、运输和服务几乎同时进行。这种一体化集成满足了客户、生产者、销售者和供应商的需求,极大地提高了企业对市场的快速响应能力。

2. 电子商务CRM、ERP、SCM的集成应用解决方案

1)"以人为本"的竞争机制

ERP 的管理思想认为,"以人为本"的前提下,必须在企业内部建立一种竞争机制,在此基础上,给每一个员工制定一个工作评价标准,并以此作为对员工的奖励标准,生产效率也必然跟着提高。

2) 以"供需链管理"为核心

ERP 把客户需求和企业内部的制造活动,以及供应商的制造资源集成在一起,形成一个完整的供需链,并对供需链的所有环节进行有效管理,这样就形成了以供需链为核心的 ERP 管理系统。供需链跨越了部门与企业,形成了以产品或服务为核心的业务流程。以 SCM 为核心的 ERP,适应了企业在知识经济时代、市场竞争激烈环境中生存与发展的需要,给有关企业带来了显著的利益。SCM 从整个市场竞争与社会需求出发,实现了社会资源的重组,大大改善了社会经济活动中物流与信息流运转的效率和有效性,消除了中间冗余的环节。

3) 以"客户关系管理"为前台重要支撑

在以客户为中心的市场经济时代,企业关注的焦点逐渐由过去关注产品转移到关注客户上来。由于需要将更多的注意力集中到客户身上,关系营销、服务营销等理念层出不穷。与此同时,信息科技的长足发展也从技术上为企业加强客户关系管理提供了强力支持。

4) 全面集成企业内外部资源

随着网络技术的飞速发展和电子化企业管理思想的出现,ERP 也进行着不断调整,以适应电子商务时代的来临。网络时代的 ERP 将使企业适应全球化竞争所引起的管理模式的变革,它采用最新的信息技术,呈现出数字化、网络化、集成化、智能化、柔性化、行业化和本地化的特点。

3. 电子商务CRM、ERP、SCM的集成方式和实现技术

从 ERP 角度可以将软件厂商分为两类:"传统 ERP 型"和"非传统 ERP 型"。传统 ERP 型中 CRM 与 ERP 系统高度集成,只需在 ERP 服务器上增设一个或多个 CRM 模块,就能实现

集成。非传统ERP型系统通常提供了各个独立的模块和开放的程序接口，企业可以选择相应的开放接口模块实现集成，可以利用这些接口进行二次开发和定制修改。非传统ERP型将SCM、电子商务CRM系统与其他ERP系统集成的关键是实现同步数据更新，这也是集成模型所要求的。现在比较流行的ERP、SCM、电子商务CRM集成支持技术是一种提供中间件，运用"新的模块化软件"的方式，提供ERP、SCM或电子商务CRM同第三方软件集成的业务应用程序接口，实现三者的集成。二次开发集成技术是客户对掌握的CRM或ERP软件进行客户化修改。数据同步复制也是集成ERP、SCM与电子商务CRM的一种主要支持技术，主要在电子商务CRM或ERP系统服务器之间建立数据复制的功能，使两者的数据保持同步。

ERP、SCM与电子商务CRM三大系统都是电子商务企业重要的组成部分，以往三大系统各自独立，制约着企业的发展，降低了企业的市场反应速度。ERP、SCM与电子商务CRM三大系统的集成，在物流、信息流、资金流、服务流等方面实现全方位、整体的管理，使上下游的企业，供应商、企业至客户建立紧密的合作关系，这种效益的提高是整个链内企业的整体提高。对电子商务企业来说，三者集成既是企业软件系统的理想状态，又是大势所趋。ERP系统的集成能够帮助企业适应全球化市场竞争，使其与同一链内的其他结点成为一个整体，相互配合和协调，共同减少损耗，降低成本，提高产品质量。

【阅读】戴尔高效敏捷的供应链

戴尔供应链的成功模式是其他企业所无法模拟的，其供应链核心点有3个。

(1) "虚拟集成"。要理解戴尔的供应链，首先要理解其"虚拟集成"思想。厦门的戴尔制造基地被称为"中国客户中心"。为什么不叫工厂？戴尔解释说，因为戴尔和工厂的专注点不一样——后者的专注点在工艺上，而戴尔专注于客户需要什么样的产品，怎样根据客户的需要把产品组合起来。如果能够从市场上买到具有最佳性价比的东西，戴尔就不自己做，戴尔只做市场不能提供的产品。戴尔的目光已经越过了企业的四面围墙，把供应商看成了自己的车间。"虚拟集成"使戴尔供应链更加敏捷。

(2) "交易引擎"。工厂的零件车间就在组装车间的隔壁，戴尔的供应商却分布在世界各地，如何管理？到这里，戴尔供应链中另外一个很重要的概念就出来了——"交易引擎"。

假设戴尔只是一个工厂，工厂里都会实施ERP系统，这已经是很平常的事情。想象一下现在工厂的车间没有了，只有一个个供应商，ERP系统要扩大到整个供应商，这个越过四面围墙的ERP系统就是戴尔的"交易引擎"。

在"交易引擎"的信息平台上，戴尔和供应商双方的信息可以做到极大程度的共享：戴尔客户中心的采购人员可以从这个平台上看到供应商生产的情况是怎样的，对方工厂里的库存是怎样的，供应商有多少货正在途中向戴尔运输，供应商在戴尔附近的中转仓库的存货是多少等，种种情况都一目了然——就像一个工厂了解它的车间里的情况一样。

(3) "直销模式"。戴尔最有特色的是"直销模式"——戴尔完全是按订单生产，客户打电话来或者从网上下订单之后，戴尔才按需求生产。这种生产和销售方式使得戴尔可以按照顾客实际需求的变动不断地调整自己的物料需求，并通过信息系统和供应商共享这些信息。

戴尔中国客户中心数据中心的机房里有上千台服务器24小时运行，客户既可以通过网站，也可以通过电话下订单，这些信息直接进入数据中心，数据中心每1.5小时把这段时间内的订单统计出一张清单，上面列着分别需要哪些配置。这张清单直接就会传到供应商的仓库——在离戴尔中国客户中心5千米远的地方，有一个戴尔供应商的公共仓库，由戴尔的全球伙伴第三方物流公司伯灵顿公司管理。供应商把货发过来就放在这个仓库里，伯灵顿按照戴尔传来的清单也需要每1.5小时给戴尔送一次货。

客户没有下订单之前，戴尔中国客户中心的车间里理论上是没有工料的，每个零件拉进来的时候实际上已经有了买主，一旦整台机器组装好，马上就可以发货运走，所以戴尔的产品可以保持零库存。关键是戴尔会根据实际的生产情况进行调整。当戴尔发现预测和实际情况有差距时，马上会进行调整。

戴尔根据市场需求不断调整自己的生产计划并且使得供应商不断地调整生产计划，从而使得生产在不停的调整过程中逐步贴近市场的真实需要。在这个过程中，戴尔和供应商信息共享的程度如此之高，以至于它们就像一个整体一样亲密无间地协调运转，从而近乎完美地实现了戴尔"虚拟集成"的管理思想。

资料来源： Richard Li. 揭开戴尔供应链的秘密[J]. 电子商务世界经理人. 2006(2).

8.3 EAI与电子商务客户关系管理

8.3.1 EAI的基础知识

在20世纪六七十年代，企业应用大多是用来替代重复性劳动的一些简单设计，当时并没有考虑企业数据的集成，唯一的目标就是用计算机代替一些孤立的、体力性质的工作环节。

到了20世纪80年代，有些企业开始意识到应用集成的价值和必要性。这是一种挑战，很多企业的技术人员都尝试在企业系统整体概念的指导下对已有的应用进行重新设计，让它们集成在一起，然而这种努力收效甚微。20世纪90年代，ERP应用开始流行的时候，同时也要求其能够支持已经存在的应用和数据，这就必须引入EAI(Enterprise Application Integration，企业应用集成)。所以说，EAI的发展是合乎逻辑的，企业利用客户机/服务器技术实现了分布应用，但后来认识到了连接多样业务处理的好处。

1. EAI的含义

EAI是将基于各种不同平台、用不同方案建立的异构应用进行集成的一种方法和技术。EAI通过建立底层结构，来联系横贯整个企业的异构系统、应用、数据源等，完成在企业内部的ERP、电子商务 CRM、SCM、数据库、数据仓库，以及其他重要的内部系统之间无缝地共享和交换数据。有了EAI，企业就可以将企业核心应用和新的Internet解决方案结合在一起。

EAI将进程、软件、标准和硬件联合起来，在两个或更多的企业系统之间实现无缝集成，使它们就像一个整体一样。尽管EAI常常表现为对一个商业实体(例如一家企业)的信息系统进行业务应用集成，但当在多个企业系统之间进行商务交易的时候，EAI也表现为不同企业实体之间的企业系统集成，例如B2B的电子商务。形象地看，EAI起着将两个"孤立"的应用系统相互"黏接"的作用，是一个"中间件"，如图8-4所示。

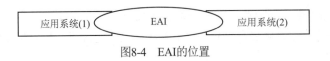

图8-4　EAI的位置

2. EAI的工作方式

企业应用集成就是通过相应的软件技术，将企业已有的和新建的各种业务系统集成起来，共同完成企业的各种商务活动，并能够灵活快速地适应企业的发展和市场的变化。

从企业应用集成的架构来看，比较有代表性的有两种：总线的集成架构和星状的集成架构。

1) 总线EAI

总线的集成架构的原理：各个应用系统的接口都面向信息总线，信息在总线中流动、传递。其优点是应用系统只需要编写面向总线的接口，从而避免 $n \times n$ 个接口的编写。TIBCO 等公司的集成产品是这种架构的代表之作，总线 EAI 架构如图 8-5 所示。

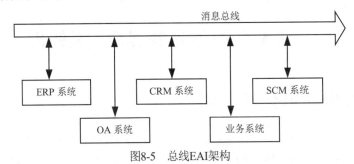

图8-5　总线EAI架构

2) 星状EAI

星状架构的提法比较笼统，它的原理是信息和应用都集中向一个核心处理器。这个核心处理器或者是一个应用服务器，或者是一个数据仓库。星状 EAI 架构如图 8-6 所示。

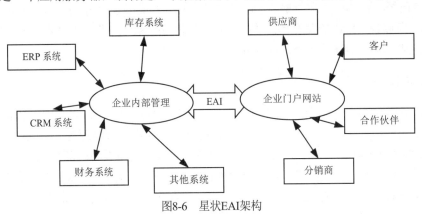

图8-6　星状EAI架构

集成方案是面向各个信息系统的接口的，对各个应用系统的接口进行基于某些特定标准的处理，从而达到系统集成的目的。通过实施企业应用集成，可以有效地解决信息系统的接口的问题。

3. EAI的集成层次

现在对 EAI 有着各种各样的分层方法，层次也不相同，业界也没有一个统一的标准。对于各家 EAI 厂商，基于 EAI 理解的侧重点不同，分层也不同。在这里介绍几种 EAI 分层方式。

1) 按集成深度划分

EAI 概念被认为可以包括数据集成、应用集成、业务流程集成和界面集成等方面。

(1) 数据集成。数据的集成完成针对结构化数据和非结构化数据的集成、分析等工作。数据集成是 EAI 发展中最容易实现的形式，也是应用集成的基础。数据集成通过建立数据的概念模型，对数据进行统一标示和编写目录，确定元数据模型。只有对数据建立统一的模型后，数据才有在分布式数据库中共享的可能。数据集成的方法主要有数据复制、数据聚合、面向接口集成和析取、转换、装载解决方案(ETL 方法)。

(2) 应用集成。应用集成是在业务逻辑层上进行的集成，把不同的应用程序连接起来，以共享和利用信息，使不同应用系统中的信息可以在整个企业范围内共享。应用程序集成是基于内部网络，通过协议转换与数据传输服务，来保证企业不同应用程序之间的信息和指令安全有效地传输。应用集成比较复杂，多少也会涉及数据集成和界面集成。

(3) 业务流程集成。业务流程集成的传统实现手段是采用传统的中间件或 EAI 技术，包括基于传统的消息中间件、交易中间件或者应用服务器等的集成，更进一步的实现手段则是采用 Web 服务技术来实现业务流程集成。一般来说，在业务流程的集成模式中，应包括集成适配器、数据转换处理、消息路由控制及业务流程管理等几大部分。

为了降低集成成本，减少技术风险和保护企业已有投资，目前广为接受的业务集成方式是充分利用 Web 服务技术，将原先以数据为出发点的面向数据库的单一系统设计模式，逐步向以应用功能为出发点的面向企业服务的体系架构过渡。

(4) 界面集成。界面集成是一个面向用户的集成，它将原先系统的终端窗口和 PC 的图形界面用一个标准的界面(有代表性的例子是使用浏览器)来替换。企业门户应用也可以被看成一个复杂的界面集成的解决方案。一个企业门户合并了多个企业应用，同时表现为一个可定制的基于浏览器的界面。

2) 按技术层面划分

在技术层面上，一套完整的 EAI 技术层次体系应该包括应用接口层、应用集成层、流程集成层和用户交互层 4 个大的层面。

(1) 应用接口层。EAI 的应用接口层主要是通过适配器技术将原有数据库系统、应用系统和原有网络服务组件封装起来，实现系统之间的互通互连。

(2) 应用集成层。应用集成层是 EAI 技术层次体系中的核心层次，该层次是连接业务流程管理层和应用接口层的桥梁。

(3) 流程集成层。流程集成着眼于提高每个业务流程的效率和效能，利用流程集成，通过采用成熟的技术创建模型、自动化流程处理过程、监控和管理业务流程，满足业务变化的需求。它通过同时协同人工参与流程和自动化运行的流程来集成一个跨越企业内部同部门和不同系统之间的业务流。

(4) 用户交互层。用户交互层是 EAI 与用户实现人机交互在表示层面上的扩展。一个面向用户的集成，强调的是将来自多个信息源的信息以一种可定制的、个性化的界面展现给用户。其涉及的内容包括展示内容的集成(门户应用)、单点登录(Single Sign On)、用户统一管理、用户认证授权的管理等。

3) 按企业角度划分

(1) 应用系统集成。应用系统之间的异构数据或对象需要通过传输与转换的服务，才能让不同的应用系统了解与分享彼此的数据及其对象。

(2) 企业内部流程集成。企业内部流程集成是指将异构且分散的商务应用根据企业内部流程的需求，做有效的集成。例如，企业前后端流程和相关应用系统的集成、企业内流程的集成。其集成的目的在于确立企业内部的主要业务规则，并将其一致地应用到业务流程当中。

(3) 企业间集成。就像企业内部的流程集成一样，跨企业的流程集成将集成的对象延伸到整个供应链上的相关企业和主要客户。跨企业的流程集成需要不同组织间的应用系统和业务流程做有效集成。其主要的集成范围有企业之间的交易流程、数据共享流程和合作流程。

3 种不同层次划分的综合汇总如表 8-3 所示。

表8-3 EAI的层次

划分方法	按集成深度划分	按技术层面划分	按企业角度划分
企业应用集成	数据集成	应用接口层	应用系统集成
	应用集成	应用集成层	企业内部流程集成
	业务流程集成	流程集成层	企业间集成
	界面集成	用户交互层	

8.3.2 电子商务环境EAI的应用

企业信息系统的集成已经是大势所趋，无论是购买还是自己构造，企业都必须建造一个能有效处理业务、共享信息、协同工作并创造价值的应用程序链。

1. EAI的意义

据 Gartner Group 估计，每年企业大约花费 85 亿美元来人工编译相关应用程序以实现集成。在企业中，用写代码的形式将不相关的系统集成起来需要进行大量的工作。

(1) 从技术上看，EAI 可以为企业提供以下好处。

① 可靠性：提供一个坚固的系统运行环境，具有强大的故障恢复能力、系统重新启动和恢复能力、数据可靠传输能力等。

② 可扩展性：提供动态部署能力，涉及交易方式、应用程序配置、对象服务嵌入等。

③ 可管理性：系统要实现有效的管理，管理内容包括应用服务器、操作系统进程和线程、数据库连接及网络会话等。

④ 数据一致性：交易完整性保障。

⑤ 应用安全性：包括最终用户身份认证、结点连接的安全认证、应用程序的安全认证、管理界面的访问权限控制、数据加密/解密功能、安全事件报警等。

(2) 从业务上看，EAI 可以为企业提供以下好处。

① EAI 可以通过使企业提高业务流程效率、快速响应客户需求、改善客户服务、增加对客户的了解及强化客户忠诚度来改善客户关系、增加市场份额，从而增加收入。

② EAI 可以通过使企业增加管理层对业务的可视性和全面监控、减少 IT 开销、降低运营成本和重复性消耗、降低销售和售后服务成本来起到降低各种成本的作用。

小资料

Standish Group 对人工编码集成和利用以 EAI 系统为代表的中间件进行集成两种方式进行了比较和统计。根据统计数据得到以下结果。

(1) 从开发工作量和开发费用来看，业务逻辑程序/应用逻辑程序在总程序量中只占 30%，而像中间件一类的基础程序约占 70%。如果直接使用成熟的商业中间件，仅此一项就可以节省 25%~60%的开发费用。如果以新一代的对象中间件产品来整合应用，同时配合可复用的商务对象构件，则开发费用可节省至 80%。

(2) 从开发周期来看，使用标准商业中间件可缩短开发周期 50%~75%。

(3) 从系统维护来看，每年维护业务逻辑程序/应用逻辑程序的开支，需要最初开发费用的 10%~20%，而每年用于维护自行开发的中间件一类的基础软件，大约需要最初开发费用的 15%~25%。

(4) 从开发质量来看，自行开发的中间件一类的基础软件，通常是根据应用系统的当前需求量身定制。应用系统每增加一个新的模块，这一类基础软件常常需要随之进行相应改动。而标准的商业中间件在接口方面都是清晰和规范的，规范化模式可以有效保证应用系统质量，并减少新旧系统维护开支。

(5) 从技术革新来看，中间件一类的基础软件自身在不断进行频繁的技术更新，而这种技术更新如果由企业自己去研究和把握，是极不实际的。

有时被称为中间件的 EAI，可通过提供"即插即播"解决方案将前端与后端连接起来，从而减少工作成本。EAI 不是创建新的事务，而是创建一个超级商业过程，它可在现有的过程中架起桥梁。

---

2. 电子商务环境下EAI注重服务

传统 EAI 的主要作用就是接口作用，所以称传统 EAI 为接口型 EAI。接口型的 EAI 系统有不可克服的难点：一是没有真正实现统一的身份认证、状态认证、安全控制等基础服务；二是制造了一个庞大而昂贵的核心系统。

在电子商务环境下，企业的信息技术部门是一个提供信息服务的部门。企业内的各种信息系统为企业的内外用户提供了全方位的信息服务。新的思路是应用系统与应用系统之间一种互为服务的关系。正是在这种应用系统集成和面向服务理念的驱动下，Web Service(网络服务模式)得到较快发展。

Web Service 是一系列标准的集合。它提供了一个分布式的计算模型，用于在 Internet 或者 Intranet 上通过使用标准的 XML 协议和信息格式来展现商业应用服务。用 Web Service 来实现 EAI，需要涉及对被集成的各个应用系统本身进行改造，使之符合面向服务的体系。其具体的结构如图 8-7 所示。

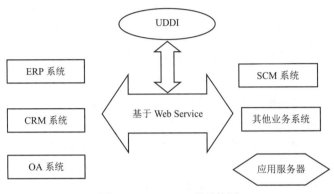

图8-7　Web Service的结构图

用 Web Service 实现 EAI 的关键部件有以下 4 种。

1) UDDI

UDDI(统一描述、发现和集成)服务可帮助企业针对 Web 服务及其他可编程资源进行组织并编制目录。通过对 UDDI 服务中的物理分布、组织机构、服务方式等一系列分类方案加以应用，企业可以建立起一种用来描述并发现相关服务的结构化与标准化方式。

2) 支持Web Service的应用服务器

Java EE v1.4 开始就全面地支持 Web Service，而.NET 从一开始就支持 Web Service。除此之外，也有一些其他的平台支持 Web Service。

3) 应用系统的Web Service

毫无疑问，这一个步骤是实施的关键和难点。要想让企业原有的系统转而支持 Web Service，需要对企业原有的系统进行改造，这个工作是艰难而充满风险的。

4) 界面层次的集成

由于 Web Service 规范的标准性和简单性，企业门户系统可以非常方便地实现信息系统界面层次的集成。

这里引用一个集成实例来说明服务型 EAI 的功能和实现。

在实际商务活动中，经常会涉及分析客户的欠款情况。如果没有 EAI 系统，企业管理人员可以通过电子商务 CRM 系统查找客户的联系信息，然后到 ERP 系统中查找客户的供应信息。这是两个完全独立的过程。在建立了"接口型"的 EAI 系统之后，可以通过一个界面得到比较全面的信息，如图 8-8 所示。

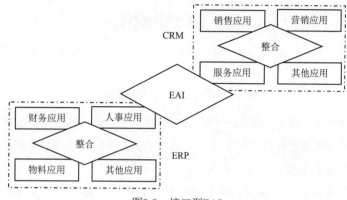

图8-8 接口型EAI

当建立了"服务型"的 EAI 系统之后,这个请求会经过 CRM 和 ERP 系统的协同分析之后,将一个更有价值的、更全面的模型返回给用户,如图 8-9 所示。

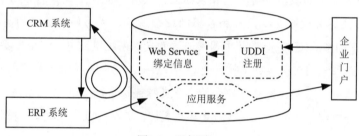

图8-9 服务型EAI

由图 8-9 可以看到,集成后的业务流程如下。

(1) 在登录企业门户之后,用户发出请求信息。

(2) 支持企业门户框架的应用程序通过浏览私有的 UDDI 注册中心获得关于 CRM 和 ERP 应用的 Web 服务的目录。

(3) Web 服务的位置和 Web Server 绑定信息被传送给应用服务器。

(4) 应用程序调用 CRM 系统发布的 Web 服务得到客户的信息,如名字、通信地址、电话及客户的 E-mail。这个通信过程是应用服务交互的。

(5) 应用程序调用 ERP 系统发布的 Web 服务获得客户的供应信息,诸如应收款项、当月订单和客户交易历史记录。这个通信过程也是应用服务交互的。

(6) 信息被应用服务器格式化。这个过程可能是一个交互的过程。

(7) 经过深度分析后的信息模型被发送给最初的调用用户。

面向服务的 EAI 对企业的各个信息系统提出了更高的要求,通常企业可以首先用传统的接口型的集成产品对它们进行初步封装,然后在一个标准接口的基础上,再实现服务的升级。

面向服务是信息系统的一项重要的特征。而这种面向服务不仅指的是面向企业的内外用户的服务,而且,在面对企业内外的其他信息系统时,也应该体现出一种服务提供者的姿态。面向服务的 EAI 在电子商务时代成为必然。

8.4 典型案例

案例描述

EAI 在网通业务支撑系统的应用

中国网通综合业务支撑系统是新一代的OSS/BSS系统。这不仅是针对相关独立的核心业务系统本身，而且作为网通整体IT架构中的重要的基础系统，它的建设对于网通公司未来几年内的整体运营和管理架构都会产生深远影响。

中国网通在语音和数据业务方面拥有众多的产品线，但是目前的数据业务没有一个统一的支撑平台，大量的业务处理都是手工运作，无论是业务操作还是业务管理都受到很大的限制；很多业务系统与外部的数据交互还处于手工完成阶段，或编写大量紧耦合代码完成数据交互的操作；语音业务和数据业务之间相互孤立，没有形成一个统一的界面进行营销，无法相互促进。如何能够有效地支撑语音和数据的综合业务，成为网通成功的关键。

中国网通的EAI系统(连接系统)是中国网通运营支撑系统规划中的一个重要组成部分，它承担了整个OSS/BSS系统的应用集成工作。通过EAI系统，完成各功能子系统之间的数据交互和互操作，逐渐形成分级架构、完整、安全的业务支撑连接系统。通过建设EAI系统，在很大程度上提供了对业务重组、系统集成、数据共享的支持，进而实现降低成本，增强市场竞争力的目标。

中国网通EAI系统的具体建设目标如下。

(1) 连接中国网通综合业务支撑系统中的各功能子系统及外部相关系统。
(2) 集成各个系统的业务流程，形成较为标准的、可定制的流程管理平台。
(3) 集成各个系统中的数据，形成较为标准的数据模型。
(4) 建立各个系统的连接接口，开发并实现这些接口。
(5) 通过数据集成和传送，建立企业数据中心的数据传送通道。

EAI系统的建设与综合业务支撑系统中各业务子系统的建设紧密结合、相辅相成。为实现将各种分离业务系统融合起来，统一各系统的外部接口，实现数据互通、操作互通的统一运营整体目标，EAI系统组织、协调相关业务子系统，先后完成了"各子系统功能界定""子系统间和系统业务处理整合""接口定义""接口开发""集成测试"等多项工作步骤，为各子系统及整个综合业务支撑系统的成功上线、运营奠定了良好的基础，如图8-10所示。

在EAI系统的建设过程中，系统建设者与相关业务部门(如企业客户部、运营服务部、服务与实施部等)保持了良好的沟通机制，明确业务规范，确保综合支撑系统对现有业务流程，以及对将来新业务的良好支持能力。

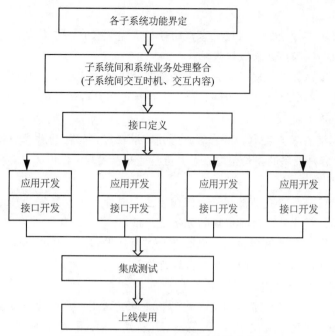

图8-10 中国网通的EAI系统实施流程图

案例分析

数据创造价值——基于大数据的恒丰银行客户关系管理系统

在互联网金融迅速发展的背景下,差异化营销和个性化服务越来越成为银行长期客户维系的重要方面。传统银行CRM主要关注内部数据,关注如何把银行内部各个业务环节中零散的客户信息搜集、汇聚起来。而在大数据时代,伴随社交和移动化的盛行,外部数据越来越丰富,促使银行不仅要关注内部数据,更要想办法把外部数据整合利用起来。通过多种渠道获取大量中、高价值潜在客户信息,获取更多的销售商机和线索,充分了解客户的个性需求并提供差异化的服务和解决方案;拓展传统销售渠道,利用新媒体、新渠道开展精准营销,提高营销环节的投入产出比。基于上述背景,恒丰银行开始建设基于大数据的客户关系管理系统,为"大力发展企业金融业务,聚焦重点行业核心客户"服务,达到自上而下实现客户定位与营销指引的目标。

大数据是指把结构化、半结构化、非结构化海量数据通过数据技术进行收集、整理而成的数据集或数据群。利用数据挖掘分析技术能够使这些数据集群产生巨大的商业价值。

恒丰银行CRM系统在大数据方面的重点探索有如下几方面。

1. 多渠道、全方位的客户画像

客户画像是对客户个体形象的全貌描述,它从大量的客户基础数据、触点轨迹数据等信息中提炼模型,细致刻画客户的社会角色、行为偏好、信用风险、客户价值等深层次特征,大大提升了企业对客户隐性需求的洞察力。

为良好的分析客户,构建全面、立体的客户画像,突破固有思维,将数据采集的着眼点从行内交易和维护数据,构建出立体的多维用户画像标签体系。其主要的设计思路包括以下内容。

从多个角度出发进行分析，通过对客户的分析，定义客户的贡献度、忠诚度，刻画客户生命价值特征，为定位客户需求做好基础。

深度挖掘各类客户数据，实现用户人生阶段及大事件智能分析；利用特定用户群进行精准的客户画像，提取各个维度特征的语义标签，分析出用户群适合的服务和产品。

2. 高价值潜在客户的获取

CRM系统提供潜在客户获取、潜在客户营销、潜在客户转化的潜客周期管理的功能，能够精准识别与行内客户关联的高价值潜在客户进行营销和管理。根据客户类型不同，其分为以下两个类别。

企业客户：微观以客户交易链、资金流向为主，以外部工商数据为辅进行客户定位和获取，结合宏观市场、产业链、金融市场等方面进行推荐；

零售客户：以渠道交易信息为主，以公开的工商注册信息、信用信息、公共社交网络如微博等信息为辅，结合本行客户的关联关系进行推荐。

3. 基于关系网络的企业图谱

企业图谱主要为业务人员实时掌握客户动态并准确预测客户行为，提供决策、投研、风控等方面的服务。CRM系统采用机器学习方式，采用关系网络分析技术和基于MPI(Message-Passing Interface)的图模型算法的并行化分布式计算对海量数据进行数据挖掘利用，整合工商信息、司法信息、资讯信息、交易信息，提取体现在上下游供应链、股东、投资、高管、抵押担保等企业间关系，通过整合企业及企业关联信息，挖掘客户在互联网上的信息，结合多维交叉分析及智能算法，形成统一的企业图谱。

4. 实时智能化的工作提醒

(1) 基于实时流处理的交易提醒

CRM系统提供基于kafka、zookeeper、redis、storm等流处理组件的实时客户交易提醒功能，将交易数据加工汇总提醒到业务人员/管理人员的相关设备。核心交易系统实时交易数据通过kafka推送至CRM系统，CRM将数据存储于redis数据库并通过消息推送平台推送到手机APP及PC端；使用storm分析生成客户实时交易链和客户、机构、交易渠道、交易频率等分析数据，为管理人员监控日常业务运营情况提供了强有力的数据支撑。

(2) 基于影响性质的事件提醒

构建外部数据爬虫智能网络，整合互联网信息采集技术及信息智能处理技术，通过对互联网海量信息自动抓取、自动分类聚类、主题检测、专题聚焦，实现客户的网络舆情监测和新闻专题追踪，为全面掌握客户动态，对客户做出正确评估提供分析依据。

(3) 客户风险信号的智能分析

客户行内的交易行为暴露的风险信号仅仅是很小的一部分。我们在此基础上借助行内大数据平台的数据优势、计算优势，运用多种信息渠道和分析方法，根据银行的风险战略和偏好确定预警指标，并以这些指标为出发点，及时识别、分析、衡量客户和资产的信用风险状况或潜在风险，及时采取适当的措施，对信用风险进行汇报、防范、控制和化解。

风险监测范围包括：客户信息基本信息变动、经营资格变化、负面事件、经营管理者异常情况、公司经营内外部异常情况、银企关系、履约能力、关联风险，以及宏观政策、行业政策、产品风险、监管风险等。

(4) 客户流失预警与客户挽留

客户流失预警是客户关系管理的重要组成部分,也是银行进行事前营销的重要环节。提前预测到客户在未来具有流失的倾向,可以对这部分客户提前采取相应的营销手段,以挽留住他们,为银行保留高价值客户争取了宝贵的时间。

系统综合现有活跃客户和已流失客户的历史行为,包括在行内的产品签约和持有情况、各渠道交易的业务类型和频度、同名账户交易情况等,利用组合决策树模型学习流失客户流失期间的行为特征和活跃客户行为特征。由于组合树模型预测效果好,并可以解释不同价值客户流失的相关原因,训练出来的模型可以预测客户下一阶段流失概率,便于对不同价值、不同流失概率客户进行分组管理,设计出不同的客户挽回及管理方案。系统预警后,客户经理可以通过电话营销、客户拜访、特定产品及活动等挽留措施,实现对潜在的客户流失未雨绸缪,巩固客户的忠诚度。

5. 产品推荐智能化

提供丰富的推荐策略,全方位满足用户的不同推荐需求,包含:

基于每位客户的不同喜好,千人千面地推荐产品;

根据用户历史浏览记录,利用协同过滤、SCD等算法关联性的推荐产品;

紧跟热点,推送当下最热产品,以满足大部分用户的兴趣与需求。

6. 资讯信息定制化推荐

针对金融新闻网站上的金融财经领域热点资讯,实现内容聚合分析及个性化推荐,系统实时进行采集及热点聚合分析,对热点内容进行内容语义分析,提取语义标签,比如资讯分类、行业、机构品牌、人物、地点、主题关键词、语义短语等,结合情感分析技术分析客户的喜好,从而针对客户的个性化需求,实现资讯的个性化订制与推荐。

此外,利用网络爬虫及流处理技术,针对互联网上各种突发或者正在爆发的热点信息,进行实时的监测,结合语义分析技术实现对文本内容关键信息的提取和分析,及时向客户经理进行推送,及时规避风险或挖掘潜在获客机会。

7. 多渠道定向化的精准营销

客户关系管理系统提供了基于客户画像和客户行为的精准营销功能,可以通过多渠道、定向化地为不同客户提供针对性的服务和产品推荐,为营销活动智能划定客户群,降低了银行和客户总成本,并提高了客户总价值。其主要体现在以下几点。

一是线上为主,包括行内线上资源和行外线上资源,如:门户网站、社交渠道(微信、微博)、个性化论坛等,更强调多波段、跨渠道、线下线上有机协同营销。

二是通过流处理组件和drools规则引擎的运用,通过预定义事件筛选目标客群,结合营销场景,实现了事件式营销体系,提升了营销成功率。

资料来源: 案例:恒丰银行——基于大数据的客户关系管理系统.(2017-06-20)[2020-11-18]. https://www.sohu.com/.

思考题:

(1) 如何理解"CRM系统要打破以往传统业务和数据模式,实现传统CRM不能提供或不能实时处理的信息和功能"?

(2) 恒丰银行开始建设基于大数据的客户关系管理系统的背景是什么?

(3) 分析恒丰银行CRM系统在大数据方面的作用。
(4) 恒丰银行CRM系统的实时智能化工作提醒包括哪几个方面？
(5) 恒丰银行CRM系统的多渠道定向化的精准营销如何体现？

小　结

电子商务客户关系管理系统不是企业独立的信息化系统，必须与企业信息化技术集成才能充分发挥其作用，才能实现企业资源有效配置。本章首先介绍了ERP的基础知识，包括ERP的内涵、特点和功能。接着从电子商务企业角度介绍了电子商务CRM与ERP的关系，将ERP与电子商务CRM整合，实现真正的在线交易模式：从客户到供应商完全连通，企业内部流程与外部交易完全一体化。电子商务CRM和ERP的集成，可以从业务流程和数据同步更新上实现集成。然后，本章在简单介绍了SCM理念的基础上，重点介绍了电子商务CRM与ERP、SCM的集成必要性及集成方案。本章最后介绍了企业应用集成技术EAI，从技术角度让读者了解EAI技术，以及在电子商务CRM与ERP、SCM三者结合集成中的运用。

关键术语

企业资源计划(ERP)　　供应链管理(SCM)　　企业应用集成(EAI)　　电子商务CRM

习　题

一、填空题

1. 企业资源计划(ERP)是指建立在信息技术基础上，基于企业思想的系统，把企业看成一条供应链管理，并把企业分成以财务管理为中心，几个相互协同作业的子系统有机结合的一个系统，是_____、_____、_____的最佳组合。
2. ERP 主要宗旨是对企业所拥有的人、财、物、信息、时间和空间等综合资源进行_____，协调企业各管理部门，围绕市场导向开展业务活动，提高企业的核心竞争力，从而取得最好的经济效益。
3. 财务管理的功能主要是基于_____的数据，再加以分析，从而进行相应的预测，管理和控制活动。它侧重于_____、_____、_____和_____。
4. ERP、SCM、CRM 主要在于实现_____，_____，_____，提高企业市场响应速度和提高客户对企业的满意度，以此提升企业的市场竞争力。
5. _____是 EAI 技术层次体系中的核心层次，该层次是连接业务流程管理层和应用接口层的桥梁。

二、简答题

1. ERP 技术大致经历了几个阶段？
2. MRP 的目标是什么？

3. ERP 系统具有什么特点?
4. ERP 与电子商务 CRM 的关系主要表现在哪几个方面?
5. 从技术上看,EAI 可以为企业提供哪些好处?

三、分析题

仔细阅读案例,回答问题。

Compiere 是全球排名第一的开放源代码 ERP 软件(集成 CRM)解决方案,被设计为适用于全球范围的市场。这一高价值的商业应用程序,易于安装、易于实施、易于使用。只需要短短几个小时,用户就可以使用询价—采购—发票—付款、报价—订单—发票—收款、产品与定价、资产管理、客户关系、供应商关系、员工关系、经营业绩分析等强大功能。实施时间缩减到 4 小时。最重要的是这一高价值的商业应用程序是免费的。Compiere 为全球范围内的中小型企业(SME)提供综合型解决方案,覆盖从客户管理、供应链到财务管理的全部领域。它既适用于年营收在 200 万~2 亿美元的中小企业,也适用于分销网络、特许经营企业,同时还可应用于 ASP(应用服务提供商)解决方案。

就上面的案例,通过网络平台收集 Compiere 公司的相关信息,结合本资料,分析回答 Compiere 的 ERP 与 CRM 集成产品的特点、技术架构及应用情况。

四、课程实训

任务1:CRM和ERP整合产品的市场调研
要求:
1. 通过资料搜索,了解目前市场上提供哪些CRM和ERP整合的产品。
2. 至少列出3个提供CRM和ERP整合产品的开发公司,包括该产品的核心思想、核心体系结构,以及该产品目前是否有成功实施的企业。

任务2:EAI对于企业的优势分析
要求:1. 通过资料搜索,了解目前企业应用EAI的信息化推广应用现状。
2. 实例分析某企业或者某行业的EAI应用。

任务3:基于大数据的客户关系管理实例分析
要求:1. 实例分析基于大数据的客户关系管理的特点。
2. 分析CRM系统在大数据方面的作用,得出分析结论。
3. 分析基于大数据的客户关系管理系统如何体现多渠道定向化的精准营销。

参考文献

[1] 庄小将，吴波虹. 客户关系管理[M]. 北京：中国轻工业出版社，2019.

[2] 韦弘，徐逢春. 客户关系管理实务[M]. 北京：中国水利水电出版社，2018.

[3] 伍京华. 客户关系管理[M]. 北京：人民邮电出版社，2017.

[4] 刘柳. 客户关系管理[M]. 北京：机械工业出版社，2019.

[5] 胡英，丁思颖. 客户关系管理[M]. 北京：机械工业出版社，2019.

[6] 杨倩. 跨界：渠道中的人际关系与组织间关系[M]. 北京：电子工业出版社，2020.

[7] 毛卡尔. 客户关系管理[M]. 北京：中国人民大学出版社，2020.

[8] 徐奕胜. 电子商务客户关系管理[M]. 北京：人民邮电出版社，2020.

[9] 罗俊. 跨境客户关系管理[M]. 北京：电子工业出版社，2020.

[10] 苏朝晖. 客户关系管理：理念、技术与策略[M]. 2版. 北京：机械工业出版社，2015.

[11] 杨路明. 客户关系管理理论与实务[M]. 3版. 北京：电子工业出版社，2020.

[12] 苏朝晖. 客户关系管理、建立、维护与挽救[M]. 2版. 西安：西安电子科技大学出版社，2020.

[13] 姚建如. 大数据对客户关系管理的功能探究[J]. 市场研究，2020(06)：72-73.

[14] 韩丹阳. 客户关系管理在企业市场营销中的价值与运用探析[J]. 现代营销(经营版)，2020(11)：162-163.

[15] 刘璐. 后疫情时期商业银行移动金融业务用户满意度提升研究[J]. 现代金融导刊，2020(09)：56-59.

[16] 张允鸣. 客户关系管理在企业市场营销中的价值探究[J]. 现代盐化工，2020(05)：120-121.

[17] 巴然. 消费升级时代客户关系管理的转变[J]. 中国房地产，2020(17)：13-14.

[18] 张圆圆. 银行VIP客户关系管理优化措施[J]. 科技经济导刊，2020(19)：203-204.

[19] 曹晓杰. 网络时代下的客户关系管理[J]. 河北企业，2020(10)：55-56.

[20] 宋子颂. 电子商务环境下的客户关系管理研究[J]. 现代商业，2020(23)：49-50.

[21] 申悦琳. 金融科技商业银行小微企业客户关系管理创新[J]. 江苏商论，2020(09)：75-77.

[22] 刘丽娟，林丽，郑潇潇. 数据挖掘技术在物流企业客户价值细分中的应用研究[J]. 信息通信，2020(09)：140-142.

[23] 章涌，沈嘉鸿，向永胜. CRM在用户服务的创新研究——以蔚来为例[J]. 中国经贸导刊(中)，2020(09)：145-146.

[24] 吴然. 大数据时代下的客户关系管理应用[J]. 数字通信世界，2020(09)：201-202.

[25] 谢菲,徐宁. 电子商务发展背景下的客户关系管理对策研究[J]. 商场现代化, 2020(12): 39-41.

[26] 王璐,梅蕾,李春丽. A 公司客户细分及客户关系管理[J]. 内蒙古科技与经济, 2020(15): 25-28+32.

[27] 齐姗姗. 企业管理中客户关系管理的运用[J]. 环渤海经济瞭望, 2020(08): 101-102.

[28] 李小庆. 基于大数据的客户关联风险分析和挖掘[J]. 金融科技时代, 2020(04): 20-24.

[29] 李建军,赵旭. 基于大数据背景下商业银行客户关系管理研究[J]. 信息记录材料, 2020(06): 172-173.